Directe
Philipp
Co
Philippe GLOAG

Rédacteur en chef
Pierre JOSSE
assisté de
**Benoît LUCCHINI, Yves COUPRIE,
Florence BOUFFET, Solange VIVIER,
Olivier PAGE, Véronique de CHARDON
et Laurence GIBOULOT**

LE GUIDE
DU
ROUTARD

1994/95

CORSE

Hachette

Hors-d'œuvre

Le G.D.R., ce n'est pas comme le bon vin, il vieillit mal. On ne veut pas pousser à la consommation, mais évitez de partir avec une édition ancienne. D'une année sur l'autre, les modifications atteignent et dépassent souvent les 40 %.

Chaque année, en juin ou juillet, de nombreux lecteurs se plaignent de voir certains de nos titres épuisés. A cette époque, en effet, nous n'effectuons aucune réimpression. Ces ouvrages risqueraient d'être encore en vente au moment de la publication de la nouvelle édition. Donc, si vous voulez nos guides, achetez-les dès leur parution. Voilà.

Nos ouvrages sont les guides touristiques de langue française les plus souvent révisés. Malgré notre souci de présenter des livres très réactualisés, nous ne pouvons être tenus pour responsables des adresses qui disparaissent accidentellement ou qui changent tout à coup de nature (nouveaux propriétaires, rénovations immobilières brutales, faillites, incendies...). Lorsque ce type d'incidents intervient en cours d'année, nous sollicitons bien sûr votre indulgence. En outre un certain nombre de nos adresses se révèlent plus « fragiles » parce que justement plus sympa ! Elles réservent plus de surprises qu'un patron traditionnel dans une affaire sans saveur qui ronronne sans histoire.

> Les tarifs mentionnés dans ce guide ne sont qu'indicatifs. Ici un menu aura augmenté de 10 F, là une chambre de 25 F. Il faut compter 4 mois entre le moment où notre enquêteur passe et la parution du G.D.R. Grosso-modo, en tenant compte de l'inflation, de la température à Moscou et de l'âge du capitaine, les prix que nous donnons auront grimpé de 5 à 10 %. En France, les prix sont comme les petits oiseaux, ils sont libres, tant pour les hôtels que pour les restaurants.

Spécial copinage

– *Restaurant Perraudin* : 157, rue Saint-Jacques, 75005 Paris. ☎ 46-33-15-75. Fermé le dimanche. A deux pas du Panthéon et du jardin du Luxembourg, il existe un petit restaurant de cuisine traditionnelle. Lieu de rencontre des éditeurs et des étudiants de la Sorbonne, où les recettes d'autrefois sont remises à l'honneur : gigot au gratin dauphinois, pintade aux lardons, pruneaux à l'armagnac. Sans prétention ni coup de bâton. D'ailleurs, c'est notre cantine, à midi.

Un grand merci à *Hertz*, notre partenaire, qui facilite le travail de nos enquêteurs, en France et à l'étranger.

IMPORTANT : les routards ont enfin leur banque de données sur Minitel : 36-15 code ROUTARD. Vols superdiscount, réductions, nouveautés, fêtes dans le monde entier, dates de parution des G.D.R., rancards insolites et... petites annonces. Et une nouveauté, le QUIZ DU ROUTARD ! 30 questions rigolotes pour – éventuellement – tester vos connaissances et, surtout, gagner des billets d'avion. Alors, faites mousser vos petites cellules grises !

© **Hachette Livre (Littérature générale : Guides de Voyages), 1994**
24, boulevard Saint-Michel, 75006 Paris
Tous droits de traduction, de reproduction
et d'adaptation réservés pour tous pays.

© **Cartographie** Guides Bleus.

TABLE DES MATIÈRES

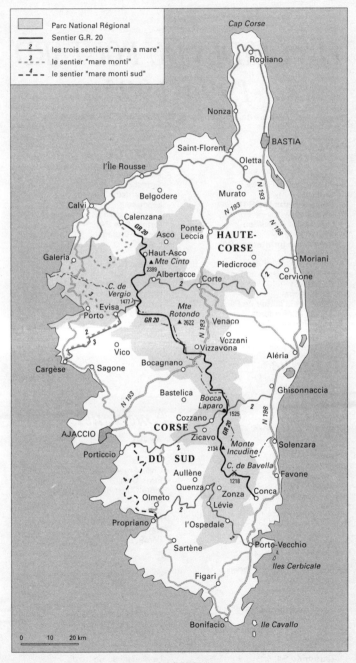

	Parc National Régional
	Sentier G.R. 20
2	les trois sentiers "mare a mare"
3	le sentier "mare monti"
4	le sentier "mare monti sud"

Cap Corse

Rogliano

Nonza

BASTIA

Saint-Florent

Oletta

l'Île Rousse

Belgodere

Murato

Calvi

Calenzana

Ponte-Leccia

HAUTE-CORSE

N 193

N 198

Galeria

Asco

Haut-Asco
▲ Mte Cinto
2389

Albertacce

Piedicroce

Moriani

Cervione

Corte

C. de Vergio
1477

Mte Rotondo
▲ 2622

Evisa

Porto

GR 20

N 193

Venaco

Vezzani

Vico

Vizzavona

Aléria

Cargèse

Sagone

Bocagnano

Bastelica

Ghisonnaccia

N 193

Bocca Laparo
1525

AJACCIO

Cozzano

CORSE

Zicavo

GR 20

2134

Monte Incudine

N 198

Solenzara

Porticcio

DU SUD

Aullène

C. de Bavella
1218

Favone

Olmeto

Quenza

Lévie

Zonza

Conca

Propriano

l'Ospedale

Sartène

Porto-Vecchio

Iles Cerbicale

Figari

0   10   20 km

Bonifacio

Ile Cavallo

LA CORSE

LES GUIDES DU ROUTARD
1994-1995

(dates de parution sur le 36-15, code ROUTARD)

France

- Alpes
- Aventures en France
- Bretagne
- Corse **(printemps 94)**
- Hôtels et restos de France
- Languedoc-Roussillon
- Midi-Pyrénées
- Normandie **(printemps 94)**
- Paris
- Provence-Côte d'Azur
- Restos et bistrots de Paris
- Sud-Ouest
- Val de Loire
- Week-ends autour de Paris
- Tables et chambres
  à la campagne **(printemps 94)**

Afrique

- Afrique noire
  Sénégal
  Mali, Mauritanie
  Gambie
  Burkina Faso (Haute-Volta)
  Niger
  Togo
  Bénin
  Côte-d'Ivoire
  Cameroun
- Maroc
- Réunion, Maurice **(automne 94)**
- Tunisie

Asie

- Égypte, Jordanie, Yémen
  (printemps 94)
- Inde, Népal, Ceylan
- Indonésie
- Israël **(printemps 94)**
- Malaisie, Singapour
- Thaïlande, Hong Kong et Macao
- Turquie
- Viêt-nam, Laos, Cambodge
  (automne 94)

Europe

- Allemagne
- Autriche
- Amsterdam
- Espagne
- Finlande, Islande
  (printemps 94)
- Grande-Bretagne
- Grèce
- Irlande
- Italie du Nord
- Italie du Sud
- Londres **(printemps 94)**
- Norvège, Suède, Danemark
  (printemps 94)
- Pays de l'Est
- Portugal

Amériques

- Antilles
- Brésil
- Canada
- Chili, Argentine et île de Pâques
- États-Unis
  (côte Ouest et Rocheuses)
- États-Unis
  (côte Est et Sud)
- Mexique, Guatemala
- New York
- Pérou, Bolivie, Équateur

et bien sûr...

- Le Manuel du Routard

NOUVEAUTÉS « ÉTRANGER » 1994

LONDRES

On l'imagine guindée dans son tweed. Mais, à côté, Paris n'est qu'une provinciale coincée. A mi-chemin de l'Europe et de New York la déchaînée, Londres reste une capitale du monde. Elle survit à ses rêves brisés par une folie douce très anglaise. C'est entendu, la reine vous attend pour le thé et, après la visite de Big Ben, vous inviterez des gentlemen en melon au pub. Of course, David Bowie et les Stones vous emmèneront danser avec le fantôme de Sid Vicious. En prime, ce guide vous offre l'autre Londres. Celui des looks impossibles, de la cuisine indienne, des pubs jamaïcains et de l'architecture futuriste... Dépaysement non-stop à une heure de Paris. Pour s'éclater en douceur...

NORVÈGE - SUÈDE - DANEMARK

Des montagnes de Norvège aux îles-polders danoises, en passant par la taïga et la toundra suédoises, toute une gamme de nature vierge, majestueuse, sauvage comme on n'en voit plus chez nous. Sous la lumière dorée du Nord ou au soleil de minuit, vous trouverez de vieilles églises en bois dans des prés de groseilles, des côtes bordées de lichens, des Lapons fumant leur jambon de renne sous les aurores boréales, des petits trolls aux mains tachées de confiture et des drakkars dans l'ombre veloutée des grands fjords. A déguster sans modération. Skòl !

FINLANDE - ISLANDE

A 150 km de Saint-Pétersbourg, la Finlande des grands lacs et du sauna déploie ses féeries aquatiques. Sa fourrure de forêts forme une nature sans bornes — et sans beaucoup d'hommes — où chacun trace son chemin. La Laponie vous présente ses grandes migrations de rennes, la côte Sud ses labyrinthes d'îles. L'Islande, elle, cumule les records : plus grande littérature médiévale (les sagas), gigantesques glaciers, plus violentes éruptions connues dans l'histoire... Dans cet outre-monde halluciné où les volcans ne dorment que d'un œil, on voyage (comme disait Jules Verne) au centre de la terre : geysers, cascades géantes, saunas naturels et déserts de cendre, plateaux craquelés et côtes infernales... Une terre perdue à retrouver d'urgence !

ÉGYPTE - JORDANIE - YÉMEN

Toutankhamon, les frasques de Cléopâtre et les cigares du pharaon, racontés par les Michel-Ange d'il y a 5 000 ans. Un grand bazar oriental : Oum Kalsoum, narghilé, babouche et felouque, les coraux de la mer Rouge et les monastères coptes. Deux Égypte en une, au rythme du Nil éternel. En Jordanie, des châteaux témoignent du choc Orient-Occident. Mais on y est bien accueilli. Près du désert rouge, perdez-vous dans les canyons de Pétra et dans ses incroyables temples troglodytiques. Serrés entre mer Rouge et désert blanc, les hauts monts du Yémen réunifié dressent des gratte-ciel médiévaux enluminés à tous les étages. Malgré les turbans farouches et les poignards recourbés, l'hospitalité est le seul vrai trésor yéménite.

ISRAËL

Une terre magnétique et possessive comme nulle autre. Au-delà des conflits, Jérusalem, l'antique cité de pierre rose, reste le phare des trois religions. Au mur des Lamentations ou sur le mont des Oliviers, vous revivrez les belles histoires de notre civilisation en apprenant mieux à décrypter le présent. La « Capitale du monde » fait coexister (pas si mal que ça) les Arabes chrétiens et les juifs des pays arabes, les popes grecs et les moines arméniens, un soupçon de Yémen, un brin d'Éthiopie et beaucoup de Pologne... Le chemin de Jérusalem passe aussi par Bethléem, Haïfa, Tel-Aviv, Jéricho, le lac de Tibériade... L'Histoire vous fait signe. Et partout une rage de vivre qui envoûte.

Et pour cette chouette collection, plein d'amis nous ont aidés :

Laurence Agostini et Odile Antoine
Albert Aidan
Véronique Allaire
Sylvain Allègre et Karina Pollock
Catherine Allier et J.-P. Delgado
Didier Angelo et
   Jean-Sébastien Petitdemange
Bertrand Aucher
René Baudoin
Lotfi Belhassine
Nicole Bénard
Cécile Bigeon
Philippe Bordet et Edwige Bellemain
Hervé Bouffet
Francine Boura
Jacques Brunel
Justo Eduardo Caballero
Danièle Canard
Jean-Paul Chantraine
Bénédicte Charmetant
François Chauvin
Sandrine Couprie
Marjatta Crouzet
Marie-Clothilde Debieuvre
Isabelle Durand
Séverine Dussaix
Sophie Duval
François Eldin
Muriel Fauriat
Alain Fish
Marc Frenkenberg
Jean-Luc Furette
Jean-Louis Galesne
Bruno Gallois
Carl Gardner
Alain Garrigue
Carole Gaudet
Amanda Gaumont
Cécile Gauneau
Michèle Georget
Marc Gigon
Hubert Gloaguen
Vincente Gruosso
Jérôme de Gubernatis
Jean-Marc Guermont

Patrick Hayat
Philippe Heim
François Jouffa
Jean-Luc Labourdette
Jacques Lanzmann
Alexandre Lazareff
Denis et Sophie Lebègue
Anne Le Berre
Antoine Le Bos
Ingrid Lecander
Patrick Lefebvre
Raymond et Carine Lehideux
Martine Levens
Kim et Lili Loureiro
Jenny Major
Francis Mathieu
Jean-Paul Nail
Jean-Pascal Naudet
Caroline Odent
Hélène Page
Martine Partrat
Pierre Pasquier
Odile Paugam et Didier Jehanno
Marie-Pascale Paulot
Claire Pellerin
Sylvain Périer et Fabien Dulphy
Bernard Personnaz
Sophie Peyroux
Jean-Pierre Picon
Jean-Alexis Pougatch
Michel Puyssegur
Patrick Rémy
Frédérique Scheibling-Sève
Roberto Schiavo
Jean-Luc et Antigone Schilling
Nicolas Schœner
Charles Silberman
Romain Spitzer et Dorothée Boissier
Arnaud Stephanopoli et
   Cyril Zimmerman
Régis Tettamanzi
Christophe Trognon
Yvonne Vassart
Marc et Shirine Verwhilgen
François Weill

Nous tenons à remercier tout particulièrement **Patrick de Panthou** pour sa collaboration régulière.

Direction : Adélaïde Barbey
Secrétariat général : Michel Marmor et Martine Leroy
Édition : Isabelle Jendron et François Monmarché
Éditeur assistant : Yankel Mandel
Secrétariat d'édition : Christian Duponchelle
Préparation-lecture : Nicole Chatelier
Cartographie : Alain Mirande
Documentation : Florence Guibert
Fabrication : Gérard Piassale et Françoise Jolivot
Direction des ventes : Marianne Richard, Lucie Satiat et Jean-Loup Bretet
Direction commerciale : Jérôme Denoix et Anne-Sophie Buron
Informatique éditoriale : Catherine Julhe et Marie-Françoise Poullet
Relation presse : Catherine Broders, Danielle Magne, Caroline Lévy, Cécile Dick, Chantal Terroir et Anne Chamaillard
Régie publicitaire : Bruno Chapouthier et Monique Marceau
Service publicitaire : Claude Danis et Marguerite Musso

LA CORSE

Petit coup en plein plexus solaire, un souffle de *libeccio* (c'est du vent) dans les cheveux, un soleil pour lunettes noires, on se croirait dans un autre monde. Ça tombe bien, nous y sommes !

Un monde rempli de lieux pas communs du tout, un petit rocher balancé là dans un univers coupé en deux. En haut, le passé et ses souvenirs (vendetta, maquis, malheur et noir du deuil), en bas, la mer par tous les temps.

Les dieux de la Méditerranée auraient pu s'y installer en villégiature. Si la Corse était un lieu de la mythologie, ce serait une sorte d'intermonde, vide et paisible, habité par les divinités et les parfums du maquis. Mais cette île n'est pas un mythe. Voyez ce fracas hallucinant de montagnes et de côtes déchiquetées, de golfes clairs et de plages de rêve, de forêts profondes et de vallées perdues.

C'est aussi le berceau d'une communauté humaine, les Corses, longtemps mal-menée par l'histoire. Un peuple de la Méditerranée qui a souffert des envahis-seurs, des convoitises, de l'isolement. C'est peut-être pour cela que les Corses se montrent parfois un peu réservés à l'égard des touristes. Mais ne vous lais-sez pas aller aux clichés les plus éculés. Ces fils de bergers ont du cœur et du caractère. C'est vrai. Ils ont l'esprit vif. C'est vrai aussi. Et ils ont le plaisir de la parole : l'éloquence. Mais à bas les généralités ! Le premier devoir du voyageur en Corse est de se faire des amis parmi les Corses.

Comme toutes les îles, immenses ou perdues, la Corse se mérite. Et il vous fau-dra du temps, une vraie curiosité, et un authentique amour pour la percer à jour. Sachez qu'il lui faudra le même temps pour s'habituer à vous et vous faire pas-ser de l'autre côté de la carte postale. N'oubliez pas non plus que c'est ici que vous trouverez les personnes les plus profondément attachées à la Corse, bien sûr, mais aussi à la France.

Vous allez voir, le programme est semé de surprises et d'embûches, de mirages et puis d'images. Toutes plus éblouissantes les unes que les autres. Bienvenue à bord !

Un autre monde

Pour aider le routard un peu curieux, vexé de ne pas avoir tout à fait élucidé l'énigme corse, voici d'autres indices.

Fille de la « mère » Méditerranée, dernière station avant le Sud, la Corse a su tirer bénéfice de toutes les influences du bassin. Ajaccio tutoie Rome, Cargèse possède deux églises, l'Orient guette.

« Métisse » mentale et culturelle – c'est bien sûr un compliment –, la Corse ne renie aucunement tous ces emprunts. A Propriano, un hôtelier migrateur raconte ainsi le choc de son dernier voyage en Nubie (Égypte). N'a-t-il pas vu, clouée sur la porte d'une bergerie, une chauve-souris toutes ailes ouvertes ? Pour conjurer le mauvais sort, les bergers corses observent aussi cette coutume.

A vous maintenant ! Il ne vous reste plus qu'à suivre le mistral quand il s'engouffre dans le lit du Rhône, puis à sauter d'un coup d'aile ou de bateau par-dessus le grand lac bleu qui longe ses côtes... Ça y est, vous êtes en Corse.

Miracle, le mot n'est pas trop fort. Dure et tragique, secrète et sauvage, la Corse ne sera jamais un département de plus sur la carte de la France. Rien qui soit rationnel ici : ni le relief ni le climat, ni les passions ni les maisons, ni, bien entendu, les Corses eux-mêmes.

C'est, comme dirait l'autre, un rarissime morceau de France.

La Corse pour nous ? D'abord un coup de cœur pour ce bout de planète qui res-semble à un autre monde.

Une nature grisante

« Jaune le soleil, bleu le ciel et... belle la Corse », dirait Marguerite Duras si elle ne campait pas à Trouville.

Tout Air Inter en quelques lignes.

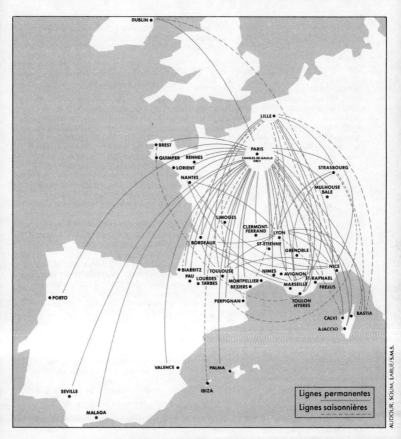

Lignes permanentes
Lignes saisonnières

AUDOUR, SOUM, LARUE/S.M.S.

Avec 400 vols par jour desservant 38 villes en France et en Europe, sur Air Inter vous bénéficiez, comme 17 millions de passagers chaque année, des services de la première compagnie intérieure européenne.

Cela dit, toute tentative de description du paysage corse crée elle-même ses propres limites. Les plages y sont bien sûr paradisiaques, les criques ultra-secrètes et les montagnes (sans lesquelles cette mer ne serait ni aussi bleue, ni aussi belle, ni aussi troublante) « forcément » abruptes, accidentées, rudes et on en passe.

Cette île est grisante, enivrante : un mélange de rocaille et de volupté, d'austé-rité et de parfums d'île lointaine. Voilà un pays où les villages de l'intérieur semblent échapper à la loi de la pesanteur. Accrochées à la montagne, suspen-dues au-dessus du vide, isolées dans le maquis, les maisons de pierre et d'ardoise abritent autant de secrets de famille que de souvenirs de vendetta.

Le maquis : voilà la Corse profonde ! Celle des cochons sauvages et des vaches en liberté, des fontaines au bord des routes, des longs hivers où l'on fabrique, loin du tohu-bohu de l'été, la coppa, le figatellu et la farine de châtaignes.

Le maquis ! Napoléon Bonaparte avouait qu'il aurait pu reconnaître son île les yeux fermés. Rien qu'à son odeur. Arbousiers, lentisques, myrtes, lavandes et bien d'autres délices encore peuplent ce monde fait de silence et de chaleur tro-picale, bercé par de si étranges mélopées. Cricri d'insectes cachés, chant des cigales, travail obscur des fourmis : toute une vie secrète aux portes des vil-lages et des hameaux. Mais cette mer verte a aussi ses fantômes : les incen-dies. C'est alors un voile noir de deuil qui couvre des hectares de terres rava-gées par les flammes.

Et puis la Corse n'est pas un plat pays, ni un pays plat ! Son relief irrationnel en fait une sorte d'anti-Hollande de l'Europe du Sud. Un morceau de gravité lyrique en pleine civilisation des loisirs. « Nous ne sommes pas des Danois », aimait à dire un ministre corse dans les années 70.

Pourtant ce n'est pas à des idées tristes que l'on songe en la sillonnant. Même si, ici ou là, on évoque la Sicile des pleureuses de défunts, l'île de Beauté a quel-que chose de sacré dans sa beauté impériale. Regardez : même les tombeaux isolés ont l'air gai. Éparpillés, plantés dans le maquis sous un bouquet de cyprès ou d'oliviers, regroupés dans des cimetières marins du bout du monde, ils semblent vouloir faire descendre le ciel sur la terre.

Des chiffres pour mieux comprendre

– *Superficie* : 8 681 km^2, c'est la quatrième île de la Méditerranée après la Sicile, la Sardaigne et Chypre (qui sont déboisées, sans eau et de plus en plus bétonnées...).
– *Point culminant :* le *monte Cinto* (2 710 m), et des dizaines de sommets à plus de 2 000 m.
– *Population :* 267 000 habitants en 1990.
– *Population active :* 37 % de l'ensemble de la population (emplois occupés et chômeurs). Beaucoup de retraités.
– *Tourisme :* on compte 6 touristes par habitant en été.
– *Incendies :* plus de 30 000 ha brûlés entre 1981 et 1992.
– *Littoral :* environ 1 000 km de côtes, dont 122 km sont protégés par le Conservatoire du littoral (15 %).
– *Forêts :* elles couvrent près du quart de la Corse, le maquis occupant 40 % des terres.
– *Rivières :* 90 % des rivières sont vierges de toute pollution.
– *Plaine orientale :* 10 % seulement du territoire. Mais elle produit 80 % de la richesse agricole de la Corse.
– *Produits exportés :* à 80 % ce sont des produits provenant de la viticulture, des agrumes (citrons, oranges, mandarines) et des fruits (pêches, abricots, poires, cerises).
– *Industrie :* une seule entreprise de plus de 100 salariés et 13 000 sociétés n'employant... qu'une personne.
– *Élections :* en 1987, le commissaire de la République de Haute-Corse révélait l'existence dans ce seul département de 24 000 anomalies ou cas douteux, pour 115 000 électeurs inscrits.

Comment y aller ?

En bateau

Longtemps en situation de monopole de fait, la *S.N.C.M.* (Société nationale Corse-Méditerranée) se permettait un train de sénateur, une ambition endormie

Il y a des spectacles qui vous donneront envie d'aller visiter l'arrière pays.

En louant une voiture chez Hertz, vous bénéficiez d'un réseau de 420 agences. Vous avez donc la liberté d'aller où vous voulez, partout en France, au gré de vos envies...

Parce que les week-ends sont toujours trop courts, vous pouvez même partir dès le jeudi soir pour ne rentrer que le mardi matin.

Partez tranquille, les petits prix week-ends pour 48, 72 ou 96 heures incluent toutes les assurances et 1000 ou 1300 kilomètres. Avec Hertz, vos week-ends sont des vacances.

Hertz. Davantage d'avantages.

Informations et réservations :
(1) 47 88 51 51

Le week-end à partir de

580F*

et un service distrait. Aujourd'hui, la concurrence acharnée que lui livrent les sociétés italiennes *Moby Lines* et *Corsica Ferries* l'oblige à sortir de sa réserve. A terme, cette situation est favorable au touriste. Toutefois, les trois compagnies pratiquent des tarifs exagérément élevés.
– Important : faites vos réservations le plus tôt possible, dès janvier, auprès de la *S.N.C.M.*, si vous allez en Corse en juillet ou en août.

▲ S.N.C.M.
– **Paris** : 12, rue Godot-de-Mauroy, 75009. ☎ 49-24-24-00. M. : Madeleine. Renseignements et réservations : ☎ 49-24-24-24. Ouvert de 8 h 30 à 17 h 30 entre le 1er avril et le 30 septembre. Ouvert aussi le reste de l'année mais avec une coupure à midi. Réservations possibles sur Minitel : 36-15, code SNCM.
– **Marseille** : 61, bd des Dames, 13002. ☎ 91-56-32-00. M. : Joliette. Informations : ☎ 91-56-30-10. Réservations : ☎ 91-56-30-30. Embarquement : gare maritime de la Joliette.
– **Nice** : quai du Commerce. Informations et réservations : ☎ 93-13-66-66. Infos et réservations particulières : ☎ 93-13-66-99. Embarquement : gare maritime, quai du Commerce et quai Ile-de-Beauté.
– **Toulon** : 21 et 49, av. de l'Infanterie-de-Marine. ☎ 94-16-66-66. Embarquement : gare maritime.
La *S.N.C.M.* a un prix passager et, lorsque la traversée est effectuée de nuit, un prix couchette fort intéressant. En revanche, la traversée d'un véhicule peut, selon la période, coûter très cher. Les prix, honnêtes en période bleue (d'octobre à mai), doublent en période blanche et triplent en période rouge (essentiellement le début des mois de juillet et août, et les week-ends de ces mêmes mois). Réductions habituelles en période bleue pour les enfants, les gens du troisième âge, les groupes, les familles nombreuses, etc.
Corsica Marittima, une filiale de la *S.N.C.M.*, exploite une ligne Bastia-Livourne à un tarif comparable à celui de *Moby Lines.*
Plusieurs bateaux au départ de Marseille, Toulon, Nice, pour Bastia, Ajaccio, Calvi, L'Ile-Rousse, Propriano et Porto-Vecchio. Le lieu d'arrivée n'est pas indifférent car, ne l'oubliez pas, la Corse est grande, et l'état des routes, même s'il s'est amélioré, augmente encore la durée des trajets dans l'île.
Le voyage le plus court est Nice-Calvi de jour (5 h). Le plus long, Marseille-Ajaccio de nuit (11 h 15). Mais arriver en Corse à l'aurore quand le soleil se lève derrière l'écran des montagnes rose et mauve, quel moment inoubliable !

▲ CORSICA FERRIES
– **Ajaccio** : port de Commerce. Pour tous renseignements, téléphoner à Bastia.
– **Bastia** : Centrale de réservation, 5 *bis*, rue du Chanoine-Leschi. ☎ 95-31-18-09. Fax : 95-32-14-71.
– **Calvi** : port de commerce. Pour tous renseignements, téléphoner à Bastia.
Les cabines sont plus chères qu'à la *S.N.C.M.* Mais le passage des véhicules est souvent plus économique (selon la période). Les billets « open » ou ceux pris à l'embarquement vous font bénéficier (s'il y a de la place) des tarifs les plus bas. La célèbre et dynamique compagnie italienne offre un avantage de taille : des liaisons Italie-Corse plus nombreuses et plus fréquentes que par la *Corsica Marittima* (filiale de la *S.N.C.M.*). Ses navires, plus petits, sont reconnaissables à leur couleur jaune. Traversées Italie-Corse au départ de Gênes, La Spezia, Livourne, pour Bastia, Calvi et Ajaccio.

▲ MOBY LINES
– **Paris** : 4, bd des Capucines. ☎ 44-71-30-11.
– **Bonifacio** : au port, agence Gazano. ☎ 95-73-00-29.
– **Bastia** : 4, rue du Commandant-Luce-de-Casabianca. ☎ 95-31-46-29.
On reconnaît les bateaux de cette compagnie italienne aux baleines bleues peintes sur la coque.
Même tarifs spéciaux que la *Corsica Ferries.*
Assure des liaisons maritimes entre les ports italiens de Gênes, Livourne, Piombino, au seul port corse de Bastia. Mais il existe aussi des liaisons Bonifacio-Santa Teresa Di Gallura, en Sardaigne.

En avion

Superbe vue sur la mer et les montagnes à condition d'être assis près du hublot.

▲ **AIR FRANCE :** ☎ 91-39-39-39. A Paris, réservations : ☎ 44-08-22-22.

▲ **AIR INTER :** à Paris, ☎ 45-46-90-00. Minitel 36-15 ou 36-16 Air Inter. A Ajaccio, ☎ 95-29-45-45 ; à Bastia, ☎ 95-54-54-95 ; à Calvi, ☎ 95-65-20-09.

▲ **T.A.T. :** à Paris, ☎ 42-79-05-05 ; numéro vert : ☎ 05-05-50-05.

Ces trois compagnies proposent des départs de Paris, Lyon, Marseille, Nice, Bordeaux, Montpellier, Nancy, Nantes, Strasbourg, Lille et Toulouse vers Bastia, Ajaccio, Calvi ou Figari. Renseignez-vous sur les tarifs « Super-loisirs » et les tarifs « Jeunes » d'*Air Inter* et les tarifs « Vacances » d'*Air France*.

▲ **E.A.S. :** 14, rue des Pyramides, 75001 Paris. ☎ 49-75-23-41. A Figari, ☎ 95-71-02-73. En été, 3 vols hebdomadaires pour Figari au départ d'Orly Ouest. En hiver, des vols tous les week-ends sont proposés d'octobre à mai (vendredi et dimanche) pour des tarifs très intéressants (tarifs jeune – de 25 ans et tarifs famille).

▲ **NOUVELLES FRONTIÈRES :** en été, vols charters à date fixe. Propose notamment des forfaits avion + voiture de location à des prix très intéressants. Renseignements : ☎ 41-41-58-58.

Argent, budget

La Corse n'est pas vraiment une destination bon marché. Au moins deux raisons à cela : d'abord, comme dans toute île, il faut faire venir la plupart des produits et matières premières du continent. D'où des frais importants (à titre d'exemple, un sac de ciment vaut deux fois plus cher en Corse que dans la métropole), répercutés sur les tarifs. Ensuite, la saisonnalité des modes de vie (on travaille principalement en été) oblige à pratiquer des prix plus élevés, pour pouvoir vivre toute l'année décemment.

Pour les visiteurs, la Corse est surtout chère en saison. En juillet et août, il n'est pas rare de voir les prix d'un hébergement passer du simple au double, et peu de restaurants résistent à la tentation de supprimer les petits menus... Le reste de l'année, on peut faire de bonnes affaires : les hôteliers acceptent de discuter. Malgré les tarifs exorbitants affichés en été (surtout dans les stations connues), on peut néanmoins découvrir l'île en routard, à des prix (presque) routards : en prenant le bus au lieu de louer une voiture, en campant sur la côte (sauf dans les trois étoiles, presque aussi chers que des petits hôtels) et en utilisant les gîtes en montagne, enfin en se rabattant sur les pizzerias. L'île de Beauté, heureusement, n'est pas réservée qu'aux riches !

Un dernier petit conseil : les distributeurs de billets n'étant pas légion et les cartes de crédit pas toujours acceptées, pensez à vous munir de votre chéquier et à prévoir suffisamment de liquide. Si vous optez pour les chèques de voyage, attention aux surprises quand vous les changerez (commission importante).

Les bandits corses

Également appelés « bandits d'honneur », ils font partie de la mythologie insulaire. Leur histoire va souvent de pair avec celle de la vendetta. Schéma classique : Vincentello venge l'honneur bafoué de sa sœur en tuant le coupable. Pour éviter à son tour une vengeance (et des tracasseries policières), Vincentello prend le maquis, dans le Niolo ou le Liamone (Corse occidentale), qui constituent d'excellents repaires. Il est devenu un bandit. Sa famille ne le reniera point : Vincentello a défendu l'honneur du clan. Complice aux yeux de la loi, il se peut qu'elle le rejoigne dans le maquis ! Pour les Corses, les bandits ont souvent représenté une sorte d'idéal impossible à cerner pour les continentaux (car incompatible avec « l'état de droit »). Les bandits corses furent surtout à la mode au XIXe siècle : les gazettes et toute une littérature populaire en font des héros romanesques, anges rédempteurs condamnés par le destin, justiciers malgré eux, assoiffés de liberté et rebelles à l'ordre établi. Historiquement, leur recrudescence s'explique aussi par la répression politique menée en Corse sous la IIIe République. Les grands écrivains de l'époque se passionnèrent pour ce sujet éminemment shakespearien : Mérimée au travers de *Colomba* (voir le chapitre « Vendetta »), Alexandre Dumas dans *Les Frères corses*, puis Maupassant qui écrivit une nouvelle judicieusement intitulée *Un bandit corse*.

Dans les villages de Corse du Sud, de nombreuses histoires continuent à entretenir la légende. A Vico, à Guagno ou à Bocognano, on vous racontera peut-être les aventures de ces équivalents corses de Romeo ou Mesrine (selon les cas), avec un brin de nostalgie et de fierté teintées d'amusement...

Le premier grand bandit s'appelait Tiadore Poli. Emprisonné pour désertion, il s'évade en tuant ses gardiens. Pour survivre, il crée une petite communauté de bandits, dans la forêt d'Aïtone, sur laquelle il règne en véritable dictateur. Le « roi de la montagne » va même jusqu'à rançonner l'Église et les bourgeois et obtient la complicité de la population en jouant les indépendantistes. Mais les autorités décident d'envoyer un corps expéditionnaire pour se débarrasser de cet encombrant personnage. Il parvient à leur échapper, mais tombe en 1827 dans une embuscade.

Un autre bandit célèbre, Cappa, échappe aux gendarmes pendant plusieurs décennies, au point de faire l'admiration des foules grâce à sa ruse. Il est finalement abattu dans sa bergerie en 1895. A la même époque, Antoine Bonelli, alias « belle cuisse », lance la vogue du bandit « mondain ». Caché dans la montagne pendant 40 ans, après un crime, il n'en nargue pas moins ses poursuivants en s'affichant avec des personnalités connues. Pour prouver sa bonne foi, il finit par se rendre à la police. Mais le plus fou de tous reste le légendaire Spada. Meurtrier multirécidiviste et grand racketteur devant l'Éternel, il ne quitte pourtant jamais son crucifix (comme Madonna !). Déguisé en curé ou en femme, Spada apparaît toujours là où l'on ne l'attend pas pour commettre de nouveaux forfaits. Ultime provocation : le tigre (comme on le surnomme) convoque la presse dans sa tanière du maquis, qu'il a pompeusement baptisée pour la circonstance « mon palais vert ». Un an après, il est arrêté et envoyé dans un asile psychiatrique. Sa carrière s'achève sur l'échafaud en 1935.

Le phénomène des bandits corses a atteint de telles proportions qu'en 1931 le gouvernement français prend des mesures radicales : on envoie plus de 600 soldats en Corse intérieure, équipés d'automitrailleuses ! Les villages sont passés au peigne fin, les habitations perquisitionnées, les armes confisquées...

Vu l'envergure de l'opération, la presse nationale dépêche de vrais correspondants de guerre ! Cette « épuration », suivie de centaines d'arrestations et de quelques exécutions, met (presque) un terme à la vague de banditisme en Corse. Depuis, dans un registre tout de même très différent, mais non sans similitudes, les nationalistes cagoulés ont pris le relais.

Boissons

Un chapitre important puisqu'on a souvent soif en Corse, à cause du soleil ! Les Corses aiment bien le vin, sans pour autant en abuser. Comme partout dans le sud de la France, l'apéro a aussi ses disciples, de préférence sous forme de pastis. On trouve aussi de la bière et toutes sortes de liquides venus du continent. Parmi les produits fabriqués dans l'île :

L'eau d'Orezza

C'est une eau minérale, légèrement gazeuse, provenant d'une source nichée dans une vallée isolée de la Castagniccia. On en trouve partout en Corse. Elle est délicieuse et conseillée aux personnes souffrant d'un déficit en globules rouges.

Les vins corses

Rouges, rosés ou blancs, corsés, bouquetés ou fruités, les vins d'ici ne manquent pas de personnalité. La vigne est omniprésente en Corse. On trouve de nombreux crus et des cépages variés, et notamment le *nieluccio* qui donne des merveilles en sol calcaire. On ne vous cache pas notre préférence pour les blancs et les rosés. Les rouges se marient bien avec la charcuterie.
Quelques recommandations :
– *Ajaccio* : un petit faible pour le clos Capitoro.
– *Sartène* : les domaines Fiumicicoli et San Michele.
– *Porto-Vecchio* : le domaine de Torracia.
– *Calvi-Balagne* : le clos Couvent d'Alziprato. 88 de préférence.

– *Patrimonio :* des rouges, des rosés et des blancs. On a remarqué le clos Morta Maio Arena, le clos de Bernardi et le clos Orenga de Gaffory.
– *Cap Corse :* enfin le nec plus ultra des blancs secs, notre coup de foudre en Corse, le grand, l'inimitable, l'inoubliable, le *clos Nicrosi.* Rare et, hélas, mal distribué dans l'île. A signaler aussi, les muscats du cap Corse, excellents vins doux.

Les liqueurs

Servies en digestif dans la plupart des restos, les liqueurs sont une autre spécialité insulaire, fabriquées à partir de tous les produits fournis par le maquis : menthe, myrte, châtaignes, noix, anis, mais aussi oranges et autres fruits. On vous proposera peut-être de la *cédratine,* alcool à base de cédrat, une sorte de citron.

Cigarettes

Heureux fumeur du continent, vous allez pouvoir fumer en Corse pour moins cher. Considérée comme géographiquement défavorisée (en tant qu'île), la Corse a obtenu certaines faveurs, dont celle de la détaxe du tabac. Les paquets coûtent donc environ 28 % de moins. On peut même rapporter des cartouches sur le continent, en toute impunité. Mais ce serait dommage de ne pas profiter de l'air si pur de l'île de Beauté ! Profitez plutôt de son climat idéal pour arrêter de fumer... Sinon, la Corse produit ses propres cigarettes, dans la manufacture de tabac de Bastia (les fameuses *Bastos*).

Climat

Les continentaux (surtout ceux de la partie Nord) sont jaloux de la Corse : quand M. Météo vous montre une carte de France pleine de gros nuages et qu'un petit soleil résiste dans un coin de la carte, il est collé à tous les coups sur l'île méditerranéenne !
Le climat en Corse est facile à décrire : de mi-mai à mi-septembre, grand beau temps assuré. Mais il existe des nuances. Il fait généralement plus chaud dans le cap Corse qu'à Bonifacio. Bien sûr, l'air est toujours plus frais en montagne (au-dessus de 500 m) qu'en bord de mer. Prévoyez toujours une petite laine dans l'intérieur du pays. Attention aussi aux orages, brefs mais violents, qui éclatent dans l'intérieur souvent à la fin de l'été (septembre-octobre), entraînant des inondations parfois ravageuses comme celles de 1993. Malgré tout, les pluies sont vraiment rares : pas plus de 50 jours par an !
Certains jours, le vent souffle très fort. Le vent dominant ici est le *libeccio,* venu du sud-ouest, sec et chaud. Le mistral est plus violent. Les Corses ne l'aiment pas. Il favorise les incendies. Enfin, le sirocco est un vent sec et brûlant. Venu d'Afrique du Nord, il est chargé de poussières du désert.
Et puis il y a de la neige (mais oui : la Corse est une île montagneuse, on a tendance à l'oublier !) : en altitude, elle peut persister jusqu'à mi-juin, voire début juillet... Si vous visitez la Corse à Pâques, ne soyez pas étonné de trouver des routes fermées (généralement parmi les plus belles, comme celle du col de Bavella), ou des sentiers de rando impraticables. En gros, les meilleures périodes pour aller en Corse et éviter canicule, orages et flots de touristes sont mai, juin et début septembre (de plus, les prix seront moins élevés). Et au printemps, le maquis est en fleurs !
Enfin, détail important : la température de l'eau (sur les côtes) est en moyenne de 15 °C en hiver et de 25 °C en été.

Les Corses

Voici donc une île. Une belle île en mer, d'accord ; une île entre le ciel et l'eau, toujours d'accord, mais une île. Avec des îliens dessus. Bon, commençons par le début, quand les Corses étaient des montagnards. Autrefois, tout semblait éloigner les Corses de leur littoral. Jadis repliés dans leurs nids d'aigle, ils avaient de la plage une conception particulière. Les villageois descendaient y passer une partie de l'année, avec famille et troupeaux. Puis ils remontaient dans leurs perchoirs dès que l'été apportait sa première vague de chaleur torride. Entre les Corses et la mer persiste une relation d'amour et de crainte.

Les Corses inaccessibles, renfermés, farouches ? Non, plutôt les gardiens de la terre des ancêtres, devenus prudents et réservés après des siècles d'invasions. On les décrit souvent comme corsetés (gag facile) sous leur carapace d'orgueil et de fierté. Allons donc ! Vous n'avez rien compris. Ce sont, depuis toujours, à la fois des îliens et des montagnards. Ombrageux et susceptibles ? Pas plus que d'autres peuples de la Méditerranée.

Alors corsés les Corses ? Complexes certainement. Est corse bien souvent, en réalité, qui a un ancêtre ayant connu les Barbaresques, une arrière-grand-mère génoise et un cousin fonctionnaire à Paris. Car, ne l'oubliez pas, les élites corses s'expatrient. Aujourd'hui, 800 000 Corses vivent sur le continent. D'autres encore aux États-Unis et en Amérique du Sud (deux anciens présidents du Venezuela étaient d'origine corse).

On les dessine en noir, méfiants. Et alors, pourquoi sauteraient-ils au cou de gens qu'ils ne connaissent pas ? Ici, le fromage est corse, le vin est corse et la charcuterie est corse. Bref, ils sont corses et prétendent le rester. On ne peut leur en vouloir !

La cuisine corse

Elle est simple et bonne, comme la nature de l'île. La montagne, les forêts, le maquis et la mer ont nourri la population pendant des générations. Le menu insulaire typique est donc à l'image du pays : charcuterie, gibier et fromage dans l'intérieur ; bouillabaisse ou poisson grillé sur le littoral. On trouve encore ces menus authentiquement corses dans les auberges et les cabanons de pêcheurs, mais rarement bon marché. En tout cas, c'est souvent très bon et toujours très copieux !

La charcuterie

Il faut absolument goûter la charcuterie corse, au goût subtil et parfumé. Les cochons sauvages et les sangliers se nourrissent de toutes les bonnes choses du maquis : glands, châtaignes, etc. Pas étonnant que leur chair soit à ce point un régal ! Les éleveurs de l'intérieur du pays fument la viande de façon artisanale et en font toutes sortes de dérivés : le *prisuttu* (jambon cru), le *salamu* (saucisse fumée), la *coppa* (échine), le *lonzu* (filet), le *salsiccia* (saucisson épicé) et le fameux *figatellu*, succulente saucisse de foie (et autres abats) que l'on sert généralement grillée. Attention : les *figatelli* se mangent peu de temps après leur fabrication (décembre à février). Si l'on vous en sert en été, elles seront obligatoirement congelées ! Avec un peu de chance, on trouve aussi de très bons saucissons d'âne (pauvres bêtes).

Les soupes

Autre plat traditionnel servi en entrée. On en trouve de toutes sortes : aux légumes (soupe paysanne), de poisson *(l'aziminu)*, ou encore aux haricots, à l'ail, aux oignons, etc.

Les omelettes

Plat populaire omniprésent, elles accueillent elles aussi tous les produits du terroir (champignons, herbes...), mais surtout le brocciu (voir « Les fromages ») et la menthe. Un délice !

Les pâtes

Héritage évident de la colonisation italienne, la *pasta* est un autre élément indissociable de la cuisine corse. Servie sous toutes ses formes et à toutes les sauces : ravioli (au brocciu), canneloni (aussi au brocciu), lasagne (au sanglier), *pasta sciutta* (à la langouste), etc. Le tout relevé d'huile d'olive et de tomates.

Le gibier

Maquis et forêts de l'île en recèlent en abondance, principalement du sanglier, comme vous l'avez appris dans *Astérix en Corse* (« Groink Groink »)... Vous aurez plus de chance d'en manger en automne (saison de la chasse) bien que tout le monde en ait dans son congélateur. Délicieux en daube mais aussi en pâté ou en saucisson. Pas mal d'oisillons parmi les gibiers : pigeons, grives, perdrix, etc. En principe, plus de merles rôtis ni de pâté de merle (remplacé par le pâté de sansonnet) puisqu'on ne peut plus les chasser (heureusement).

Les viandes

Outre celles déjà citées, quelques préparations traditionnelles : le cabri *(cabrettu)* au four ou en rôti, le ragoût de porc ou autre *(tianu)*, l'agneau ou le chevreau rôti ou en daube *(stuffatu)*, les tripettes, etc. On accompagne ces plats de pâtes ou de *pulenta* (farine de châtaigne).

Les poissons et fruits de mer

— En montagne, pensez aux truites de torrent servies grillées. Mieux encore : dénichez un resto qui donne sur le torrent où les truites sont pêchées !
— Sur la côte, on conseille évidemment le poisson et les fruits de mer : quelques bons souvenirs, surtout quand le patron du resto est aussi pêcheur. Rougets grillés, loups (bars) au fenouil, sardines farcies, mais aussi plein de poissons des différents golfes, aux noms inconnus ailleurs (sar, denti...), sans oublier l'*aziminu* (fameuse bouillabaisse).
Depuis quelques années, la Corse produit de bonnes huîtres et des moules succulentes, dans les étangs d'Urbino et de Diana, sur la côte orientale. Rassurez-vous, aucune trace de pollution dans ces lieux d'élevage strictement surveillés par les services départementaux de l'hygiène.
Pour ceux qui ont les moyens, les langoustes sont souvent proposées sur la côte : en bouillabaisse mais aussi avec des spaghetti, plat traditionnel des pêcheurs.

Les fromages

Une fameuse réputation, surtout depuis que celui oublié par Ocatarinetabelatchitchix a fait sauter un bateau ! Mais le fromage corse le plus connu n'est pas de la catégorie de « ceux qui puent »...
— Le *brocciu* (prononcez « brotchiou ») : on en voit partout, les Corses en mettent dans presque tous les plats ! Mais « le roi des fromages corses » n'est pas un vrai fromage ! Il s'agit en fait d'un fromage blanc frais (assez semblable à la brousse), très onctueux, préparé avec du petit-lait mêlé à du lait pur de brebis ou de chèvre. Il se mange frais hors saison (de l'automne au printemps), comme un dessert. Sinon, on le conserve avec du sel pour en farcir ensuite toutes sortes de plats : omelettes, ravioli, beignets, tartes, etc. Mais celui qu'on trouve en été n'est qu'une pâle imitation, autant le savoir.
— *Fromages de chèvre et de brebis :* différentes appellations, suivant la région. Certains, comme leur île, ont beaucoup de caractère ! Les plus réputés : le bastelicaccia, le cosciuu, le niolo et le sartenais.

Les desserts

En Corse, le repas se termine généralement par un fruit. Ceux de l'île sont généralement excellents, notamment les oranges. Sinon, pas mal de pâtisseries : délicieux beignets (les *fritelli*), tartes aux noisettes ou autres *(torta)*, gâteaux secs *(canistrelli)*. Les gâteaux à la farine de châtaigne sont un véritable régal. Autre spécialité fabuleuse : le *fiadone,* sorte de tarte au brocciu et au citron, souvent imbibée d'alcool !

Écologie

En 1993, la Corse arrivait en tête des régions françaises les mieux préservées écologiquement. Rien d'étonnant à cela : l'absence quasi totale d'industries lui a permis de conserver une atmosphère et des eaux saines. C'est aussi, paradoxalement, la région qui investit financièrement le plus dans la protection de l'environnement : la faune est protégée, de nombreuses essences sont préservées, des dizaines de sites sont classés, sans parler des réserves naturelles. Bravo ! La Corse est restée vierge ! Enfin, pas tant que ça ; reste un problème, et de poids : les décharges sauvages, que vous ne manquerez pas d'apercevoir un peu partout dans l'île, aussi bien sur les flancs des montagnes que sur des plages autrefois paradisiaques. Un vrai scandale, souvent dénoncé par les habitants, mais que peu d'autorités prennent réellement en compte. On s'en prend aux communes, qui rétorquent qu'elles manquent de crédits, on ressort alors de vieilles rumeurs de corruption, d'autres accusent le tourisme. Allez savoir qui a raison. Toujours est-il que la Corse manque de poubelles, d'éboueurs, de camions de ramassage et d'incinérateurs de déchets, et bien sûr de centrales de recyclage... Pour un peu on se croirait dans le tiers monde ! Il serait temps que les initiatives fleurissent, comme c'est le cas dans certaines petites communes où des habitants se relaient pour nettoyer les plages en fin de saison...

Quant aux incendies, autre drame insulaire, le problème est encore plus lamentable. Des milliers d'hectares de maquis et forêt partent en fumée chaque été. Pourtant, on sait très bien que peu d'incendies sont d'origine naturelle. Il y aurait peut-être des moyens d'éviter ce gâchis. Mais l'hypocrisie et surtout la lâcheté (la fameuse loi du silence) freinent toute solution. Dans le pays, des habitants plus lucides ou plus courageux que d'autres, quand on les interroge, avouent savoir quels sont les responsables : un voisin jaloux, un berger en quête d'assurance, un propriétaire qui n'a pas l'envie de défricher, un éleveur qui veut gagner du terrain, et de temps en temps une petite vengeance personnelle... En tout cas, rarement un mégot négligemment abandonné. Mais que fait la police ? Tant que le mutisme demeure, par fatalisme, amitié ou crainte, les incendies continueront à défigurer la Corse. Et le sol, sans retenues naturelles, se fera de plus en plus propice aux inondations...

Le F.L.N.C. ou la clandestinité

Boum ! Boum ! Quel vacarme dans la nuit ! 15 villas, ou plutôt 15 charmants clapiers de vacances en béton, viennent de voler en éclats. Beyrouth ? Non, la Corse ! Les explosions font partie du menu quotidien des Corses. Certains jours, l'île de Beauté est plus captivante que les guérillas des républiques bananières. 111 attentats en 1974, 463 en 1980, des milliers d'autres depuis cette date. La moitié des actions a été attribuée au F.L.N.C. (et souvent revendiquée par lui). Le F.L.N.C. (Front de Libération nationale de la Corse), mouvement fondé en 1976 et dissous en 1982, est un sigle bien connu des vacanciers : il est bombé partout sur les murs de l'île.

Drôles de gars quand même. Toujours cagoulés, été comme hiver, en treillis vert, fusils en bandoulière, et quelques petites mitraillettes sorties de derrière les fagots. Des conférences de presse nocturnes en plein maquis, tous assis autour d'une table, comme pour trinquer. Mais attention, ici ça ne rigole pas ! « La liberté ou la mort », tel est leur slogan. Une devise qui ressemble comme deux gouttes d'eau à celle des partisans bulgares du XIXᵉ siècle décidés à mettre fin à cinq siècles de joug ottoman. N'est-ce pas confondre une plume avec une enclume ? Curieux bras de fer, entre une poignée d'irréductibles et le pouvoir. Combien de banques visées, d'institutions officielles dynamitées, d'intérêts détenus par des continentaux mis à mal, de villas volatilisées ?

À mettre toutefois à son crédit : le F.L.N.C. s'en prend moins aux hommes qu'aux symboles. Ouf ! Mais quelle étrange tragédie fin de siècle, à l'heure de la construction européenne. Il aura fallu la mort de Guy Orsoni, l'assassinat de Pierre Massimi, la descente en Corse de Zorro-commissaire Broussard, puis la mort du docteur Lafay en 1987, pour qu'en juin 1988 une trêve soit enfin prononcée par le mouvement clandestin. Entre-temps, Pasqua avait lancé ses phrases tonitruantes : « La défense de Nouméa commence à Bastia. »

Une rumeur folle laissait entendre que les armes et l'argent du mouvement provenaient de Libye. Kadhafi aurait-il des vues sur la Corse ? La tête de Maure au milieu du drapeau corse semble plaire à nouveau à ce descendant des Barbaresques.

Une chose est sûre : devant les monceaux de gravats de ces ex-pavillons à deux mètres de l'eau, on n'éprouve aucun regret pour ces horreurs architecturales. Comme l'écrit l'un de nos lecteurs, « C'est peut-être grâce à eux (les nationalistes) que la Corse n'est pas devenue une usine à touristes comme les pauvres Baléares massacrées par le béton et le fric. »

Cela dit, qu'en est-il maintenant de cet ultra-nationalisme ? Certains pensent qu'il tourne assez mal, que sa soi-disant légitimité « populaire » s'effrite de jour en jour, et qu'il a vendu son âme au diable en perpétrant un meurtre comme celui de Robert Sozzi, l'un de ses militants-dissidents, tué froidement en 1993 parce qu'il avait choisi de quitter le mouvement.

Un peu plus tard, lors d'un rassemblement filmé par des caméras de télévision, l'auteur du crime était acclamé par une foule en liesse de près de 2 000 sympathisants. Du jamais vu en Corse !

Nombreux sont ceux qui, en Corse aujourd'hui, devinent dans cette scandaleuse approbation collective d'un crime (qui restera probablement impuni) quelque chose comme le symptôme même d'une nécrose avancée du mouvement.

Hébergement

– **Gîtes d'étape :** très bien pour les randonneurs car on y trouve le plus souvent un dortoir, un coin-cuisine, de quoi se réchauffer le soir. Situés près des sentiers de grande randonnée comme le G.R. 20 ou les sentiers du parc régional (« Mare a Mare », « Mare e Monti »), en montagne ou sur le littoral. Liste complète disponible auprès du bureau du parc régional à Ajaccio.

– **Auberges de jeunesse :** on en compte quatre en Corse, mais elles sont beaucoup plus simples que sur le continent. A Sotta (près de Porto-Vecchio), ☎ 95-71-23-33. Au centre équestre de Baracci (Propriano), ☎ 95-76-19-48. A Galéria (gîte d'étape), ☎ 95-62-00-46. Au couvent de Calacuccia (Niolo), ☎ 95-48-00-11.

– **Hôtels pour jeunes :** il n'y en a que deux dans toute la Corse, tous deux à Calvi ! Un grand merci à ceux qui pensent aux jeunes routards fauchés ! Dommage vraiment qu'il n'y en ait pas à Ajaccio, à Bastia et à Bonifacio.

– **Les couvents qui hébergent :** une façon de voir la Corse sous un angle plus spirituel que d'ordinaire. Cela dit, on n'est pas obligé de suivre toutes les règles monastiques en vigueur, simplement d'observer un minimum de silence pour ne pas troubler la vie des moines. Hébergement simple et à prix raisonnables. Téléphoner avant, demander le frère hôtelier.

A Bastia, le couvent Saint-Antoine ; ☎ 95-31-01-71.

A Belgodère (Balagne), le couvent de Tuani ; ☎ 95-61-32-44. A Calacuccia (Niolo), le couvent Saint-François ; ☎ 95-48-00-11. A Cateri (Balagne), le couvent de Marcasso ; ☎ 95-61-70-21. A Corbara (Balagne), le couvent Saint-François ; ☎ 95-60-06-73. A Sartène (sud), le couvent des pères franciscains ; ☎ 95-77-06-45. A Vico, le couvent de Sainte-Marie ; ☎ 95-26-60-55.

– **Camping sauvage :** la belle époque où l'on pouvait camper n'importe où est bel et bien révolue ! Tant mieux pour l'environnement. Dommage pour les routards et les aventuriers. Le camping sauvage est interdit en raison des risques d'incendie, les feux étant de plus en plus fréquents. Cela dit, vous pouvez vous arranger avec le propriétaire du terrain si vous le connaissez.

– **Campings :** nombreux, et de mieux en mieux équipés. Choisir en priorité les campings ombragés (pins, eucalyptus – ça sent bon ! –, oliviers...). Un seul inconvénient en bord de mer et dans certains secteurs : les moustiques. Bzz, Bzz, Bzz... A l'intérieur de la Corse, on a découvert des campings situés dans des endroits de rêve, sous les châtaigniers ou au bord de torrents de montagne. Un régal que d'y dormir ! Il y a aussi les campings à la ferme, où l'on est assuré de camper en pleine campagne et de bénéficier, selon le cas, des produits de la ferme.

– **Chambres d'hôte :** on pensait en trouver beaucoup plus que ça. Or, on peut les compter sur les doigts de la main. Celles que nous citons sont très chouettes. Comme sur le continent, la formule est intéressante pour un couple qui ne souhaite pas rester trop longtemps dans le même endroit (sinon, prendre un gîte rural). On y dort et on peut y prendre le petit déjeuner, puis on continue son chemin... (on peut parfois y prendre le repas du soir, à la demande).

– **Gîtes ruraux :** une bonne solution pour passer une semaine ou plus de vacances, en famille de préférence. Les prix de location sont moins élevés que ceux des villas de bord de mer (hors de prix en juillet et août !). Renseignements et réservations : *Accueil rural corse*, relais des Gîtes ruraux, 24, bd Paoli. 20090 Ajaccio. ☎ 95-20-51-34.

– **Hôtels :** on trouve encore des petits hôtels bon marché et discrets. On vous les indique à condition qu'ils soient propres. D'une façon générale, les hôtels de

Corse manquent cruellement de charme, hormis un petit lot d'auberges et d'hôtels installés dans d'authentiques vieilles maisons en pierre (on vous les signale). Par ailleurs, la plupart augmentent leurs tarifs en juillet, mais surtout au mois d'août. Il faut le savoir pour bien calculer son budget. Entre une nuit début mai et une nuit le 15 août, les prix varient souvent du simple au double, au triple parfois dans les coins très touristiques (littoral). Les hôtels pratiquant les prix les plus sages sont situés dans les petits villages de montagne à l'intérieur de l'île, ainsi que sur la côte orientale (qui est moins belle, mais moins onéreuse). Un conseil pratique : si vous voyagez à deux, au moment de réserver, demandez bien si le prix affiché de la chambre est pour une ou pour deux personnes. Ce n'est pas toujours très clair, et si l'on n'y prête pas attention, on risque d'avoir une mauvaise surprise au moment de payer la note !

Le meilleur rapport qualité-prix pour les hôtels, on le trouve en dehors de l'été (et dans l'intérieur), c'est-à-dire avant le 1er juillet et après le 30 août. Au mois de mai, en juin et en septembre, on peut séjourner en Corse à prix relativement doux.

• *Étapes hôtelières corses :* renseignements auprès de l'agence *Loisirs et Nature*, rue de l'Ancienne-Poste, 20231 Venaco (à 12,5 km au sud de Corte). ☎ 95-47-00-22. Fax : 95-47-06-33. C'est le nom de l'une des 4 chaînes volontaires de la Corse. Celle-ci regroupe une trentaine d'établissements, de 2, 3 ou 4 étoiles, répartis dans toute l'île (littoral et intérieur). Avec la formule « Corse en liberté », on peut acheter à l'avance un lot de coupons, ce qui permet de sillonner l'île à sa guise, en descendant dans les hôtels de cette chaîne ainsi que dans les établissements des 3 autres chaînes hôtelières de l'île (*Corsica Hôtels, Ilotel* et *Balagna in Corsica*). Bien pour les adeptes du voyage individuel organisé.

Histoire

Plantée dans le grand lac civilisateur de Méditerranée, la Corse a eu sa part de vagues. Avec quand même un décalage, insularité oblige. Ainsi, il existait peu de mammifères avant l'année – 700000. Les ours et les renards sont là depuis 10 à 50 000 ans. L'homme aussi. Au début, il mangeait du lapin et des coquillages. Ce n'était pas Byzance. Le premier Corse s'est quand même accroché partout à la côte. Sa petite femme termina sa vie aux alentours de quarante ans. On a retrouvé son tombeau dans le Sud : dite la Dame de Bonifacio, elle est la grand-mère des Corses... Après des siècles, ses arrière-petits-enfants en ont eu assez des palourdes : ils apprirent à cultiver le blé et à tailler des champs en terrasses. Les troupeaux faisaient la fumure. Les outils se façonnaient dans l'obsidienne importée de Sardaigne. On trouva des dieux : le Soleil sans doute, et l'indispensable déesse mère obèse. Aux alentours de – 3000, ils disposaient de troupeaux de porcs, de bœufs et de moutons. Ils tissaient la laine. Avec le cuivre, ils forgeaient des flèches acérées pour les vendettas. Cet âge est aussi celui des menhirs, dolmens et autres assemblages de grosses dalles. Tombeaux ou temples en plein air furent très à la mode. Avec plus de 200 monolithes, l'alignement de Palaggiu est le mieux fourni en Méditerranée de l'Ouest. Dès lors, l'île de Beauté attira les Colomb préhistoriques. Et les ennuis... Vers – 7000, c'était un parti de Ligures. 2 000 ans plus tard, le Sud était envahi. La Sardaigne était trop proche ! Les Corses abandonnèrent donc la côte et les plaines pour se barricader sur les hauteurs. A partir de – 1600 débarqua un nouveau peuple, dont les épées de bronze firent taire les frondes autochtones. Sans doute un rameau des Peuples de la Mer, ces navigateurs indo-européens qui écumaient la Méditerranée. Comme leurs temples avaient forme de tours, on les appela Torréens.

Tous les navigateurs avaient beau connaître la grande île, ils n'étaient pas d'accord sur son nom. Les Grecs l'appelaient *Kallistè* (la Belle), *Térapné* ou encore *Tyros*. D'autres en tenaient pour *Cyrnus,* du nom d'un fils d'Hercule qui, selon la légende, s'y serait imposé. Quant au vocable *Corsica*, il a suscité mille étymologie de mirliton. Un hypothétique Corsus, conquérant venu de Rome, et qui aurait même fondé Ajaccio (*Ad Jaceo :* ici, je me repose) ! Ou un supposé Corso, compagnon d'Énée, qui y aurait enlevé la princesse Sica, venue du pays Sardo ! Leurs enfants s'appelèrent, bien sûr, Ajazzo, Alero, etc. On a aussi mobilisé une Corsa-Bubula, aventurière ligurienne qui aurait touché l'île en suivant un taureau nageur... Certains historiens ont pensé que les premiers Romains trouvèrent les Corses un poignard pendu à leur cou : *Corsica* viendrait de *cor* (poitrine) et de *sica* (couteau). Pour ne pas être en reste, des étymologistes ont rapproché *Corsica* du celtique *Corsog :* le marais. Une chose est sûre : des Ibères aux Cantabres, l'île était une destination courue.

Rome que je hais...

Au VIᵉ siècle, la population grecque de la ville de Phocée, en Ionie, traversa la mer pour fuir les armées mèdes. Elle rejoignit d'autres Grecs installés en Corse, dans cette ville d'Alalia que les Romains allaient appeler Aléria. Ils exploitèrent les mines et les salines, plantèrent la vigne et l'olivier. Peu concernés, les Corsi faisaient paître leurs troupeaux dans les montagnes. L'avenir justifia leur neutralité : en 535, les flottes étrusque et carthaginoise poussaient les Phocéens vers de nouveaux rivages. Ils s'en allèrent fonder Massilia (voilà pourquoi il y a tant de Corses à Marseille !). Vinrent ensuite les Romains. Ils mirent près d'un siècle à soumettre la Corse. L'île y perdit la moitié de sa population — qu'on remplaça par des colons romains. L'occupant pouvait toujours développer Aléria, les montagnes restaient indomptées. Libres, les Corses tendaient des embuscades aux voyageurs. Esclaves, aucun châtiment, aucune mort ne les effrayait. « Ils fatiguent leurs maîtres, dit le grand historien Strabon, et font regretter la somme, si petite qu'elle soit, qu'ils ont coûtée. »

Corses contre Corses

Les Romains restèrent sept cents ans. Pendant qu'Aléria et Mariana se développaient, la montagne restait inchangée. A ses débuts, le christianisme ne perça guère au-delà des côtes. Il y eut quand même de saintes martyres... Idem, les Grandes Invasions ont glissé sur l'île forteresse. Vandales en 456, Goths un siècle plus tard, suivis de près par Byzance. En 725, les Lombards débarquent... pour être chassés par les Francs. Bref, au IXᵉ siècle et après toute une série de razzias terrifiantes, les Sarrasins ramassent la mise. Ou plutôt, ils tentent leur chance. Car, dans l'intérieur, le héros Ugo Colonna conduit la résistance, de victoire en victoire. Le drapeau corse – une tête noire avec un bandeau dans les cheveux (celui-ci aurait, à l'origine, masqué les yeux en signe d'esclavage) – représenterait un prince maure décapité après avoir été vaincu à Porto Pollo. Les Corses, donc, liquident les Sarrasins. Après quoi ils purent se battre entre eux.

Les féodaux, classe en vogue, décidèrent de se partager l'île. C'était contraire aux vieilles coutumes des clans. Les prétendus seigneurs étaient souvent des étrangers de Ligurie ou Toscane. Le choc des ambitions exaspéra les armes. La mêlée fut générale. Lassé par tant de massacres futiles, le peuple se donna pour chef un simple homme libre, courageux, un vrai Corse : Sambuccio d'Alando, qui proclama l'indépendance et un gouvernement populaire, avec parlement s'il vous plaît. Mais, à sa mort, l'île retomba dans la foire d'empoigne. Les insulaires, cette fois, s'offrirent au pape. L'île devint fief de l'évêché de Pise. On s'en réjouit : Pise était loin, son administration, paternelle. La Corse put s'organiser, établir ses paroisses, bâtir des églises – dans le superbe style du roman pisan. Un âge d'or...

Gênes durable...

Au XIIᵉ siècle, Gênes, qui monte, cherche à blackbouler Pise. Dans l'île, les deux villes de mer ont chacune leurs partisans : le sang corse coule. En 1284, Gênes détruit une fois pour toutes la flotte pisane. Ceux qui s'étaient endormis corses se réveillent génois. Durant cinq siècles, ils chercheront par tous les moyens à retrouver leur indépendance. Mais en 1453, péripétie curieuse : Gênes loue la Corse à ses créanciers. C'est l'opulente Banque de Saint-Georges. Elle ramènera dans l'île la paix et la prospérité. Aux vieilles cités fortifiées (Calvi, Bastia, Bonifacio...) s'ajoutent de nouveaux châteaux, des vieux pont juchés sur une arche unique. Et, surtout, les fameuses 69 tours génoises. Rondes, à bases évasées, hautes de 15 m, occupées par deux ou trois hommes, elles ceinturaient les mille kilomètres de côte corse à intervalles réguliers. Si quelque galère barbaresque pointait ses voiles – et Astérix sait quelle plaie c'était, les pirates d'Afrique ! –, un feu s'y allumait, qu'on propageait de tour en tour pour donner l'alerte.

Mais Gênes, port déclinant d'une Italie qui s'émiette, est-elle encore Gênes ? Alliée de Charles Quint, elle subira les assauts du principal adversaire de celui-ci, le roi de France Henri II. Soutenues par un corsaire turc, les troupes françaises conquièrent l'île à l'instigation d'un noble corse, Sampiero. Hélas,

Henri II va restituer la Corse dans le cadre d'un marchandage. Les insulaires sont abandonnés. Mais Sampiero a ses partisans. Pendant deux ans, il va contrer les Génois. Pour avoir sa peau, il faudra un guet-apens.
Revenue, Gênes a durci sa poigne. Elle exploite à outrance. Les Corses n'oublieront pas. En 1729, une famine exaspère la population. On prend les armes. Pour les Génois commencent quarante ans d'échec. En 1735, les Corses vont jusqu'à proclamer l'indépendance. Gênes répond par le blocus de l'île. Un aventurier allemand vole bien à leur secours et en profite pour se faire couronner roi de Corse, sous le nom de Théodore Ier. Mais la France s'allie aux Génois. La partie est inégale. Gênes rétablit sa domination.

Un roi sans couronne

En 1755, Pasquale Paoli est élu chef de la Résistance. C'est un général talentueux, un progressiste. Ce fils de la Castagniccia, né à Morosaglia dans le nord-est de la Corse, rêve d'une île indépendante. En treize ans, de 1755 à 1767, Paoli fera entrer la Corse dans le concert des nations : dans sa capitale de Corte, il crée une université, met en place un gouvernement, vote lois et impôts, frappe monnaie, lève une armée, élabore une constitution, rénove l'agriculture, assèche les marais... Celui que les Corses appellent « le Père de la Patrie » fait l'admiration de Jean-Jacques Rousseau. Le plus « éclairé » des souverains, Frédéric de Prusse, lui enverra une épée ainsi gravée : « patria liberatas ». Mais patatras ! Au traité de Versailles, habilement négocié par Choiseul en 1768 (Louis XV vient de perdre le Canada, les Indes et la Louisiane), Gênes vend la Corse au roi de France. Deux millions de lires ! L'île entre en fusion. « Guerra ! La liverte o la morte ! » On allait voir ! Un an plus tard, l'île à nouveau se trouvait annexée, et Paoli en fuite. Il reviendra en 1794. Es qualités. On est en pleine Révolution française. Louis XVI l'a reçu. La Fayette l'a assuré de son admiration. Arrivé au cap Corse, « il se prosterne et embrasse en versant des larmes le sol de sa chère patrie ». Paoli ne pense qu'à la Corse. Scandalisé par les excès antireligieux de Paris, il se retourne et proclame un royaume indépendant sous protection britannique. Naïfs Anglais ! Ils ignorent où ils mettent les pieds ! Par crainte d'un débarquement pro-Français, voilà qu'ils ouvrent un engagement volontaire, très grassement rétribué. Aussitôt, chacun de s'empresser... « Les femmes s'habillaient en hommes, les prêtres en laïques, quelques-uns se présentèrent sous différents habits, afin d'extorquer de l'argent aux Anglais, mais non pour les servir fidèlement. George III, instruit des fortunes que lui coûtait la Corse, donna ordre de quitter l'île immédiatement. »

Le « Petit Corse »

En 1994, il serait une star mondiale. En 1769, à Ajaccio, il serait au moins « le vengeur de la Corse ». C'est ce qu'espère Maria-Letizia qui porte l'enfant dans son ventre. Son mari, Carlo-Maria Buonaparte, a lancé un appel aux armes contre « les derniers envahisseurs » venus de France. De noble origine toscane, les Buonaparte étaient corses depuis le XVIe siècle, et de l'élite ! Assez vite, pourtant, il apparaît que le paoliste flamboyant se transforme en collabo. Estimant sa volte-face mal rétribuée, Charles-Marie cherche à faire financer par le roi l'éducation de ses fils. Notamment son deuxième fils « Nabulione », dont la grosse tête fait merveille en mathématiques. Ayant décroché sa bourse, l'enfant rejoint le collège d'Autun. Son père le conduit : il est député de la noblesse à Versailles et ses frais lui sont remboursés. Bientôt, les intrigues paternelles propulseront « Nabulio » à l'École militaire... Le garçon au teint jaune s'y montre irascible, d'une sensibilité à fleur de peau. Et brillant...
En 1789, il a vingt ans et il est lieutenant. La Corse est alors partagée entre les paolistes et les « populaires », qui veulent propager la Révolution. Napoleone en est. Sur sa façade, il a inscrit : « Vive la Nation ! Vive Paoli ! Vive Mirabeau ! » Le clan Buonaparte a le vent en poupe. Paoli revenu, Napoleone le sert. Mais bientôt, sa fougue patriote les oppose. Il fomente des troubles. Entre les deux, la vendetta est ouverte. Bien plus tard, elle n'empêchera pas le vieux chef, dans son exil à Londres, d'illuminer son appartement pour fêter l'accession au trône de Napoléon en 1804. « C'est un enfant de la Corse », s'excusera-t-il.
« Le seul Corse qui ait vraiment travaillé dans l'histoire, il est devenu empereur », comme on rappelle ici en rigolant. Ainsi se trouve résumée la successstory prodigieuse ! Batailleur, fougueux, rancunier, pointilleux, dominateur, imaginatif, brave et généreux, Napoléon était simplement corse !

Autriche, Prusse, Espagne, Égypte, Portugal, Italie, Slovénie... il voulait tout, il a tout eu sauf l'Angleterre et la Russie. Moyennant quoi il perdit tout. Et la Corse là-dedans ? Une fois monté sur le trône, il la négligea et n'y revint qu'une seule fois... pour une semaine. Napoléon le terrien fut presque toujours défait sur mer. Sa vie fut gâchée par les îles : mort à Sainte-Hélène, après un passage à l'île d'Elbe. Et la femme qui le fit souffrir – Joséphine – était de Martinique...
En tout cas, c'est en chef de clan qu'il administre l'empire. Terrassés par les paolistes, les Buonaparte avaient dû fuir sur le continent en 1793. Très vite, ils devinrent l'une des familles les plus riches, les plus puissantes du Vieux Monde. Annexés par les Français, les Corses avaient colonisé l'Europe ! Letizia, la mère sévère, manifestait dans l'opulence une incroyable avarice. « Pourvou que ça doure... », répétait-elle. Et ça dourait ! Elle mourut en laissant une fortune fabuleuse. Son demi-frère, l'ecclésiastique Giuseppe Fesch, fut nommé archevêque, cardinal, etc. Il devint richissime en revendant des trésors volés. L'autre Giuseppe, l'aîné des Buonaparte, fut roi d'Espagne, puis de Naples : il fit main basse sur les œuvres d'art. Après la défaite, il porta son magot aux États-Unis. De tous les frères, Lucien fut le meilleur : il sauva Napoléon le 18 Brumaire. Luigi, que Napoléon qualifiait de « sot », était malade. Il n'en fut pas moins roi de Hollande. Comme il s'occupait trop de « ses » sujets, l'Empereur s'indigna. Girolamo, le dernier frère, était un bon à rien de fêtard. Napoléon le fit roi de Westphalie. Et citons encore Paolina aux mille amants, mariée au prince Borghese. Elisa, grande-duchesse de Toscane, qui trahit Napoléon. Carolina, reine de Naples, traîtresse elle aussi. Comme dit Stendhal, « il eût mieux valu n'avoir jamais eu de famille ».

Le temps des sigles

En regard de sa longue histoire de troubles, la Corse a vécu les deux derniers siècles dans une paix relative. Après son annexion, la France n'était pas restée inerte. Un gouvernement modéré mais ferme accroît la population et développe l'économie. En 1790, la Corse est organisée sur le modèle des départements français. Les fléaux insulaires (vendetta, divisions, banditisme...) déclinent au début du siècle suivant. Napoléon avait sorti la Corse de l'anonymat. En 1840, elle est à la mode. Avec sa *Colomba,* Prosper Mérimée impose la mythologie d'une terre ardente et sombre, pas si éloignée de l'Espagne de *Carmen.* Avec le décalage de rigueur, l'île profitera des progrès techniques (routes, chemins de fer...).
La Seconde Guerre mondiale fournit aux Corses une nouvelle occasion de briller. Pressé de « rendre » l'île à l'Italie, Mussolini l'occupe sans coup férir au mépris des accords d'armistice. La résistance s'organise. Le sous-marin *Casabianca* surmontera mille dangers pour maintenir la liaison avec Alger. L'année 1943 sera coûteuse pour la Résistance mais, le 24 juillet enfin, Mussolini chute ! Une brigade S.S. épaule des Italiens démoralisés. Le 8 septembre, la capitulation de l'Italie donne le signal de l'insurrection. Le *Casabianca* débarque 109 hommes, suivi par deux contre-torpilleurs. Le 4 octobre, la Corse est le premier département libéré de France !
Moins explosif qu'au temps de la domination génoise, le « problème corse » n'a, depuis lors, jamais reçu de vraie solution. Pourtant, les réformes se sont succédé. 1949 et 1958 : deux plans de mise en valeur économique et agricole, deux échecs : la Corse reste un désert économique. 1970 : création de la région Corse. 1975 : création de deux départements et de l'université de Corte, investissements massifs de l'État et... échec. Les 17 000 rapatriés d'Algérie installés dans la plaine orientale (Aléria, Ghisonaccia...) pour cultiver la vigne et les arbres fruitiers exaspèrent les Corses par les subventions dont l'État les couvre. Une mini-guerre civile éclate sur fond de scandale de vins trafiqués. Le 21 août 1975, souvenez-vous de ce groupe d'autonomistes dirigés par Edmond Siméoni qui occupent la cave d'un pied-noir. Gendarmes, C.R.S. et engins blindés débarquent à Aléria, encerclent la cave et, après une nuit, donnent l'assaut. Fusillade. Deux gendarmes sont tués. Un autonomiste blessé. Siméoni est incarcéré à Fresnes. Quelques mois plus tard, des nationalistes armés et cagoulés fondent le F.L.N.C.
1982 : élection de la première Assemblée de Corse, assez largement décisionnaire. Le projet est combattu par les clans, les nationalistes et la droite. Le statut élaboré par Pierre Joxe parle pour la première fois de « peuple corse » – ce que condamnera vite le Conseil constitutionnel.
1993 n'a pas failli à la règle. Sans toucher au statut Joxe, la nouvelle majorité a concocté un énième plan de développement : le tourisme a du plomb dans

l'aile, et la Corse reste boudée par les investisseurs. La surprise, c'est que même les nationalistes purs et durs, renforcés après les dernières élections, semblent jouer le jeu.
Comme dit Charles Pasqua : « Certains m'ont confié qu'ils ne laisseraient pas passer la chance d'avoir un ministre corse ! »

Humour corse

Des histoires corses racontées par des Corses, il y en a des dizaines et des dizaines. En voici quelques-unes qui ne manquent pas de piquant et prouvent que les Corses savent se moquer d'eux-mêmes !

• Un pêcheur de Bonifacio fait sa sieste, allongé sur son tas de filets. Passe un touriste qui lui lance : « Alors mon vieux, on ne travaille pas aujourd'hui ?
Le pêcheur ouvre un œil et lui dit : Pour quoi faire ?
— Comment pour quoi faire ? Si vous pêchiez du poisson, vous gagneriez beaucoup d'argent !
— Pour quoi faire ? lui rétorque le pêcheur.
— Vous pourriez vous acheter une belle villa par exemple !
— Pour quoi faire ? lui répète le pêcheur.
— Ne serait-ce que pour pouvoir vous reposer ! poursuit le touriste.
— Et qu'est-ce que je fais en ce moment ?

• Dumé vient à Paris et va rendre visite à son oncle qui est plus ou moins dans le « milieu ». Tous les deux entrent dans un bar.
— Tu vois Dumé, ce bonhomme là-bas au fond du bar ?
— Mais lequel tonton, il y en a quatre au fond du bar !
— Celui qui est habillé en noir avec des chaussures vernies !
— Mais ils portent tous des chaussures vernies, précise Dumé.
L'oncle furieux sort son flingue : pan ! pan ! pan !
— Tu vois celui-ci qui reste là-bas, dit l'oncle, eh bien celui-là, je ne peux pas le sentir !

• Pourquoi Napoléon n'attachait-il jamais son cheval à un arbre ? Parce qu'il avait peur qu'il bouffe les Corses.

• Un vieux pépé corse fait sa sieste sous un olivier tandis que son âne patiente juste à ses côtés. Passent alors deux randonneurs, sac au dos.
— Ohé, grand-père, auriez-vous l'heure s'il vous plaît ?
Le pépé ouvre l'œil et soupèse les bourses du bourricot.
— Il est 11 h 35 !
— Oh ! Mais comment faites-vous pour donner l'heure avec autant de précision et de cette manière ?
— Vous ne voyez pas qu'en soulevant les bourses de mon âne j'aperçois le clocher du village, là-bas...

La langue corse

Pour un *pinzuto* (terme péjoratif désignant les continentaux), la langue corse c'est d'abord cette liste, de plus en plus longue et curieuse, d'hôtels, de restos, de campings. La plupart de leurs noms commencent par *u* et se terminent par *u* ! Prononcez « ou ». Une ribambelle d'enseignes commerciales les indiquent sur les trottoirs ou sur le bord des routes. Ce sont aussi ces panneaux routiers portant le nom des villages : la dernière lettre du nom du lieu – un *o* le plus souvent – a été barrée d'un coup de pinceau et remplacée par le *u* final. Les intégristes de la pureté linguistique sont passés par là. A moins que ce ne soit une autre façon pour les autonomistes de manifester leur présence !
Et puis un jour, à l'heure du pastis, on surprend une conversation entre un jeune et un ancien. Ou bien c'est un répondeur téléphonique qui laisse le message d'un ami en langue corse. Mais d'où vient-elle cette langue, « patois de l'île des Seigneurs », que l'on dit sans cesse menacée ?
Selon un fils du pays, Pascal Marchetti, linguiste érudit, auteur de *La Corsophonie, un idiome à la mer* (Éd. Albatros, 1990), il y a d'abord eu un parler prélatin dans l'île. Puis un néo-latin populaire, base du parler corse actuel. Pendant la période de domination pisane puis génoise, la langue corse a été en contact et

en symbiose avec la langue toscane. Résultat des influences syntaxiques : le corse serait « un faisceau de parlers du groupe italien ».

Si Dante revenait ici-bas, il pourrait s'entendre avec le plus rustre des bergers du Niolo. Aujourd'hui, les flots de touristes italiens écoutent avec ravissement les gens de l'île. Comme nous écoutons, un brin étonnés, nos cousins du Québec parler la langue de Rabelais.

Combattue par la IIIᵉ République, presque anéantie par la télé et le monde moderne, la langue corse n'est régulièrement parlée que par les vieux et une poignée de jeunes. Pourtant, on estime à 70 % le nombre d'habitants sachant la parler ! Depuis que le gouvernement lui a accordé en 1974 le statut de langue régionale, elle est enseignée à l'université de Corte. Mais les puristes préfèrent fabriquer des néologismes néo-corsiens à base de français en oubliant les affinités anciennes avec l'Italie. La splendide autonomie de la « corsitude », brandie par quelques-uns, a tendance à couper la langue corse de ses racines latines.

Comme le remarque Paul-Jean Franceschini, dans *L'Express* (numéro spécial Corses, 20-26 juillet 1990) : « Un peuple ruiné dans ses structures socio-économiques, dispersé par une émigration quasi totale, soumis à un changement de langue (de l'italien au français après 1768) et en butte à une aliénation culturelle dévorante, a toujours le plus grand mal à préserver les mots de la tribu. »

Quelques mots corses

- *Castagnu :* châtaignier
- *Licettu :* forêt de chênes
- *Pinetu :* forêt de pins
- *Bocca :* col de montagne
- *Capu :* cap
- *Monte :* sommet
- *Serra :* chaîne de montagne
- *Lavu :* lac
- *Piscia :* cascade
- *Pace i salute ! :* à votre santé !

Prononciation

Vous remarquerez vite, en Corse, que les habitants « avalent généralement les terminaisons des noms. Ainsi, Bonifacio se prononce « Boniface », Porto-Vecchio : « Porto-Vek » et Sartène : « Sarté ». De même, le « i » qui termine généralement les noms propres est presque effacé, comme prononcé dans un souffle. Quelques règles courantes : le « e » n'est jamais muet, le « ci » se prononce « tchi », le « che » donne « ké » ; les « r » sont roulés (légèrement, pas comme en espagnol) et les voyelles qui se suivent sont prononcées séparément (forêt d'« A-i-tone »).

Le maquis

La Corse sans son maquis, c'est la Bretagne sans sa lande (ou la Mongolie sans sa steppe, si vous connaissez mieux la Mongolie que la Bretagne...). C'est l'un de ses signes distinctifs, une parcelle non négligeable de sa physionomie et, disons-le, de son « âme ». Cette végétation typiquement méditerranéenne, bourrée de plantes et d'arbustes, forme un grand manteau, le plus souvent vert (à cause de l'eau de pluie qu'il retient), ou tirant sur le jaune dans certains coins arides et surchauffés, mais il est parfois tout noirci par les incendies (mieux vaut ne pas traîner dans le maquis ce jour-là !). Un formidable tapis, plein d'odeurs enivrantes, qui permettait à Napoléon de reconnaître son île les yeux fermés, « grâce à son odeur » justement. Le maquis ne pousse qu'entre 0 et 600 m, dans ce que les spécialistes appellent l'étage méditerranéen. Résultat : il prend toute la Corse en écharpe, le long de la mer. On est à peine sorti de l'eau bleue et limpide que l'on entre dans le maquis « bas ». Là poussent des plantes aux noms magiques comme la myrte dont les fleurs blanches dégagent un parfum sucré et captivant, le ciste de Montpellier et celui de Crète, la bruyère arborescente (la *scopa*, qui fleurit mais ne donne pas de fruits, c'est pour ça que les Corses disent : *bacciardu cume a scopa,* « menteur comme la bruyère »...). Puis on trouve un autre maquis plus touffu, plus dense, monde impénétrable formé par des arbustes et des épineux (attention : ne pas s'y promener en maillot de bain) pouvant atteindre 5, 6, parfois 7 m de haut. C'est le royaume des arbousiers qui produisent leurs fruits rouges (les arbouses) en automne. Les vaches et les cochons sauvages s'en régalent. On en fait aussi des liqueurs (pas pour les cochons). L'autre arbuste couramment répandu dans le maquis dit « élevé » c'est le chêne vert. Vert toute l'année, quand il ne brûle pas, le maquis corse se couvre de fleurs au printemps : le moment idéal pour s'y balader. Et il donne ses fruits en hiver. Prévoyez au moins une journée de balade dans le maquis pendant votre voyage, emportez une gourde d'eau et surtout partez tôt le matin car en plein mois d'août dans l'après-midi, on y crève de chaud !

Essayez de suivre un sentier déjà balisé, comme ces boucles à la journée marquées en orange par le parc régional. Ça évite de se perdre (ne riez pas, cela arrive souvent, et des randonneurs sont mêmes morts d'insolation après s'être égarés).

Détail important : il n'y a pas de vipères dans le maquis (ni dans le reste de l'île) mais beaucoup d'insectes virevoltants, des fourmis toujours au boulot, et ces merveilleuses cigales constamment en train de chanter...

Quant aux bandits d'honneur cachés dans le maquis pour fuir la justice après quelques méfaits commis dans une vendetta, il n'y en a théoriquement plus. Si vous en rencontrez un, écrivez-nous...

Musique corse : sur la bonne voix

La Corse est plus un pays de chanteurs que de musiciens.

« En Corse, tout le monde chante », déclarait Hector Zazou lors de la sortie des Nouvelles Polyphonies Corses, un disque qu'il réalisa en 1990. Il a donc été facile pour ce musicien hors norme de rencontrer et d'enregistrer de nombreux chanteurs afin de produire cet album best-seller qui suivit le succès international des Voix bulgares. Construisant ses titres à partir de chants traditionnels (monodies et polyphonies) captés dans une église de Bonifacio, Zazou fit ensuite un travail de montage rare et surprenant de voix, de synthés de son cru et d'interventions de musiciens du monde entier (John Cale, Ryuchi Sakamoto, Manu Dibango, Jon Hassel, etc.). Si le disque, bel et bon, a plu en France comme à l'étranger, il a aussi provoqué une réaction en chaîne dans les milieux musicaux corses. Depuis, le genre trad-synthé a fait florès avec plus ou moins de bonheur. Y compris chez les « grands anciens » de I Muvrini, issus du renouveau folk des années 70 largement teinté de nationalisme (dans la mouvance de Canta U Populu Corsu). De leur côté, de nouveaux ensembles vocaux poursuivent leur œuvre de restitution du patrimoine ancien et contemporain (les hommes de Tavagna, les femmes de Donnisulana). On notera également la très réussie fusion entre tradition et jazz de Michel Rafaelli et David Rueff (Trà ochjue é mare).

Moins connu que les chants populaires nés dans les sublimes montagnes de l'île de Beauté, le répertoire savant et religieux des franciscains établis en Corse commence à être enregistré après avoir fait l'objet de trois décennies de recherches. Aux XVIIe et XVIIIe siècles des chants liturgiques ont été couchés sur des partitions. Des associations locales et des musiciens spécialisés comme Marcel Péres et son ensemble Organum (basés à l'abbaye de Royaumont) tentent peu à peu d'en donner les interprétations les plus justes.

Et Tino Rossi... ? Eh bien, c'est un peu une autre histoire. Version pittoresque du chant corse, son style appartient plus au domaine de la chanson exotique française qu'à la vraie chanson traditionnelle corse. Il fut très en vogue dans les années 30 à 50. On en parle plus dans la rubrique « Portraits ».

Disques recommandés : Les Nouvelles Polyphonies Corses (Philips, 1990) ; Tavagna : « A Capella » (Silex/Auvidis, 1992) ; Donnisulana : « Per agata » (Silex/Auvidis, 1992) ; Trà Ochjue é Mare : « Chants corses » (Silex/Auvidis, 1991) ; C. Bellagamba, T. Casalonga, N. Acquaviva, J. Casalonga : « Les chants polyphoniques corses » (Harmonia Mundi) ; « Chants religieux de tradition orale » (Unesco/Auvidis).

Portraits

C'est fou le nombre de personnalités que cette petite île a pu produire, proportionnellement à une population d'à peine 150 000 âmes (en moyenne) au cours de son histoire... Nous en avons sélectionné quelques-unes, de manière totalement subjective, par manque de place. Napoléon est traité à part, comme il se doit (voir le chapitre « Histoire »).

– **Sampiero Corso** : né en 1498 à Bastelica, ce redoutable guerrier demeure le premier héros national pour avoir combattu toute sa vie les Génois. Après des études militaires à Florence, Sampiero devient condottière (entendez chef des mercenaires), d'abord au service des Médicis, puis de François Ier. Après s'être distingué aux côtés du glorieux chevalier Bayard, il est nommé colonel général de l'infanterie corse. Emprisonné par les Génois mais libéré grâce au roi Henri II, Sampiero entame sa reconquête de l'île avec l'expédition franco-turque de 1553. En ralliant à sa cause les chefs de clans, il provoque ainsi le premier vrai soulèvement des Corses contre la domination génoise. Mais ses troupes s'enlisent et la Couronne l'abandonne. Revenu en France en tant que gouverneur d'Aix-en-Provence, l'ardent militaire poursuit néanmoins son rêve. Dans un dernier sursaut d'orgueil, il débarque en 1564 dans le golfe de Valinco, soutenu uniquement par une petite troupe de fidèles ! N'ayant plus rien à perdre (il vient de tuer sa femme, soupçonnée de trahison), Sampiero traverse l'île, guerroie dans le nord, assiège Sartène mais échoue aux portes de Porto-Vecchio. Le héros est finalement tué dans une embuscade en 1567, par des mercenaires génois... aidés des cousins de sa femme.

– **Pasquale Paoli** : ce natif de Morosaglia en Castagniccia (1725) s'est fait piquer la vedette par son disciple et grand rival Napoléon Ier ! Pourtant, Paoli fait bien plus l'unanimité en Corse que l'Empereur : le vrai nationaliste, c'est lui. Fils d'un révolutionnaire corse (Giacinto Paoli), Pasquale passe son enfance en exil à Naples. Admirateur des philosophes en vogue à l'époque, il rêve d'un grand destin pour la Corse. Les insurrections dans l'île lui permettent de se faire élire général de la Nation corse en 1755. Paoli s'attache alors à créer le noyau d'un État indépendant, basé sur une Constitution qu'il rédige avec l'aide de Jean-Jacques Rousseau. En 1762, le drapeau de la Corse est choisi : une tête de Maure. Puis Paoli fait de Corte une capitale, crée une armée, une flotte, une monnaie, une université, une imprimerie, un journal... Mais Paoli se bat presque seul contre tout le monde : les Français, les Génois, les séparatistes corses et... le clan bonapartiste. Son armée est battue en 1769 et il retrouve l'exil. Le « père de la Patrie », après un bref retour sur son île, meurt à Londres en 1807.

– **Théodore de Neuhoff** : né en 1694, ce baron allemand n'a rien de corse mais se retrouva par un hasard de l'histoire couronné « souverain du royaume corse » en 1736 ! Cet ancien vagabond rencontra des révolutionnaires corses en Italie et eut l'idée géniale de profiter de la confusion politique qui régnait alors sur l'île. Aidé par les Anglais et quelques indépendantistes, l'aventurier se retrouve avec une couronne de lauriers sur la tête, fait frapper une monnaie à ses initiales, tente de ramener l'ordre dans le pays. Mais, chassé par les Génois, le roi bouffon doit quitter son royaume au bout de huit mois ! Il meurt dans la misère après avoir fait de la prison pour dettes...

– **Le cardinal Fesch** : oncle de Napoléon Ier, il exerce d'abord à Ajaccio en tant qu'archidiacre mais s'enrôle dans l'armée italienne sous la Révolution. Nommé ensuite cardinal de Lyon, Joseph Fesch peut alors retourner en Italie (dont il admire les peintres) comme ambassadeur de France auprès du pape. Avoir un neveu empereur rend bien des services ! Pour remercier ce dernier, il réussit à convaincre Pie VII de venir sacrer Napoléon à Paris. Il finit tout de même par se brouiller avec son illustre neveu, mais se consola de ses soucis en admirant sa collection de quelque 15 000 œuvres d'art réunie au cours de sa vie. Il meurt à Rome en 1839, dans la disgrâce, après avoir légué sa fabuleuse collection à la Ville d'Ajaccio.

– **Ocatarinetabelatchitchix** : le plus célèbre des Corses, pour ceux qui ne connaissent l'île qu'à travers Astérix. Goscinny et Uderzo ont réussi l'exploit d'incarner les vertus (et les petits travers) du caractère corse en un seul portrait : celui de ce chef de clan fier et courageux, susceptible mais généreux. Un montagnard peut-être ombrageux mais tellement amoureux de son île (de ses senteurs et de ses fromages) qu'il en est attachant. Ce qu'on sait moins c'est qu'Ocatarinetabelatchitchix existe : les papas d'Astérix ont utilisé comme modèle un certain Mimi Pugliesi, serveur-chanteur-animateur de la région de Bonifacio, qu'ils rencontrèrent dans un luxueux restaurant de la côte !

– **Tino Rossi** : né en 1907 à Ajaccio, le petit Constantino exerce déjà sa voix à l'âge de 7 ans en chantant des berceuses à ses sœurs ! Quand il s'éteint en

1983, on compte cette fois-ci ses admiratrices par millions ! Après des débuts difficiles à Marseille, le bel hidalgo explose dans une revue du Casino de Paris. Il enchaînera avec une vingtaine de films, quatre opérettes et surtout des dizaines de disques dont les ventes restent encore aujourd'hui parmi les plus importantes de la chanson française, grâce aux inévitables rééditions hivernales de son *Petit Papa Noël*. Tourné en dérision par une jeunesse irrespectueuse, le rossignol corse demeure pourtant l'objet d'un culte très vivace dans sa patrie.

– *Marie-José Nat :* de son vrai nom Benhalassa, cette comédienne connue, bien que discrète, est la petite-fille d'un berger de Corse du Sud. Sa mère vendait des fruits à Bonifacio. Mais pour faire carrière dans la voie qu'elle s'est choisie, la brune aux yeux noisette doit monter à Paris. D'abord cover-girl, elle se fait remarquer dans *Élise ou la vraie vie* et obtient un prix à Cannes en 1974. Devenue célèbre, elle n'en renie pas pour autant sa terre natale : ravie de la voir revenir au pays, la commune de Bonifacio lui cède une belle maison perchée sur la falaise.

– *Charles Pasqua :* né à Grasse mais d'origine corse, le « Starsky et Hutch » de la politique française fait d'abord carrière, comme chacun sait, dans la société Ricard, passant de petit représentant au poste de directeur général des ventes. Président du Conseil général des Hauts-de-Seine puis président du groupe R.P.R. au Sénat, Charly rassure les bourgeois une fois nommé ministre de l'Intérieur mais se met la jeunesse à dos pendant les manifs de 1986. Redevenu ministre en 1993, il commet une petite infidélité à ce que l'on a appelé sa « république des Hauts-de-Seine » pour préparer le plan Pasqua pour la Corse...

– *Quelques écrivains :* Angelo Rinaldi, Gisèle Poli, Philippe Franchini, le baroudeur-écrivain Patrice Franceschi, le routard Benoît Lucchini, le poète Pascal Bonetti et Marie Susini, l'auteur contemporain le plus important selon certains.

– *Parmi les hôtes célèbres :* Marina Vlady, Serge Lama, Jacques Dutronc (qui enregistra une chanson sur la Corse), Yves Duteil, Jacques Séguéla, Laurent Fabius, Victor Lanoux, feu Michel Berger, Christine Ockrent et Bernard Kouchner (qui passent toutes leurs vacances dans le sud), Alain Decaux, Stéphanie de Monaco (île Cavalo), Alix Chevassus, etc.

Randonnées

Le parc naturel

Il s'étend sur un bon tiers de la Corse (330 000 ha). Comprend la plus grande partie de la montagne et environ 80 km de la côte entre Piana et le massif de l'Argentella. Une merveille pour les visiteurs et une chance pour de nombreuses espèces menacées (mouflons, aigles royaux, gypaètes...).
Le très fameux G.R. 20 le traverse de part en part. Attention aux changements brutaux de conditions climatiques. Danger de mort. L'équipe du parc a mis en place de nombreux itinéraires de marche locaux (voir carte), traversées de mer à mer *(Mare a Mare),* sentier *Tra Mare e Monti.* Chacun d'eux sera traité en lieu et place. Les refuges qui s'inscrivent dans le cadre de ces randonnées sont aujourd'hui plus confortables. On y trouve de bons lits, on peut y louer la literie et souvent on peut y manger. Pour plus de détails concernant le parc, les sentiers et les gîtes, contactez Laetitia ou Dominique au *Service infos du parc* à Ajaccio (☎ 95-21-56-54), où des topoguides de ces petites randonnées de quelques jours sont en vente.

Le G.R. 20

C'est un mythe et un sacré morceau. 200 km entre *Calenzana* (à 12 km de Calvi) et *Conca* (à 22 km de Porto-Vecchio). A voir en cours de route, outre les paysages de rêve et les petits villages : alpages, bergeries, mouflons, chèvres, cabris... et plusieurs espèces de chauves-souris ! 16 étapes sont prévues sur l'indispensable *topoguide des Sentiers* (Comité national des sentiers de Grande Randonnée : 8, av. Marceau, 75008 Paris). Les bons marcheurs peuvent le faire en 10 ou 12 jours. Les mauvais marcheurs feraient mieux de rester sur la plage. C'est du sport ! Le slogan, « un jour de sentier = 8 jours de santé », c'est bien beau. Encore faut-il arriver entier ! Ce qui ne pose pas de réels problèmes si on suit les indications et si on prend les précautions nécessaires. On vous les répète : bonnes chaussures, vêtements chauds et vêtements légers, un chapeau, un imperméable, de l'eau, des aliments pour 2 à 3 jours (à renouveler à chaque possibilité). Être en bonne forme physique, ne pas se lancer seul dans l'aventure, ne pas quitter le sentier (balisé en rouge et blanc, les balises orange sont celles du Parc régional dont on croise les chemins à diverses reprises), prêter une attention de tous les instants au feu. Bien entendu, ne pas jeter de détritus. Seulement 25 % des randonneurs à l'emprunter font le G.R. 20 en entier ! La partie nord est la plus dure, avec des passages à plus de 2 000 m d'altitude. En dehors de l'été, le G.R. devrait être réservé aux spécialistes de la montagne. Danger.

Début juillet, la neige peut encore être présente quand le chemin monte. C'est une difficulté et un danger supplémentaires. Du 15 juillet au 1ᵉʳ septembre, le G.R. est assez fréquenté, les gîtes sont souvent complets, il vous faut donc emporter du matériel de camping. Le camping sauvage est interdit (mais, bon...). Les chiens ne sont pas admis dans les refuges. Ceux qui n'ont pas assez de temps (ou de courage) peuvent diminuer les trajets en attaquant le G.R. 20 par tronçons, avec une partie en car (correspondances dans certains des villages traversés).

– Pour atteindre *Calenzana*, 2 bus par jour de Calvi, à 14 h et 19 h.
– Pour *Conca*, rejoindre Santa-Lucia-di-Porto-Vecchio en bus en venant de Bastia ou de Porto-Vecchio. Taxi, stop ou marche jusqu'à Conca (6 km).
– Rappelons les *Services infos du parc*. Toute l'année à *Ajaccio*, ☎ 95-21-56-54. L'été à *Corte*, ☎ 95-46-27-44 ; à *Porto-Vecchio*, ☎ 95-70-50-78 ; à *Porto*, ☎ 95-26-11-96 ; à *Zonza*, ☎ 95-78-66-58.

Sentiers « Mare a Mare »

Balisés en orange, ils permettent de traverser la Corse d'est en ouest, de mer à mer. Le « Mare a Mare nord » relie Moriani à Cargèse par Corte en 7 jours (10 jours avec la variante). On en parle de façon détaillée dans les chapitres consacrés à Moriani et à Corte. Le « Mare a Mare Centre » relie Ghisonaccia à Ajaccio en 7 jours. On en donne les grandes lignes dans « Ghisonaccia. » Enfin le « Mare a Mare sud » va de Porto-Vecchio à Propriano en 6 jours (voir à « Porto-Vecchio »). Ces 3 superbes balades font l'objet, évidemment, d'un seul et même topoguide en vente au bureau du parc à Ajaccio.

Sentiers « Mare e Monti »

Balisés en orange aussi. Le plus long part de Calenzana et se termine à Cargèse (10 jours). Superbe ! Splendide ! L'autre, « Mare e Monti sud », va de Porticcio à Propriano en 5 jours, de plage à plage... Dans le même topoguide que le « Mare a Mare ».

Ascension du monte Cinto

Une balade inoubliable jusqu'au point culminant de la Corse (2 710 m), au-dessus de Calacuccia dans le Niolo (voir le descriptif de cette randonnée dans le chapitre « Calacuccia et le Niolo »).

Les sentiers de pays

Ce sont des balades d'une journée (de 2 à 5 h) accessibles à tous et sans difficultés de parcours. En outre, les sentiers sont tous balisés en orange par le parc. On peut même se balader en famille, sans risques.
Il existe 6 balades de ce type en Corse, dans 6 régions différentes : Alta Rocca (dans le sud autour de Zonza et de Quenza), le Boziu (sud de la Castagniccia, près de Corte), le Fiumorbo (au-dessus de Ghisonaccia dans la plaine orientale), le Niolo (cœur de l'île et région plus haute, autour de Calacuccia), le Taravo (autour de Zicavo, centre), le Giunssani (dans la haute Balagne, autour d'Olmi-Cappella), le Venacais et Venachese (centre, autour de Venaco).

Randonnées pédestres accompagnées

Plusieurs associations proposent ce type de découverte. Prix variables selon la saison.

– *I Muntagnoli Corsi* : 20122 Quenza. ☎ 95-78-64-05. Le G.R. 20, le sentier « Mare e Monti », l'Alta Rocca...

– *U.C.P.A. :* centre U.C.P.A. de Ghisoni, place de la Mairie, 20227 Ghisoni.
☎ 95-57-60-70. Randos douce et découverte de la montagne.
– *Montagne corse in Liberta :* rond-point, 2, av. de la Grande-Armée, 20000
Ajaccio. ☎ 95-20-53-14. Fax : 95-20-90-60. Fait le G.R. 20 par tronçons ou en
intégralité. Mais aussi la transversale. Et des randos sans sac.
– *Move :* 20226 Speloncato (Balagne). ☎ 95-61-51-46. Fax : 95-62-52-70.
Départs de Calvi ou de L'Ile-Rousse. Propose notamment le G.R. 20 (intégral ou
en tronçons).
– *Corsica Loisirs Aventures :* 31, av. Émile-Sari, 20200 Bastia. ☎ 95-32-
54-34. Randos accompagnées sur le G.R. 20, dans le désert des Agriates (sans
sac à dos, 7 jours, 6 nuits). Propose aussi l'ascension (avec guide accom-
pagnateur toujours) du monte Cinto, point culminant de l'île. 2 jours et 1 nuit
sans sac.

Souvenirs de Corse

– De nombreux produits du terroir – miel, confitures, charcuterie, fromage,
vins, liqueurs, etc. – sont vendus au bord des routes et dans les nombreux
magasins. On a parfois de très bonnes surprises. Allez plutôt directement chez
le producteur et essayez d'établir un contact personnel.
– Dans la Castagniccia, autour de Piedicroce, des artisans fabriquent de très
beaux objets en bois d'aulne, d'olivier ou en bruyère. Très belles pipes corses à
bas prix chez les artisans du hameau de Valle d'Orezza (une superbe balade !).
– En Balagne, à Lumio (voir p. 75), un artisan-métallurgiste fabrique encore des
temperinu, petits couteaux traditionnels de la Corse avec lames en acier et
manches en bois de l'île. Tout est fait en Corse, y compris le métal ! Des objets
rares.

Transports intérieurs

– *Auto-stop :* ici comme ailleurs, ça ne fonctionne pas trop mal (en été surtout,
avec les Allemands et les Italiens). A condition de ne pas se mettre dans un
tournant (ils sont nombreux, surtout en montagne et sur la côte ouest). Au
soleil, ça tape dur !
– *Moto :* de plus en plus de jeunes découvrent la Corse à moto. Pas de problèmes particuliers à signaler, mais éviter la vitesse (surtout en montagne).
– *Bus et autocars :* le littoral est desservi, certes, mais les fréquences sont
faibles et ce n'est vraiment pas pratique. Quant à l'intérieur des terres, les
communications sont minables, même l'été. Donc pour les campeurs, moins
facile, les campings étant souvent éloignés du littoral et des arrêts de bus.
– *Train :* la ligne Ajaccio-Bastia via Corte et Ajaccio-Calvi est le nec plus ultra
des voyages ferroviaires. Traverse des paysages grandioses. A ne pas louper !
– *Avion :* liaisons intérieures entre Ajaccio, Calvi, Bastia et Figari, par *Kyrnair*
(☎ 95-20-52-29).
– *Voiture :* en raison de l'étroitesse des routes et des nombreux virages (dan-
gereux), ne comptez pas battre des records de vitesse en Corse. La moyenne
se situe plutôt autour de 50 km/h que de 90 km/h, sauf entre Solenzara et Bastia, où les routes sont droites et faciles. Un conseil : le klaxon dans les virages.
Ça paraît ringard, mais cette pratique peut éviter des rencontres du troisième
type entre votre petite deux-portes-toit-ouvrant et des cars trop larges et pleins
à craquer... Beaucoup de pistes (non goudronnées) sur le littoral mais aussi
dans les forêts.
• *Conseil aux motorisés :* certaines personnes mal intentionnées vis-à-vis des
touristes enlèvent les panneaux indicateurs, les détournent ou tout simplement
les maquillent ; munissez-vous donc de la *carte Michelin nᵒ 90*. Ça peut
dépanner...
• *Conseil de prudence :* comme partout ailleurs, mais plus particulièrement en
Corse, on rappelle les conseils de prudence les plus élémentaires sur les routes
de l'île. Le jeune Corse fougueux au volant tout l'hiver parce qu'il se croit seul
sur la route (et qu'il l'est presque) ne modifie pas, malheureusement, sa
conduite l'été. Ici, c'est un berger qui montait ses bêtes à la montagne qui a été
tristement fauché (salute François !), là un couple de touristes... La liste est
longue. Ajouter à cela les Italiens en vacances. La route en Corse l'été est meur-

trière ! Prudence, prudence. Et si vous roulez trop lentement au gré de vos pour-suivants, garez-vous sur une aire de stationnement et laissez passer la caravane.

Tour de Corse du Routard

Non, il ne s'agit pas du dernier rallye automobile à la mode. D'abord, ce n'est pas notre genre de jouer les Alain Prost sur les routes de l'île. A pied ou à che-val, à bicyclette ou à moto, en automobile ou à dos d'âne, la Corse se déguste lentement, au rythme délicieusement voluptueux du maquis et de ses senteurs enivrantes. Bref, ce n'est pas une île pour touristes pressés, ni pour voyageurs du style « y'a-pas-de-steak-frites-chez-vous ? ». Bon, notre tour de Corse à nous commence à Bastia (une méconnue à découvrir), passe par le cap Corse (une merveille !), Saint-Florent et le Nebbio, traverse le désert des Agriates et continue ainsi jusqu'à Ajaccio, Bonifacio, Porto-Vecchio... La Corse dans le sens contraire des aiguilles d'une montre (voir la table des matières).
Un conseil : surtout ne pas se cantonner au littoral, même en été, car l'intérieur est d'une beauté époustouflante et on y trouve plus d'espace que sur les plages (souvent noires de monde). C'est là, dans ce « noyau dur » de la Corse, que l'on a fait nos plus étonnantes découvertes, rencontré des gens hospitaliers et atta-chants, admiré une kyrielle de villages perchés. Autre avantage très agréable de l'altitude : il y fait bon, la température y étant moins élevée qu'en bord de mer. En plein mois d'août, les montagnes corses sont des refuges de douceur. Et les prix y sont plus abordables !
15 jours, c'est un minimum pour faire le tour de l'île. En un mois, on a le temps de traîner dans des coins perdus du centre...

Le tourisme en Corse

Trois milliards et demi de francs, près d'un million et demi de visiteurs chaque année, six touristes par habitant en moyenne en été : le tourisme constitue la plus importante source de revenus de l'île. 70 % des visiteurs viennent en juillet-août, mais juin et septembre sont aussi assez fréquentés. 56 % de ces touristes sont français, 23 % italiens, 12 % allemands.
Bon à savoir si vous n'aimez pas trop la foule : seulement un touriste sur 5 séjourne à l'intérieur de l'île !
Quelques précisions concernant les rapports qu'entretiennent les Corses avec les touristes... D'abord, contrairement à une idée répandue, la majorité des habitants de l'île sait recevoir les continentaux. Vous serez généralement accueilli chaleureusement, et non à coups de fusil, à moins d'aller saccager le maquis avec un 4×4 ! Le terrorisme ne s'en prend jamais aux touristes mais à des cibles symboliques. D'abord, la Corse a un besoin vital du tourisme, res-source économique principale de l'île. Mais aussi, les Corses sont toujours flat-tés de constater combien leur beau pays peut plaire... La conversation s'engage facilement quand on vante les merveilles de l'île.
Pour des raisons faciles à comprendre, l'accueil peut paraître plus ouvert sur le littoral. Mais ne vous y trompez pas : le sourire est parfois dénaturé par l'appât du gain (principalement dans les endroits les plus fréquentés). En revanche, les rapports avec les habitants de l'intérieur, s'ils sont moins évidents de prime abord, sont beaucoup plus sincères. Une fois la glace rompue, vous découvrirez des gens vraiment formidables, pour qui l'hospitalité n'est pas un vain mot. Le nombre de nos lecteurs revenus de Corse emballés par la chaleur de l'accueil est éloquent. Les seuls touristes qui peuvent rencontrer quelque agressivité sont ceux qui débarquent en conquérants et ne cherchent pas à comprendre la psychologie des insulaires, ni les particularités propres aux Corses. Nous, on n'ira pas plaindre les voyageurs qui, par leur comportement scandaleux, leur frime, leur mauvaise humeur ou tout simplement leur mépris du peuple corse se seront attirés des problèmes. Ici la fierté et le désir légitime de respect passent avant votre argent. Tant mieux.

Végétation

Contrairement aux autres îles de la Méditerranée, beaucoup plus arides et pelées, la Corse est une île verdoyante, la plus verte même du monde méditerranéen, et ceci malgré les scandaleux incendies criminels qui la ravagent chaque été. Heureusement, le maquis repousse très vite : en 2 ou 3 ans il renaît de ses cendres. On est frappé en Corse par la richesse et la variété de la flore : 2 835 espèces différentes ont été recensées. Et, conséquence de l'insularité, on compte 121 espèces ou sous-espèces de plantes sauvages que l'on ne trouve nulle part ailleurs dans le monde !

Pour comprendre la flore corse, il faut raisonner par étages. Commençons par le rez-de-chaussée et montons.

– *L'étage méditerranéen (de 0 à 600 m)* : le royaume du maquis (se reporter à ce mot), rempli de parfums et de senteurs enivrantes. Arbousier, lentisque, ciste, bruyère, asphodèle, myrte, mais également chêne vert, le seul véritable arbre du maquis, appelé aussi chêne faux-houx ou yeuse. Il ressemble souvent à un gros buisson au tronc noueux. L'une des deux plantes les plus exotiques du bord de mer est l'agave, doté d'une tige élancée pouvant atteindre 10 m de haut ! On le trouve aussi en Amérique centrale. L'autre est le figuier de Barbarie, très répandu en Afrique du Nord. Enfin, il y a beaucoup d'eucalyptus plantés au bord des routes, le long des rivières, à flanc de collines. Arbre exotique dégageant un parfum délicieux, il sert à chasser les moustiques et ses feuilles ont une odeur particulière (elles ne se mangent pas ; seuls les koalas d'Australie en raffolent...).

– *L'étage méditerranéen supérieur (de 600 à 900 m)* : le châtaignier y règne en maître. La châtaigneraie corse couvre environ 40 000 ha dont la plus grande partie se trouve en Castagniccia (voir à ce mot). On l'appelle aussi l'arbre à pain car pendant longtemps il servit à nourrir les habitants de cette région. Les châtaignes produites étaient grillées au feu de bois *(fagioli)*, ou consommées sous forme de bouillie *(balotte)*, et le plus souvent broyées pour faire de la farine *(pulenta, falculella...)*.

– *L'étage montagnard (jusqu'à 1 800 m)* : le domaine des pins laricio. On les remarque immédiatement à leurs hauts troncs droits, pouvant dépasser 40 m. Des géants ! Le plus vieux pin de ce type en Corse aurait, dit-on, 800 ans (on ne l'a pas vu). Leur écorce craquelée est d'un gris rougeâtre. Leur bois est très recherché en ébénisterie. Plusieurs forêts plantées de pins laricio couvrent les flancs des montagnes, mais les plus majestueuses sont celles d'Aïtone et de Valdo-Niello (entre Porto et Calacuccia), ainsi que Vizzavona (route Ajaccio-Bastia).

– *L'étage subalpin (de 1 800 à 2 100 m)* : quelques plantes intéressantes comme l'aulne odorant, appelé aussi *bassu* en Corse. Cousin de l'aulne vert des Alpes, il apparaît à partir de 1 500 m d'altitude. Il dégage un parfum entêtant rappelant celui des résineux.

La vendetta

« Quelle terrible coutume que celle de votre vendetta !
– Que voulez-vous ? On fait son devoir. »

Maupassant.

Il n'y a plus de vendetta aujourd'hui en Corse, mais les villages qui en ont été le théâtre s'en souviennent. Comme Parata, dans la Castagniccia, où toute une famille fut exterminée au siècle dernier parce qu'un grand-père avait osé réprimander une gamine ! A Venzolasca, dans la Casinca, deux familles, les Sanguinetti et les Paoli, s'entretuèrent pendant 36 ans pour une simple histoire de cadastre et de châtaigniers ! Encore mieux : à Pozzo-Mezzana (Castagniccia), il y eut 14 morts à cause d'un coq volé ! Des histoires incroyables comme celles-là, en grattant bien l'écorce de la mémoire, on en trouve partout en Corse. Selon cette vieille coutume corse, un meurtre ou une offense grave engageait aussitôt l'honneur de la famille de la victime. Parents, frères, sœurs se devaient alors de faire eux-mêmes justice en poursuivant la vengeance de la faute jusqu'au meurtre du coupable. Ceci déclenchait une sorte de guérilla impitoyable entre deux clans ennemis d'un même village. Imaginez aujourd'hui la trombine d'un touriste débarquant en pleine vendetta dans un bled paumé !

La vendetta durait le temps qu'il fallait mais elle s'achevait souvent par l'extermination de l'une des familles ou par la fuite dans le maquis du principal justicier. Celui-ci devenait alors un « bandit d'honneur » : après avoir fait justice au nom des siens, il se cachait des gendarmes en entrant dans cet impénétrable maquis, jouissant d'une sorte de neutralité bienveillante de la part des villageois qui le respectaient et le ravitaillaient. Faut-il en déduire que les Corses sont foncièrement violents, vindicatifs, sanguinaires ? Non. Mais susceptibles, oui. Cela dit, l'une des explications de la vendetta trouve ses origines dans l'histoire.

Refusant la mainmise sur leur île par des puissances étrangères (les Romains, les Sarrasins, les Génois, les Pisans...), les Corses ne reconnaissaient qu'en partie leurs lois et leurs institutions. D'où l'habitude de régler leurs problèmes entre eux, généralement à coups de fusil. Méfiance donc, à l'égard de la loi, tel était le mot implicite. Un journaliste de la télévision demanda lors d'un reportage à un paysan corse : « Qu'est-ce que la justice pour vous ? » Réponse : « La justice... c'est ce qui est juste... pour moi et pour les miens. »

Qui se passionne pour la vendetta doit lire *Colomba* de Prosper Mérimée. En 1839, Mérimée visita la Corse en tant qu'inspecteur des Monuments historiques. Mais plus que les vieilles pierres, ce sont les types humains qui l'inspirèrent. En passant au village de Fozzano, près de Sartène, on lui raconta le récit d'une vendetta qui opposa en 1833 deux familles du patelin : les Carabelli et les Durazo. Et surtout il fit la rencontre de Colomba, la future héroïne de son roman, « qui excelle dans la fabrication des cartouches et qui s'entend même fort bien à les envoyer aux personnes qui ont le malheur de lui déplaire ». Mérimée se passionna pour la vendetta dans laquelle il voyait une « forme ancienne et sauvage du duel » et dont il fit le thème de son bouquin. A travers cette histoire, mélange de vécu et de fiction, il montre bien comment, en Corse, le sens de l'honneur et les liens du sang l'emportent sur toute autre considération dès lors qu'il s'agit de venger un être cher. Une logique implacable où les individus semblent obéir à une fatalité étrange venue d'ailleurs... un peu comme dans les tragédies grecques. Publié deux ans après son voyage (1841), *Colomba* connut un beau succès, mais le cliché d'une Corse cruelle et impitoyable s'ancra définitivement dans les esprits des continentaux lettrés, et même des non-lettrés...

BASTIA (20200)

Un site superbe tout d'abord : l'histoire a amarré Bastia au flanc d'une haute montagne de 900 m – l'échine dorsale de cap Corse – qui dévale dans la mer avec des accents de tragédie antique. Le choc frontal avec la grande bleue, les longues affinités génoise et romaine, l'énergie des gens du maquis devenus citadins l'ont rendue plus méditerranéenne que nature. C'est une ville à la fois pétulante et grave, et non un insipide village de vacances les pieds dans l'eau. Grave comme ces maisons altières, gaie comme ces églises baroques. Vous aviez retenu élections, explosions, club de foot... oubliez l'actualité et partez à l'aventure dans ces quartiers aux noms d'épopées lointaines, Terra Vecchia, Terra Nova... Notre conseil est de s'attarder, et non de ne faire que passer. Rater le vieux port et la citadelle serait une grossière erreur de boussole... d'autant que Bastia a vraiment un côté « outre-mer » plus authentique qu'Ajaccio.

Adresses utiles

– *Office municipal du tourisme :* place Saint-Nicolas, tout près de la gare maritime (plan B1). ☎ 95-31-00-89. Fax : 95-32-49-77. Ouvert de 8 h à 19 h tous les jours entre le 1er juin et le 30 septembre ; en juillet-août, de 7 h à 22 h. Bon accueil et services gratuits. On peut y réserver sa chambre d'hôtel et y trouver une liste de chambres et de studios à louer chez l'habitant, à Bastia et dans la région.
– *Gare de chemins de fer :* à 500 m de la gare maritime en remontant l'avenue du Maréchal-Sébastiani (plan A1). ☎ 95-32-60-06.
– *Aéroport de Bastia-Poretta :* à 20 km au sud de Bastia, dans la plaine orientale. ☎ 95-54-54-54.
– *Gare maritime :* sur le nouveau port.
– *S.N.C.M. (Société nationale Corse Méditerranée) :* au nouveau port (plan B1). ☎ 95-54-66-88.
– *Corsica Ferries :* 5 *bis*, rue du Chanoine-Leschi. ☎ 95-31-18-09. Fax : 95-32-14-71.
– *Moby Lines :* 4, rue du Commandant-Luce-de-Casabianca (plan B1) ; derrière le nouveau port. ☎ 95-31-46-29.
– *Radio-taxis Bastia :* ☎ 95-34-07-00.
– *Location de vélos tout-terrain (V.T.T.) :* Corsica Loisirs Aventure, 31, av. Émile-Sari. ☎ 95-32-54-34. Fax : 95-32-57-58. Location à la demi-journée, à la journée ou à la semaine.
– *Location de voitures :* Hertz, square Saint-Victor ; ☎ 95-31-14-24. A l'aéroport, ☎ 95-30-05-15. Europcar, 1, rue du Nouveau-Port (plan C1) ; ☎ 95-31-59-29. A l'aéroport, ☎ 95-36-03-55. Ada, 35, rue César-Campinchi ; ☎ 95-31-09-09. A l'aéroport, ☎ 95-54-55-44. Avis (Ollandini), 40, bd Paoli ; ☎ 95-32-57-30. A l'aéroport, ☎ 95-36-03-56.
– *Consigne à bagages :* à la gare ferroviaire (voir adresse plus haut). Ouverte tous les jours, de 6 h à 20 h. Sacs, valises, vélos et motos.
– *Distributeurs de billets :* autour de la place Saint-Nicolas, donc proches de la gare maritime. *Crédit Agricole*, bd du Général-de-Gaulle, à côté du magasin Cap Corse Matteï. *B.N.P.*, bd du Général-de-Gaulle. *Société Générale*, rue Miot ; au bout de la place Saint-Nicolas, en direction du vieux port.
– *Corsica Loisirs Aventure :* 31, av. Émile-Sari. ☎ 95-32-54-34. Fax : 95-32-57-58. Une association qui propose des randonnées pédestres accompagnées : le G.R. 20, le chemin des douaniers, l'ascension du monte Cinto, le point culminant de l'île. Également des randonnées accompagnées à la journée.

Où dormir ?

🛏 *Couvent Saint-Antoine :* ☎ 95-31-01-71.

Campings

🛏 *Camping des Orangers :* route du Cap, 20200 Miomo. ☎ 95-33-24-09. Ouvert de mai à septembre. Pratique pour ceux qui font le tour du cap Corse car il est situé à 5,5 km au nord de Bastia, entre Pietranera et Lavasina. Il y a de l'ombre et la plage n'est qu'à 200 m. Loue aussi des bungalows.

🛏 *Camping Les Bois de San Damiano :* cordon lagunaire, Pineto, 20600 Biguglia. ☎ 95-33-68-02. Ouvert de mars à octobre. En bord de mer, près de la longue plage de la Marana, à environ 5 km au sud de Bastia. Grand camping très bien ombragé sous sa pinède, très propre et spacieux. On peut y louer des bungalows. Bar, buvette, restaurant. La nuit, attachez bien votre bicyclette car on nous a signalé quelques vols.

Bon marché

Peu d'hôtels à Bastia méritent le qualificatif de bon marché. Si on n'y passe qu'une ou deux nuits maxi, mieux vaut mettre quelque dizaines de francs en plus et dormir dans la catégorie supérieure, où le rapport qualité-prix est meilleur.

🛏 *Hôtel du Cap :* 11, rue du Commandant-Luce-de-Casabianca. ☎ 95-31-18-46. Ouvert toute l'année. A 3 mn du nouveau port, tout près de l'église Notre-Dame-de-Lourdes (plan B1). La réception est au premier étage, comme dans beaucoup de vieux hôtels en Corse. C'est une vieille dame en noir, Mme Angeli, qui tient correctement ses 8 chambres (avec lavabo et bidet). Douche et w.-c. à l'étage. Autour de 140 F la chambre (demander la n° 1 ou la n° 5 qui donnent sur la petite cour, plus calme que le côté rue). Les prix les plus bas de Bastia.

🛏 *Hôtel San Carlu :* 10, rue Auguste-Gaudin. ☎ 95-31-70-65. Au-dessus du vieux port, près de la citadelle. Une haute maison ancienne dans une rue très fréquentée. Genre pension de famille avec le papi et la mamie vissés à la télé dans la salle à manger. Très simple mais peu onéreux : 180 F la chambre pour 2 personnes. Demandez-en une sur cour (la n° 7 par exemple), sinon c'est bruyant. Loin du nouveau port, mais pratique si l'on veut traîner le soir dans ce vieux quartier typique. Accueil plutôt bon.

Prix moyens

🛏 *Hôtel Riviera :* 1 *bis,* rue du Nouveau-Port (plan B1). ☎ 95-31-07-16. Bien situé, tout près de la place Saint-Nicolas et du débarcadère pour les navires assurant la liaison Corse-continent. Ensuite, ses prix sont raisonnables : 200 F la double avec douche, 250 F avec douche et w.-c. Mais il faut payer un supplément de 50 F si on libère la chambre après 11 h, et pourrait mieux faire côté déco et propreté. Resto à partir de 70 F le menu.

🛏 *Hôtel Univers :* 3, av. du Maréchal-Sébastiani (plan A1). En allant vers la gare S.N.C.F., sur la gauche, en face de la poste. ☎ 95-31-03-38. On a vu accueil plus souriant et visage plus radieux. Bon marché avec lavabo-bidet : 150 F la double. Prix élevés avec douche et w.-c : 300 F. Plus cher en saison. Chambres propres, mais parfois bruyantes sur l'avenue. En dépannage seulement.

Plus chic et plus cher

🛏 *Hôtel Posta-Vecchia :* quai des Martyrs-de-la-Libération (plan B2). ☎ 95-32-32-38. Fax : 95-32-14-05. Ouvert toute l'année. Quasiment le seul hôtel du quartier du vieux port. Au milieu (à peu près) du quai des Martyrs, en venant de la place Saint-Nicolas. Très bien situé donc. Les chambres, bien arrangées, donnent sur une ruelle calme et certaines, en façade, regardent la mer. Propre et très bien tenu. Bonne adresse pour découvrir le port et la vieille ville à pied au fil de ses rues si méditerranéennes. Tarifs élevés en haute saison : de 280 à 440 F la double. Moins cher avant ou après l'été. Ne fait pas resto. Mais il y en a des ribambelles partout aux alentours.

Hôtel de la Paix : 1, bd du Général-Giraud (plan A2). ☎ 95-31-06-71. Fax : 95-33-16-95. Ouvert toute l'année. Un 2 étoiles assez excentré, près du palais de justice et du théâtre, où les prix sont plus alléchants en hiver qu'en été : 250 F la double avec télé, douche et w.-c., au lieu de 350 F en haute saison. Garage privé et fermé pour les motos uniquement.

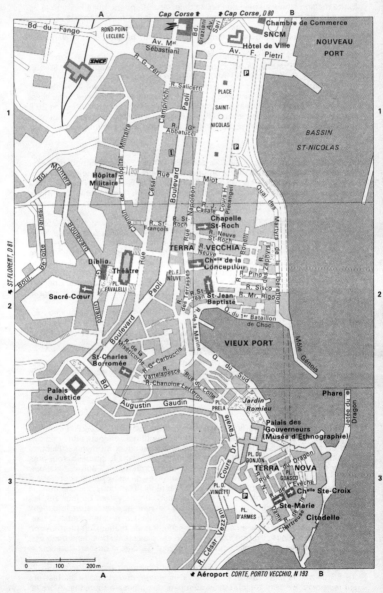

BASTIA

Où manger ?

Bon marché

✗ *La Scaletta :* 4, rue Saint-Jean (plan B2). ☎ 95-34-18-50. Sur le vieux port. Petite maison située au pied de l'église Saint-Jean-Baptiste, qui a l'avantage de posséder un balcon surplombant les quais. Essayer d'y avoir une table (4 seulement) tient parfois du prodige, notamment en été. Menu à partir de 60 F avec des plats simples et bons : omelette au brocciu, pâtes, sardines farcies... Accueil sympa.

✗ *Chez Gino :* 11, av. Émile-Sari. ☎ 95-31-41-43. Fermé le lundi. A 5 mn de la gare maritime. Pratique et assez rapide. Pizzas, salades composées, pâtes et tartes salées. Entre 30 et 40 F pour un petit repas sur le pouce.

✗ *Chez Auguste Raugi :* cours Favale ; sur la droite en montant à la citadelle, quand on vient du vieux port. ☎ 95-31-19-89. Fermé le dimanche. Connu aussi sous le nom de *Pepina*. Vraiment simple, pas cher et plutôt bon. Autour de 20 F l'omelette, 25 F la salade niçoise. Glaces italiennes maison et pizzas. Bien pour manger un morceau avant ou après la visite de la citadelle toute proche.

Prix moyens

✗ *L'Ambada :* vieux port (plan B2). ☎ 95-31-00-90. Fermé le samedi midi et le dimanche midi. La table la mieux ombragée du vieux port et, par temps de canicule, c'est appréciable. Prix raisonnables. Menu à 70 F, copieux. Poisson, mais aussi des plats régionaux : poulpe, pâtes aux fruits de mer, tripettes à la mode corse. Très couru et avec, en prime, les barques du vieux port qui dansent devant vos yeux.

✗ *L'Onda Marina :* 33, rue César-Campinchi (plan A1). ☎ 95-33-25-72. Fermé le lundi. Si vous aimez le poisson, n'hésitez pas, allez à *L'Onda Marina* car le patron, avant d'ouvrir ce restaurant, a vendu du poisson et, croyez-moi, il le connaît sur le bout des... arêtes ! La soupe de poisson ou toute manière d'accommoder les produits de la mer n'ont aucun secret pour lui, ni pour son épouse qui dirige la maison. Pour une centaine de francs, vous serez surpris de l'abondance et de la qualité des mets. Menu à 85 F (bon), vin compris. Spécialités : brochette de mérou et poivrons grillés du cap Corse, huîtres à l'estragon, riz aux calmars.

✗ *Le Colomba :* vieux port (plan B2). ☎ 95-32-79-14. Fermé le dimanche midi en haute saison, toute la journée hors saison. Bonne table simple et à prix raisonnables. Demander la pizza au roquefort. Succulente. Compter entre 80 et 100 F pour un repas. Musique en terrasse certains soirs.

✗ *Restaurant Le Couscous :* 6 *bis*, rue César-Campinchi. ☎ 95-31-04-52. En plein centre ville, face au cinéma Le Régent. Fermé la première quinzaine de juillet. Le meilleur couscous de Bastia, plus quelques bonnes spécialités comme la terrine de figatelli, les tomates fourrées aux crevettes, le pageot grillé. Compter 80 à 100 F pour un repas. Plutôt une auberge pour le soir.

Plus chic

✗ *Restaurant A Casarella :* 6, rue Sainte-Croix. ☎ 95-32-02-32. Fermé du 1er novembre au 1er décembre. Enfin un chef inventif qui concocte une vraie cuisine corse, onctueuse, délicieuse, parfumée aux senteurs du maquis. Fichtre ! On y court. On y monte plutôt, car le resto est situé dans la citadelle, tout près de l'ancien palais des gouverneurs génois. Un endroit qu'on a adoré, tellement on s'y sent bien, à la nuit tombée, avec les lumières du vieux port en contrebas. On a pris une table en terrasse. Puis ce fut un régal. Tout nous a enchantés : le *casgiate* (beignet de fromage frais cuit au four), les crevettes en feuilleté, les sardines farcies au brocciu, le roulé de noix de veau aux herbes, et le curieux *storzapretti* (littéralement « étouffe-chrétien ») que les bonnes familles bastiaises servaient autrefois au curé le dimanche. Pas de menu. Compter environ 140 F pour un repas. Un bon signe, le resto est plus connu des gens de la ville que des touristes. Ah, on allait oublier l'excellent *fiadone*, le dessert traditionnel de Bastia.

✗ *Le Bistro du Port :* quai des Martyrs-de-la-Libération (plan B2). ☎ 95-32-19-83. Fermé le dimanche et en février. D'habitude, on est contre les bistrots sur les ports. Ce sont toujours plus ou moins des pièges à touristes. Alors là, vous pensez, un bistrot sur le port qui s'appelle *Le Bistro du Port*... Un comble !

Eh bien, surprise ! On y a bien mangé. Sainement. Assez cher, mais le poisson était frais et la viande tendre.

✕ *Chez Huguette :* immeuble Pouillon, sur le vieux port (plan B2). ☎ 95-31-37-60. Ouvert toute l'année. Fermé le dimanche. Excellente carte avec du poisson très frais. En entrée, on conseille les poivrons en toast. La charcuterie et le pain de San Martino sont succulents. Menu à 90 F ; à la carte, compter 150 F environ.

✕ *Chez Lavezzi :* 8, rue Saint-Jean (plan B2). ☎ 95-31-05-73. La plus belle terrasse du vieux port. Vue splendide. C'est ici que Pierre Benoit écrivit les plus belles pages de son roman *Les Agriates* (dans lequel, d'ailleurs, il évoque la mère du patron actuel). Compter entre 150 et 200 F. On y mange surtout du poisson : lotte aux girolles, saint-pierre à l'estragon, sardines au brocciu.

✕ *Chez Jo la Braise :* 7, bd Giraud (plan A2). ☎ 95-31-36-97. Fermé le dimanche et en août. Jo la Braise est devenu une figure bastiaise et pourtant il a sévi à Nice et fut l'ami de Dario Moreno (Jojo la Marmite, c'est lui !). Ses pizzas sont renommées comme « la banane flambée d'Alésani ». Ses viandes au feu de bois également, ainsi que, l'hiver, le *figatellu* et la charcuterie. Tout le monde à Bastia est passé un jour chez Jo. Ses idoles sont toutes en photo sur les murs de cette auberge typiquement corse. Pour 100 F, vous serez traité comme il faut.

Où dormir ? Où manger aux environs ?

Un très bon plan ! La proximité de Bastia sans les inconvénients de la ville, avec en prime quelques paysages époustouflants de beauté, notamment à San-Martino-di-Lota et à Suerta.

🛏 *Hôtel de la Corniche :* à San-Martino-di-Lota, à 9 km au nord de Bastia. ☎ 95-31-40-98. Fax : 95-32-37-69. Fermé le dimanche soir et le lundi d'octobre à décembre, et en février-mars ; fermeture annuelle en janvier. Avant même d'y arriver, on devine une sorte de nid d'aigle. C'est un perchoir ! De la terrasse ombragée par des platanes, des chambres, de partout, on jouit d'une vue sublime. Accrochée au flanc oriental du cap Corse, l'auberge est entourée d'un amphithéâtre de montagnes dévalant vers la mer, que l'on admire au loin. Très bon accueil. Excellente cuisine corse élaborée en famille : raviolis à la brousse et aux herbes, terrine de lapin à l'alcool de myrte (ah, le maquis !), soupe corse aux haricots et, bien sûr, la délicieuse charcuterie faite avec les cochons de la maison. En hiver, on peut goûter au sanglier et au pigeon aux olives. Menus à 95 et 130 F, prix raisonnables pour la qualité. Ce serait dommage de ne pas y dormir. La chambre n° 1, avec sa terrasse panoramique, est notre préférée. Doubles de 250 à 360 F, et de 300 à 450 F (avec salle de bains). L'un de nos meilleurs moments en haute Corse !

🛏 *Hôtel Cyrnéa :* à droite en entrant dans le village de Pietranera, à 2 km de Bastia, route du cap Corse. ☎ 95-31-41-71. Fax : 95-31-72-65. A 50 m de la mer, sans doute le meilleur rapport qualité-prix de la région. Calme, propre, avec des chambres dotées de ventilateurs à hélices, chose rare en Corse ! Cette bonne idée de M. Seddas devrait faire plus d'adeptes dans l'île ! 250 F la chambre côté rue, 330 F avec vue sur la mer. Garage privé fermé.

✕ *In Suerta :* villa Agostini, à Suerta, hameau situé à 5 km de Bastia, sur la route de Saint-Florent (la D 81). ☎ 95-33-37-87. Fermé le lundi et en octobre. Un panneau sur la gauche de la route indique cette maison couverte de tuiles, aux murs sombres, en contrebas de la voie. On a l'impression de pénétrer dans le jardin d'un particulier. Quand il fait beau, très jolie vue sur l'étang de Biguglia et le littoral que l'on surplombe de loin. Peu de choix en vérité, mais que du bon et du fait maison. Moules à l'orange, raviolis (en hiver surtout), calmars, tripettes, soupe corse, et *fiadone*, l'authentique dessert bastiais. Compter 120 F (vin non compris) pour un repas composé d'une entrée, d'un plat, d'un fromage et d'un dessert. L'une des bonnes tables de la région bastiaise.

✕ *Auberge à la ferme di l'Altu :* hauteurs de Tintorajo, 20600 Furiani. ☎ 95-33-37-67. A environ 6 km au sud de Bastia. Prendre la RN 193, tourner à droite à la hauteur de Nauticorse, aller tout droit jusqu'au carrefour de Tintorajo, ensuite c'est indiqué. Un chemin de terre en mauvais état monte jusqu'à cette ferme isolée à flanc de colline. Longue baraque en bois style ranch rustique d'où la vue est superbe sur la plaine côtière et la mer. Y aller de préférence pour dîner, quand la chaleur décroît. Menu à 120 F avec des spécialités de la ferme.

Peu de choix, mais c'est frais et copieux. Viandes grillées, lasagnes, agneau corse et charcuterie évidemment...

A voir

▸ **La place Saint-Nicolas :** le long du port, ombragée par des platanes et des palmiers, bordée de vieux immeubles, à certaines heures on pourrait se croire ailleurs... dans un port tropical d'Amérique latine par exemple. Cœur de la vie bastiaise. Il faut y passer entre 17 h et 19 h, quand les terrasses des cafés sont noires de monde. Et prendre un verre en écoutant les potins de la ville. Remarquer, au centre de la place, le vieux kiosque à musique et la statue de Napoléon en empereur romain (quel mégalo celui-là !). Le long de la place, au 15, bd du Général-de-Gaulle, on peut voir l'un des plus vieux magasins de Bastia. Sa façade sculptée porte l'inscription « Cap Corse Mattei ». On y vend toutes sortes d'apéritifs et de digestifs fabriqués dans l'île, depuis le siècle dernier, par la célèbre maison Mattei. Le plus connu de ces breuvages s'appelle le Cap Corse justement, il s'agit d'un apéritif à base de quinquina.

▸ **La rue Napoléon :** elle relie la place Saint-Nicolas au vieux port. A gauche, l'*oratoire Saint-Roch* (bienfaiteur des pestiférés) date de 1589 et renferme de belles orgues de 1750. On entre dans le quartier de *Terra Vecchia.* Par curiosité, jeter un coup d'œil à l'intérieur de la quincaillerie Valery (sur la droite, presque en face de la chapelle de l'Immaculée-Conception). Dans ce capharnaüm de la bricole, il y a une superbe caisse enregistreuse d'un autre âge.

▸ **La chapelle de l'Immaculée-Conception :** à 50 m de l'oratoire Saint-Roch. Plus grande et plus belle, elle fut édifiée en 1611. Ouverte de 9 h à 12 h et de 14 h à 17 h. Fermée le dimanche. Le parlement anglo-corse s'est réuni ici pendant quatre ans. Le roi d'Angleterre y avait un représentant. Avant d'entrer, remarquer le pavage à la génoise figurant un grand soleil. Intérieur somptueux : damas cramoisis, pilastres, lustres, dorures. Derrière le chœur, un étonnant *musée d'Art sacré,* ouvert au public, qui contient de belles pièces comme ce *Saint Érasme,* patron des marins.

LA VIEILLE VILLE ET LE VIEUX PORT

▸ **La rue du Général-Carbuccia :** jadis la rue des familles nobles avec de hautes maisons blasonnées. Balzac a vécu au n° 23, Pascal Paoli au n° 7. Beaucoup de façades lépreuses.

▸ **L'église Saint-Jean-Baptiste :** c'est elle qui domine le vieux port de ses deux tours. Cœur du quartier de Terra Vecchia, elle date du XVIIᵉ siècle. De là, rejoindre les quais du vieux port avec leur kyrielle de terrasses de restaurants.

▸ **Les quais du vieux port :** en forme de fer à cheval. Bien abrités et très animés à partir de 17 h. Pour boire un coup, on vous conseille le bar *Le Pigalle :* c'est le dernier café en terrasse, sur le quai du Sud. Le moins cher du coin. Le patron, Riri Blanc, connaît la ville comme sa poche.

▸ **L'église Saint-Charles-Borromée :** cette ancienne chapelle de jésuites, du XVIIᵉ siècle, est la seule église de France qui n'offre pas le droit d'asile, en vertu d'un décret génois très ancien. A côté, petite place bordée d'une fontaine et de la *maison de Caraffa,* avec son vieux balcon (plan A4).

LA CITADELLE ET LE QUARTIER DE TERRA NOVA

A parcourir à pied, évidemment, des quais du vieux port, en passant par le *jardin Romieu,* bon endroit pour faire la sieste face à la mer. Monter le *cours Favale* jusqu'à la porte principale qui mène à la *place du Donjon.*

▸ **Le palais des Gouverneurs :** tout de suite en entrant dans la citadelle. Cette grande bâtisse fut le siège des gouverneurs génois entre le XVᵉ et le XVIIIᵉ siècle. Remarquer, dans le fond de la cour, une curieuse tourelle de sous-marin. Superbe vue de la terrasse et du jardin.

▸ **Le musée d'Ethnographie corse :** ☎ 95-31-09-12. Ouvert tous les jours de 9 h à 12 h et de 14 h à 18 h ; les samedi et dimanche, de 10 h à 12 h et de 14 h à 17 h. Remarquer dans l'entrée, à droite, une pierre gravée datant du 30 novembre 1789 et rappelant que la Corse fait partie de l'Empire français et que ses habitants seront régis désormais par la même Constitution que les autres Français. La partie la plus intéressante du musée abrite de très vieilles cartes de la Corse, des XVIIe et XVIIIe siècles. L'une des plus anciennes est une carte de Mercator de 1597 ! Dans une autre salle, de très curieuses crèches en palmes tressées, qu'on porte en procession dans le village de San-Martino-di-Lota.

▶ *La cathédrale Sainte-Marie :* centre de ce vieux quartier resté intact. Élevée au XVIIe siècle, on y voit une impressionnante Vierge en argent massif pesant près d'une tonne, résultat de la prodigalité des Bastiais au XIXe siècle.

▶ *L'oratoire baroque Sainte-Croix :* un incroyable salon Louis XV ! Le clou de la visite de Bastia. Pour y aller, prendre la rue de l'Évêché, à gauche de Sainte-Marie. L'oratoire se situe 50 m plus loin. Voir le fameux *Christ noir des Miracles,* trouvé en 1428 et vénéré par les pêcheurs.

Aux environs

▶ *L'oratoire de Monserrato :* à 2 km de Bastia, route de Saint-Florent, un peu au-dessus du couvent de Saint-Antoine. Un petit sentier y mène. On le voit à peine de la route nationale. Ce lieu modeste cache un privilège rarissime : un escalier saint, ou *Scala santa,* réplique de l'escalier saint de la basilique Saint-Jean-de-Latran à Rome. Avis aux routards tourmentés par leurs fautes : celui qui monte à genoux cet escalier et dans un esprit de « véritable contrition » sera lavé de ses péchés !

▶ *La corniche supérieure :* petite balade de 1 h 30 à faire en voiture au départ de Bastia (à éviter impérativement s'il pleut des cordes). On passe par *Cardo,* village qui est l'ancêtre de Bastia, celle-ci n'étant que la marine de Cardo. Une marine qui est devenue... une grande ville. On continue par *Ville-de-Pietrabugno* et *San-Martino-di-Lota* (à admirer la plus belle). Vue époustouflante sur Bastia, la mer et au loin les îles italiennes et notamment l'île d'Elbe (la plus grande). À voir quand il fait très beau et un jour de grand vent. On descend ensuite à *Miomo* (voir le chapitre « Cap Corse ») pour rejoindre Bastia par *Pietranera* et la route surplombant le littoral.

▶ *Excursion vers Oletta :* une autre très belle promenade à faire comme une boucle au départ de Bastia. Prendre la route de Saint-Florent (la D 81) jusqu'au *col de Teghime,* en plein sur la ligne de crête du cap Corse ! Endroit superbe, hormis cette abominable décharge publique, d'où l'on a une vue sublime sur le golfe de Saint-Florent et le Nebbio. En se retournant, on peut admirer la côte orientale au sud de Bastia. Du col de Teghime, prendre la petite D 38 jusqu'à Oletta, puis la direction *Murato* (on en parle au chapitre consacré aux environs de Saint-Florent). Au *col de San Stefano,* on a encore une autre vue sublime à la fois sur l'échine dorsale du cap Corse, le golfe de Saint-Florent et un morceau de mer côté plaine orientale. Enfin, on rejoint Bastia par le défilé de Lancone.

▶ *L'ancienne cathédrale de la Canonica :* à 25 km au sud de Bastia, sur la D 507 qui va de l'aéroport de Bastia-Poretta en direction du cordon lagunaire. La plus belle église de Corse, diront certains. Ce n'est pas la plus belle, à notre avis, mais l'une des plus vieilles certainement, et l'une des plus simples architecturalement parlant. D'abord, elle n'a rien d'une cathédrale, on dirait une grosse chapelle, ni plus ni moins. Construite sous le règne de Pise, en 1119, elle offre néanmoins une vraie curiosité : c'est son étrange assemblage de pierres de différentes tailles et de divers coloris. Juste à côté : les *fouilles de la Mariana.* Il s'agit d'un ancien poste romain fondé par Marius en 93 avant J.-C. pour agacer les Carthaginois.
300 m avant la Canonica, sur la droite en venant de l'aéroport, un chemin de terre au milieu des champs conduit à la petite *église San Parteo,* encore plus modeste. Comment le maire du bled peut-il tolérer une camionnette abandonnée en voie de pourrissement avancé à côté de cet édifice d'époque pisane (donc rare) ? Eh les Corses, faites quelque chose, quoi !

Quitter Bastia

En bateau

– *Par la S.N.C.M. Ferryterranée :* liaisons régulières entre Bastia et Marseille (12 à 13 h de traversée de nuit), Toulon, Nice (11 ou 12 h de nuit).
– *Par la Corsica Marittima :* filiale de la *S.N.C.M.* Liaisons entre Bastia et Livourne (Italie). Durée : 3 h.
– *Par la Corsica Ferries :* liaisons entre Bastia et Gênes (6 h), La Spezia (6 h), Livourne (4 h). Compter 2 à 3 h de plus pour la traversée de nuit.
– *Par la Moby Lines :* liaisons entre Bastia et Livourne, Piombino, Gênes.

En train

– *Ligne Bastia-Ajaccio (par Ponte-Leccia et Corte) :* 4 trains par jour. Un voyage de 4 h extraordinaire, à travers les plus beaux paysages de Corse. Renseignements à la gare S.N.C.F. ☎ 95-32-60-06.
– *Ligne Bastia-Calvi (par Ponte-Leccia) :* 2 trains par jour. Durée : 3 h environ.

En bus

Toutes les destinations et les horaires peuvent être obtenus à l'office du tourisme de Bastia.
– *Pour Erbalunga :* un départ toutes les 30 mn en semaine.
– *Pour Macinaggio (cap Corse) :* un bus toutes les deux heures environ, avec un départ tôt le matin, de la gare routière.
– *Pour Moriani, Bravone, Ghisonaccia, Solenzara, Porto-Vecchio :* 2 bus par jour, un le matin, un autre l'après-midi, départ face à la poste centrale.
– *Pour Saint-Florent :* 2 bus par jour, départ de la gare routière.
– *Pour L'Ile-Rousse et Calvi :* un bus dans l'après-midi, départ face à la gare S.N.C.F.
– *Pour Corte :* un bus par jour, vers midi, départ face à la gare S.N.C.F.
– *Pour Ajaccio :* 2 bus par jour, départ face à la poste centrale.
– *Pour Murato (Nebbio) :* un bus en fin d'après-midi, départ du palais de justice de Bastia.

En avion

– *Bus pour l'aéroport :* environ 7 bus par jour en été entre Bastia et l'aéroport de Bastia-Poretta. Compter 20 mn de transport. Les bus, beige et bleu, partent de la préfecture de Haute-Corse, rond-point Leclerc, en face de la gare S.N.C.F. Renseignements : ☎ 95-31-06-65.
– *Air France :* 6, av. Émile-Sari. ☎ 95-32-10-29. A l'aéroport : ☎ 95-54-54-95.
– *Air Inter :* à l'aéroport de Bastia-Poretta. Informations et réservations : ☎ 95-54-54-95.
– *Compagnie Corse-Méditerranée :* entre 4 et 6 vols quotidiens à destination de Nice et Marseille. Informations et réservations : ☎ 95-54-54-95.
La durée du vol Bastia-Paris est de 1 h 45 environ. Bien demander si c'est un vol direct ou s'il y a une escale à Marseille ou Nice.

LE CAP CORSE

C'est le doigt de la Corse. Un long doigt, tel un index pointé dans le bleu de la mer, indiquant nettement la direction du nord, comme s'il voulait désigner Gênes, son ancienne puissance tutélaire. Enlever ce doigt-là à la Corse, c'est la mutiler à tout jamais ! Voici donc l'un des plus beaux morceaux de l'île. Disons-le : un coup de cœur. Une chaîne de montagnes couverte de maquis, une échine rocheuse de 40 km de long, et large de 12 à 15 km. Les sommets culminent entre 1.000 et 1 307 m, puis ils dévalent dans la grande bleue avec (parfois) des accents de tragédie grecque comme à Pino ou à Zonza. Déjà les Romains, qui n'avaient pas mauvais goût (du moins pas toujours), l'avaient baptisé le « promontoire sacré ». Les Corses l'appellent « L'Isula di l'isula », l'île de l'île.
En fait, le cap Corse est une presqu'île furieusement belle, relativement épargnée des agressions du modernisme. Ouf ! Ici les poètes et les rêveurs peuvent

encore déambuler à leur aise sans rencontrer trop de monde. Les paysages ?
Une alternance de plages de galets (de sable dans l'extrême pointe du cap) et
de criques secrètes, le tout entrecoupé de montagnes. Mais les deux versants
du cap ne se ressemblent pas. Dans la partie orientale (entre Bastia et Macinaggio) des vallées débouchent en douceur dans la mer, tandis qu'à l'ouest la montagne tombe violemment dans les flots transparents de la Méditerranée, décrivant une série d'à-pics vertigineux et de nids d'aigles où s'accrochent
courageusement quelques merveilleux villages de cinéma.
Une route en corniche (qui pour une fois n'a pas été faite par des cornichons de
bureaucrates !) en fait le tour, de Bastia à Saint-Florent, sorte de serpent
héroïque sinuant entre ciel et mer au-dessus d'un littoral admirable, ponctué par
une ribambelle de ports de poupée. Il s'agit des « marines ». Bâties depuis toujours les pieds dans l'eau, groupant quelques vieilles maisons aux murs de
schiste, celles-ci sont un peu les annexes maritimes (ou les « prises » de mer)
d'une kyrielle de villages cachés dans la montagne, retirés fièrement sur les
hauteurs, perchés sur des pitons rocheux, surveillant inlassablement l'horizon.
Un monde à part, un monde clos, qui n'a vraiment été relié au reste de l'île qu'au
milieu du siècle dernier : la route de corniche n'ayant été ouverte que sous
Napoléon III. Un monde riche en histoire, comme en témoignent le nombre
impressionnant d'églises richement décorées, de chapelles isolées, de mauso-
lées et de tombeaux familiaux perdus dans la nature, de ruines de châteaux
forts, de vestiges de moulins à vent ou à eau, et enfin ces 32 tours de guet
(rondes ou carrées) dites « génoises », qui servaient naguère à surveiller les
côtes, à prévenir et à protéger les insulaires en cas d'invasion.

Les surprenantes « maisons d'Américains »

Les Cap-Corsins sont toujours partis. Voici la seule région de Corse où la mer
ne soit pas synonyme de danger. Pêcheurs depuis l'Antiquité, capitaines au
long cours, aventuriers du bout du monde, tous ont été attirés par le grand
large, souvent poussés par la nécessité, allant jusqu'à émigrer à Saint-
Domingue, à Porto-Rico ou au Venezuela. Ils y firent souche, au XIXe siècle,
devenant planteurs de café ou de canne à sucre, s'enrichissant dans le
commerce ou dans les mines d'or, donnant parfois des hommes politiques
importants (un président du Venezuela est d'origine corse). La plupart de ces
aventuriers d'outre-mer revinrent en Corse, fortune faite, pour s'y faire
construire de somptueuses demeures que l'on remarque immédiatement en traversant des villages comme Rogliano, Morsiglia ou Pino. Dans le cap, on les
appelle les « maisons d'Américains » ou les *palazzi* (palais). Leur architecture
s'inspire à la fois de l'Italie (style toscan), de l'Espagne coloniale (arcades,
colonnes) et du style colonial d'Amérique centrale. Chaque été, ces « palazzi »
revivent avec l'arrivée au pays des cousins de Porto-Rico et d'ailleurs, qui ne
parlent souvent qu'espagnol ! Témoins de l'une des plus étonnantes épopées
de l'histoire corse, pleines de mystères et d'histoires, elles sont toutes privées
et ne se visitent malheureusement pas. Mais on les voit bien. A l'époque, les
oncles d'Amérique montrèrent ainsi leur réussite.

Adresse utile

– *Office du tourisme du cap Corse :* maison du cap Corse, 20200 Ville-de-
Pietrabugno. ☎ 95-32-01-00. Ouvert en été de 10 h à 20 h, en hiver de 8 h à
12 h et de 14 h à 18 h. L'office du tourisme est situé au rez-de-chaussée de la
maison du cap Corse, elle-même située à environ 1 km au nord du centre de
Bastia, sur la route du cap, à droite, à la hauteur de Port-Toga. Efficace et dynamique. Toute la doc qu'il faut sur le cap, et notamment les fêtes, les randonnées et les plages.

▶ MIOMO (20200)

Après Pietranera et Grigione, c'est la première petite marine quand on vient de
Bastia (à 5,5 km au nord).
Très jolie route de Miomo jusqu'à San-Martino-di-Lota.

Où dormir ?

🏕 *Camping des Orangers :* ☎ 95-33-24-09. Voir la rubrique « Où dormir à Bastia ? »

▶ **SAN-MARTINO-DI-LOTA** (20200)

Un village en nid d'aigle dominant la côte orientale du cap Corse. De Miomo, une route étroite et sinueuse y monte, à flanc de montagne. Sur la gauche, à environ 1 km avant d'arriver au village, on distingue la silhouette du château du comte Cagninacci (privé). Cagninacci émigra au Venezuela où il fit fortune dans les mines d'or, puis il revint couler ses vieux jours dans cet ancien couvent. Au village de San-Martino-di-Lota, l'église renferme des autels en palme (demander la clef à l'épicerie). Chaque année, pendant la semaine sainte, les habitants portent en procession ces autels confectionnés par eux et avec soin sous l'égide d'une confrérie. Une tradition ancienne et vraiment originale.

Où dormir ? Où manger ?

🏨 *Hôtel-restaurant de la Corniche :* très bonne adresse. Voir « Où dormir, où manger aux environs de Bastia ? »
✕ *Auberge U San Martinu :* place de l'Église. ☎ 95-32-23-68. Une grande maison du siècle dernier, dotée d'une tonnelle très agréable en été. Intérieur plutôt mignon et arrangé avec goût. Ne pas venir ici avec ses gros sabots car c'est une vraie bonne petite adresse comme on les aime, tenue par un jeune patron chaleureux, aimable et discret, qui n'est allé que deux fois dans sa vie à Ajaccio mais qui connaît la culture corse par cœur. Délicieux menu autour de 85 F, ainsi que des spécialités comme la truite à l'aïolu, le *pastizzu*, le *fiadone*. Et de plus, c'est copieux. Il y a parfois de la musique classique, ce qui rend le lieu encore plus sympathique.

▶ **LAVASINA** (20222)

Modeste village au bord de l'eau, à 2,5 km au sud d'Erbalunga. C'est « le petit Lourdes du cap Corse » et un lieu de pèlerinage important. Le clocher de l'église est horrible mais, à l'intérieur, on peut voir un incroyable gisant du Christ mort, dans une niche (hyper réaliste !).
Attention : on se gare très difficilement dans le village.

Où dormir ?

🏨 *Hôtel Les Roches :* juste à l'entrée du village en venant de Bastia, dans un virage sur la gauche avant le pont. ☎ 95-33-26-57. Petit hôtel tout simple, tenu par des vieux, avec des chambres propres et calmes ouvrant sur le petit vallon. Autour de 200 F la double. Repas trop cher, environ 120 F, pour une cuisine banale. Plutôt une adresse en dépannage.

▶ **ERBALUNGA** (20222)

La première vraie et authentique marine du cap Corse, avec les vagues qui viennent lécher les murs des maisons. C'est mignon, c'est croquignolet, et c'est presque un endroit à la mode depuis que des artistes s'y réfugient. A 10 km au nord de Bastia, on se sent déjà ailleurs. En fait, Erbalunga est la marine de la commune de Brando, comme Marlon Brando... D'ailleurs il y avait là autrefois une famille Brando qui aurait émigré en Amérique au XVIIIᵉ siècle. Alors le héros d'*Apocalypse Now* est-il originaire de Brando dans le cap Corse ?... Affaire à suivre. A Erbalunga, on trouve la mer, des rochers accueillants et une plage de galets.
C'est aussi le berceau de la famille de l'écrivain Paul Valéry. Aujourd'hui encore on trouve beaucoup d'habitants s'appelant Valéry...

Où dormir ? Où manger ?

⇒ **Hôtel Castel Brando :** dans le village d'Erbalunga. ☎ 95-30-10-30. Fax : 95-33-98-18. Fermé du 15 octobre au 30 mars. Enfin un hôtel de charme et de caractère, dans une vraie et authentique maison corse du XIXᵉ siècle avec des murs larges comme ça ! Les palmiers autour, la couleur des murs, l'architecture lui confèrent un je-ne-sais-quoi de latino-américain. Elle appartenait naguère à des « Américains », c'est-à-dire des Cap-Corsins ayant émigré aux Caraïbes où ils firent fortune dans les plantations de canne à sucre avant de revenir au pays se faire construire cette belle et fière demeure. Aujourd'hui, tout a été restauré avec le meilleur goût. Près de la piscine romane, une annexe abrite des chambres très sympathiques (et un peu plus calmes que dans la maison principale). Dans la maison principale, nos préférées sont les chambres nᵒˢ 7 (avec vue sur la mer, les palmiers et les toits de lauzes du village), 9 et 4. En juillet et août, 550 F la chambre pour une nuit, 3 700 F la semaine. Hors saison, prix plus avantageux : de 350 à 450 F la nuit, et de 2 300 à 2 650 F la semaine. Plus cher pour les studios (équipés de coin-cuisine). Accueil excellent. Une adresse coup de cœur.

✗ **Restaurant U Fragnu :** ☎ 95-33-93-23. Ouvert de juin à septembre. De la petite place ombragée par des platanes, suivre à gauche une venelle qui conduit à une plage de galets 250 m plus loin. Le resto est sur le chemin, face à la mer. Dans cet ancien moulin à huile d'olive, on trouve un bon menu à moins de 100 F, vin inclus, avec des spécialités corses. Bon accueil.

✗ **L'Esquinade, chez Antoine :** ☎ 95-33-28-69. Une agréable terrasse assez bien ombragée, sous les platanes, avec les bateaux de pêche juste à côté. Très bien placé. Bien pour un déjeuner au soleil dans ce port de poupée. Repas autour de 120 F.

▶ LA MARINE DE SISCO (20233)

Un endroit assez chouette qui n'a pas été défiguré par le progrès. On se frotte les mains. Ne pas se contenter de musarder au bord de l'eau, mais grimper dans la montagne pour découvrir ces belles maisons typiques qui ont encore leurs toitures de pierres plates schisteuses, les *teghje* (nom d'un hameau de Sisco).

A voir

▶ Sur la route vers le village de Sisco, de nombreux **tombeaux** dispersés dans la nature. Voir celui de la famille Padovani, édifice jaune entouré de cyprès.

▶ **Le hameau principal de Sisco :** à 9 km de la côte. A Chioso, dans une sorte d'amphithéâtre à flanc de montagne. De la place de l'église (avec campanile) plantée d'oliviers, on a une superbe vue. A gauche après l'église, prendre la route de Barrigioni. Sur la droite, à 200 m, on peut admirer l'une des fameuses « maisons d'Américains », la villa Saint-Pierre. Grande demeure à colonnades cachée derrière ses grilles et enfouie dans la verdure, elle fut construite par un Corse enrichi en Amérique. Un vrai petit château mêlant les styles toscan et latino-américain.

▶ **Visites guidées des églises :** la mairie de Sisco (☎ 95-35-20-01) organise des visites guidées en été des principaux édifices religieux de la commune : églises Saint-Michel (romane), Sainte-Catherine, Saint-Martin... toutes éparpillées au hasard des nombreux hameaux.

Où dormir ? Où manger ?

⇒ **Hôtel de la Marine :** dans le virage à droite, à l'entrée de la marine en venant de Bastia. ☎ 95-35-21-04. Fermé de fin septembre à Pâques. Petite auberge de bord de mer, prolongée par un jardin qui s'étend jusqu'au bord de la plage (sable gris). 190 F le pavillon avec douche et w.-c. Plus cher en juillet-août : 240 F le pavillon avec lavabo-bidet seulement. Pas de resto, mais un bar et une terrasse ombragée, très agréable aux heures chaudes. Beaucoup d'espace et accueil sympathique. Garage fermé pour motos et vélos.

🏕 *Camping U Renajo :* à 300 m à peine de l'*hôtel de la Marine,* sur la route en direction de Sisco-village. ☎ 95-35-21-14. Ouvert du 15 mai au 30 septembre. Simple, en partie ombragé. Prix raisonnables.

✗ *Auberge A Stalla Sischese :* ☎ 95-35-26-34. A 300 m du littoral, à droite de la route qui monte à Sisco-village (montagne). Une maison neuve, une petite salle ordinaire, et un menu autour de 100 F avec de la soupe, des lasagnes ou des raviolis, du *fiadone* (dessert bastiais). Correct et copieux.

▶ *LA MARINE DE PIETRACORBARA* (20233)

A cet endroit-là de la côte orientale du cap Corse, une sorte de vallée venue des monts glisse vers la mer, avec sa rivière et ses joncs, et quelques maisons autour. Une marine plus large et moins intime que celle de Sisco, mais plus champêtre. Il y a une très belle plage appréciée des véliplanchistes. Sur la route entre Pietracorbara et Porticciolo, voir la *tour de l'Osse* (génoise) qui surplombe la route.

Où dormir ? Où manger ?

🏕 *Camping La Piedra :* à 300 m de la plage de sable. ☎ 95-35-27-49. Fax : 95-31-66-29. L'un des plus beaux campings de Haute-Corse. On campe parmi les eucalyptus, les pins et les haies abondamment fleuries. Niveau 2étoiles. Bar, épicerie, parking surveillé électroniquement (vive le progrès !) pour motos, vélos, voitures. Vraiment bien.

✗ *Restaurant Le Rendez-vous de l'Été :* entre la plage et la route. ☎ 95-35-23-32. Près d'une petite rivière, presque les pieds dans l'eau. Extérieur quelconque, mais il est bien situé, et surtout la cuisine est bonne, pour un rapport qualité-prix défiant toute concurrence. Compter entre 85 et 100 F environ pour un repas copieux servi avec amabilité par Paul. Une salle unique qui fait aussi bar. Quelques plats du chef comme le cabri en sauce ou le sanglier (en septembre). Quelques chambres à 280 F la double avec douche.

▶ *PORTICCIOLO* (marine de Cagnano ; 20228)

Très mignonne petite marine coincée dans un pli escarpé de la côte. Un coin intact, presque pas défiguré par le modernisme.

Où dormir ? Où manger ?

🏕 *Hôtel U Patriarcu :* ☎ 95-35-00-01. Ouvert de Pâques à fin septembre. Une vieille maison du cap Corse avec des murs très larges et un intérieur très très propre. Bon accueil. Chambres impeccables avec vue sur la mer ou sur l'arrière. 240 F la double avec douche et w.-c. En demi-pension : 170 F par personne. Fait aussi resto. Possède un garage fermé pour les motos. Adresse simple et correcte.

✗ *Auberge A Torra Marina :* ☎ 95-35-00-80. Le spécialiste du poisson. Un bon repas autour de 100 F. Autre menu autour de 150 F. Quelques chambres face à la mer.

▶ *SANTA-SEVERA* (marine de Luri ; 20228)

Un autre petit port de la côte, situé au débouché d'une vallée très verte. Il y a une grande plage (pas de sable mais des galets) et un arrière-pays peu connu à découvrir.

Où dormir ? Où manger ?

🏕 *Camping Santa Marina :* ☎ 95-35-01-06 ou 95-32-02-86. Ouvert du 1er juin au 30 septembre. Ombragé et bien équipé. Niveau 2 étoiles, donc plutôt bien et à prix sages.

✗ **Restaurant A Luna :** à l'entrée du port, face à la plage. ☎ 95-35-03-17. Ouvert du 15 juin au 30 septembre. Routards d'hier, gourmets aujourd'hui, les Padovani sont accroché des toiles partout sur les murs. Ils concoctent de bons plats corses comme le *denti* en croûte, le civet de thon ou la langouste pochée à l'eau de mer, sans oublier la charlotte au brocciu. Un menu à 90 F, servi aussi le week-end. Plus que bon : délicieux !

A voir aux environs

▶ **La maison de Dominique Cervoni :** au hameau de U Campu, à 3 km à l'ouest de Santa-Severa, à droite sur la route D 180 en direction du village de Luri. Près de la chapelle, il y a une place minuscule et juste à droite une ruelle qui monte. 40 m plus haut, une maison très moche, couverte de ciment gris (fenêtres bleues), porte une plaque à la mémoire de Dominique Cervoni, navigateur et aventurier des mers lointaines, qui fut l'ami de l'écrivain anglais Joseph Conrad. Ce dernier s'en inspira pour ses héros de roman et en parla dans *Le Miroir de la Mer*. Conrad, géant de la littérature mondiale, fut tellement impressionné par Cervoni qu'il vint à Luri en 1921 pour retrouver la trace du grand marin originaire du cap Corse... mais il ne trouva que des tombes. Et le plus étonnant c'est que Cervoni, baroudeur sur toutes les mers du globe, a trouvé le moyen de naître et de mourir dans la même maison, laquelle reste d'une banalité déconcertante pour un héros de roman... Ironie de l'histoire !

▶ **LURI** (20228)

Un village perdu dans une luxuriante nature, à mi-chemin entre les deux côtes du cap Corse. On y accède de Santa-Severa par la route D 180, la seule qui traverse d'est en ouest toute la largeur du cap. De Luri, la route monte au *col de Sainte-Lucie* et redescend sur le versant ouest vers Pino. Superbe excursion à faire en fin d'après-midi, avec quelques perspectives époustouflantes de beauté sur la mer et les monts. Un petit chemin conduit à la *tour de Sénèque* (30 mn de sentier à pied) d'où l'on a une vue extraordinaire par temps clair. La légende dit que Sénèque y vécut en exil dans l'Antiquité. Mais il y a quelque chose qui cloche car la tour date du XIIIe siècle alors que le philosophe a vécu au Ier siècle de notre ère !

Où dormir ? Où manger aux environs ?

🛏 **Chambres et table d'hôte chez Alain Gabelle :** La tour « Li Fundali », Spergane, 20228 Luri. ☎ 95-35-06-15 ou 95-35-05-15. Les plus chouettes chambres d'hôte de toute la Haute-Corse, dans un site merveilleux avec un accueil du tonnerre ! Vraiment une excellente adresse. Pas facile d'y arriver. Du village de Luri, prendre à la hauteur de la poste une petite et adorable route de campagne et la suivre sur 3 km environ. Au milieu de nulle part, au pied d'une tour génoise en ruine, on arrive à cette maison solitaire nichée dans un recoin de vallée où le maquis règne en maître absolu. Les proprios ont arrangé 3 chambres avec du goût et des couleurs. En demander une donnant sur la vallée, à cause de la vue bien sûr. Bien aussi avec des enfants. Prix doux pour la qualité des lieux : 250 F la chambre pour 2 personnes, 340 F avec le repas du soir (cuisine familiale). Sous le soleil ou sous la pluie, la nature reste toujours aussi belle. C'est ici que Sénèque a dû venir !

▶ **MACINAGGIO** (20248)

Le port de plaisance le plus connu et le plus recherché du cap Corse : une forêt de mâts et de haubans, une ribambelle de voiliers, du plus anodin au plus sophistiqué, et une mer Tyrrhénienne d'un bleu parfait. Naguère petit port de pêche, annexe maritime du village haut perché de Rogliano, Macinaggio est aujourd'hui la marine branchée du cap. Le village n'a pas grand charme, mais les environs sont superbes, et particulièrement l'espace naturel de la Capandula, un beau morceau du littoral accessible seulement à pied ou en bateau, fait de plages, de baies sauvages aux eaux turquoise et de promontoires rocheux.

Adresses utiles

– *Office du tourisme :* sur le port. ☎ 95-35-40-34.
– *Capitainerie du port :* ☎ 95-35-42-57.
– *Cap Corse Voile :* ☎ 95-35-41-47. Fax : 95-35-40-50. Loue des voiliers de 9 à 15 m pour faire le tour du cap Corse ou de l'île.
– *Cap Évasion :* loue des zodiacs pour découvrir les criques secrètes de la région.
– *Club nautique :* ☎ 95-35-41-40 ou 95-35-41-36.

Où dormir ? Où manger ?

☙ *Hôtels Les Iles :* sur le port. ☎ 95-35-43-02. Très bien placé, avec des chambres donnant directement sur la forêt de mâts ou d'autres, plus calmes, donnant sur l'arrière (pas de vue). Compter 200 F pour une double avec douche et w.-c. en dehors de l'été, et autour de 280 F en haute saison. Fait aussi resto. Adresse réputée pour son très bon poisson. Quelques spécialités comme la lotte à la crème de basilic et le filet de saint-pierre à la crème d'oursin. Un menu le midi autour de 70 F. A la carte, compter 150 F pour un repas.
☙ *Hôtel U Ricordu :* à la sortie de Macinaggio sur la route de Rogliano, à 300 m du port seulement. ☎ 95-35-40-20. Fax : 95-35-41-88. Fermé en février. Une grande maison récente, sans grand charme, mais avec des chambres confortables et bien équipées. Doubles à 200 F hors saison et 320 F en août. Bon accueil. Un bon choix pour dormir. Grand parking (sans ombre, hélas !) juste devant l'hôtel. Fait aussi resto.
☙ *Hôtel U Libecciu :* ☎ 95-35-43-22. Fermé de novembre au 1er mars. Légèrement à l'écart de la marine, à 5 mn à pied, une maison récente en partie couverte de vigne vierge. Pour y accéder, prendre la route de la plage, c'est indiqué. Chambres agréables et calmes avec une petite terrasse : 270 F la double avec douche et w.-c. En juillet et août, la demi-pension est obligatoire : 350 F par personne. Au resto, 1er menu à 85 F ; puis deux menus à 110 et 180 F. La patronne est aux fourneaux. Bouillabaisse, tripettes, poisson du cap... Accueil attentionné et gentil.
☙ *Camping de la plage U Stazzu :* route de la plage. ☎ 95-35-43-76. Ouvert d'avril à octobre. A environ 900 m de la marine. Par la route principale, aller jusqu'au bout du port de plaisance. Prendre la D 80 à gauche puis à droite, suivre les panneaux. Camping tenu par une famille corse très sympa, où le grand-père élève des chevaux dans une sorte de ranch. Prix raisonnables. Snack et pizzeria.

A voir. A faire

▸ *Site naturel de la Capandula :* ouf ! Voilà encore un coin que les promoteurs et les lotisseurs n'auront pas ! Il s'agit de l'un des plus beaux morceaux de la côte, grosso-modo toute la partie du littoral s'étendant au nord de Macinaggio jusqu'à Barcaggio. Soit 377 ha de maquis et de plages protégés et surveillés avec attention par le Conservatoire du littoral. De mars à juin, chaque année, des groupes d'oiseaux migrateurs en provenance d'Afrique y font escale, preuve que nos amis à plumes n'ont pas mauvais goût dans le choix de leurs étapes ! Il n'y a pas qu'eux. Sur les *îles Finocchiarola*, au large de la plage de Tamarone, vit la principale colonie corse de goélands d'Audouin, une espèce très rare qui ne niche qu'en Méditerranée. Pour préserver leur tranquillité, ces braves bêtes ne veulent ni ne peuvent, selon la loi, voir personne entre le 1er mars et le 31 août, période durant laquelle l'accès aux îles est strictement interdit (c'est une réserve naturelle).

▸ De très belles *plages :* un chemin long de 2 km environ mène à la plage de *Tamarone* dans la petite baie du même nom. La zone protégée de Capandula commence là. Il faut continuer son chemin à pied. Vraiment une très belle balade à faire dans la journée. De Tamarone, on peut gagner la très jolie *plage des Iles* par un sentier côtier et rejoindre la *rade de Santa-Maria* (45 mn à pied par le chemin des douaniers). Le sentier débouche sur la chapelle Santa Maria (à double abside). La rade se termine par une tour génoise. Plus loin, le sentier arrive en 10 mn à deux autres criques : la *cala Genovese* et *la cala Francese*, sites superbes où le maquis glisse très lentement vers les eaux turquoise et le sable fin des plages. Pour le retour, compter un peu plus d'une heure de marche entre la cala Francese et Tamarone, en passant à nouveau par le chemin des douaniers. Sinon, sentier de l'intérieur, plus court.

▶ *ROGLIANO* (20247)

Ce qui surprend le plus dans ce beau village haut perché, dominant fièrement la côte, c'est le nombre de hameaux dispersés (sept) à flanc de montagne, de ruines de châteaux forts, de tours fortifiées, de vieilles demeures aux toits de *teghje* (pierres plates en schiste). Superbes vues des deux églises Saint-Côme et Saint-Agnel. Panorama encore plus étendu de l'ancien couvent (privé) situé au-dessus du village après le hameau d'Olivo (où se dressent deux grosses tours génoises).
En montant vers Rogliano, on passe devant le célèbre vignoble du clos Nicrosi et Gioielli (le blanc et le muscat sont excellents !).

Où dormir ? Où manger ?

⛵ *Hôtel-restaurant U Sant Agnellu :* ☎ 95-35-40-59. Au village, dans un tournant près d'une église. Fermé du 10 octobre au 10 avril. On monte jusqu'ici pour deux raisons : la cuisine et la vue étonnante. Très agréable de dîner en terrasse au crépuscule avec l'amphithéâtre de montagnes et la marine de Macinaggio tout en bas. Une bonne table du cap Corse : charcuterie corse, cabri, brandade de cabillaud, croquettes au brocciu. Menu à 90 F. Fait aussi hôtel : chambres de 220 à 300 F. Notre préférée est la n° 8. Demi-pension obligatoire en août. Superbe vue panoramique.

▶ *BARCAGGIO* (20275 Ersa)

Un port de poupée à la pointe extrême du cap Corse : une sorte de bout du monde en effet. On y accède en quittant la D 80, entre Macinaggio et Centuri, puis en suivant une route goudronnée qui descend à travers le maquis jusqu'à la mer. Vastes paysages sauvages et inhabités (du moins pour l'instant...). On aime bien cet endroit perdu, mais quelle déception d'y trouver un parking sans ombrage mal fait et une baraque-resto disgracieuse posée sous les arbres du port ! A Barcaggio, visiblement, on ne sait pas ce que signifie protéger le charme naturel d'un lieu. Heureusement, il y a cette grande plage de sable, située à 1 km à l'est, vers la pointe d'Agnello, accessible seulement par un sentier de douanier. A 2,5 km à l'ouest de Barcaggio, on peut aller jusqu'au petit village de pêcheurs de *Tollare,* un coin sympa aussi.

Où dormir ?

⛵ *Hôtel La Giraglia :* donne directement sur les rochers face à la mer, à l'entrée du port. ☎ 95-35-60-54. Ouvert d'avril à septembre. Hôtel quelconque extérieurement mais tellement bien situé. « Le plus original est sans doute le patron et sa famille », nous a-t-on assuré. Chambres n°s 25 et 26 très sympa. Dommage que les prix ne soient pas plus doux : de 350 F la double (lavabo seulement !) à 410 F avec douche et w.-c. Bien pour faire une escale. Pas de resto et au port il n'y a aucun choix ! Prévoir donc son ravitaillement.

▶ *CENTURI* (20238)

Non, ce n'est pas un village de cinéma créé par la Twentieth Century Fox, même si la marine, nichée dans une échancrure de la montagne, forme un très chouette décor de film. Voilà l'un des ports de pêche les plus croquignolets du cap Corse. Petit, authentique, replié sur lui-même comme pour se protéger du large, avec une poignée de maisons aux toits de serpentine verte (superbe pierre de la région), il prend des airs de Saint-Trop' local dès les premiers rayons de soleil ! Sachez qu'il y a pas mal de monde ici en été. C'est la rançon de la beauté, en quelque sorte. Côté mer, pas de plage de sable fin (la plus proche est celle de Barcaggio), mais des fonds sous-marins aux eaux transparentes et très poissonneuses. De belles plongées en perspective...

Où dormir ? Où manger ?

▸ *Camping l'Isulottu :* à 400 m du port de Centuri, sur la route de Saint-Florent. ☎ 95-35-62-81. Fax : 95-35-63-63. Bien ombragé, à 200 m d'une plage de galets pas toujours très propre. Douches chaudes gratuites.
▸ *Hôtel-restaurant du Pêcheur :* sur le port. ☎ 95-35-60-14. Fermé du 1er octobre au 1er avril. Gentille et sympathique maison rose aux volets verts, avec des murs larges, des chambres simples ouvrant sur le port miniature. Doubles avec douche et w.-c., de 200 à 300 F hors saison ; en juillet et août, demi-pension obligatoire : 330 F par personne. La bouillabaisse, le loup au fenouil, la langouste (spécialité du port) se retrouvent à la carte ou dans les menus de 75 à 230 F.
▸ *Hôtel Le Vieux Moulin :* légèrement en surplomb du port. ☎ 95-35-60-15. Fax : 95-35-60-24. Fermé du 30 octobre au 28 février. Enfin un hôtel corse de caractère et de charme, c'est rare. Il s'agit du vieux palais Olivari, construit au siècle dernier par un aventurier ayant émigré aux Antilles (comme beaucoup de gens du cap Corse). Les chambres, belles et calmes, ouvrent sur l'adorable petit port. Sous le déluge ou sous le soleil, une excellente adresse. Petit salon romantique au 1er étage. Doubles de 260 F (douche et w.-c.) à 310 F (bains et w.-c.). Entre le 15 juin et le 15 septembre, demi-pension obligatoire. Savoureuse cuisine avec des spécialités : bouillabaisse, sanglier aux cèpes, langouste, poissons du cap. Menus de 90 à 270 F. Point de chute idéal pour rayonner dans la région. Délicieuse terrasse en été. Bon accueil.

A voir. A faire

▸ *Hameau de Cannelle :* un nom d'épice orientale pour un hameau haut perché d'où l'on a une superbe vue sur les monts du cap Corse dévalant dans la mer. Pour y aller de Centuri, prendre la route qui monte vers la route de la Corniche (la D 80). Avant le hameau de Camera (silence, on tourne !)... on prend à gauche et on suit le chemin jusqu'au bout. A Cannelle même, il faut prendre son temps et déambuler au fil des ruelles fleuries et des petits passages très mignons, à l'ombre de fières et austères maisons de schiste. Un endroit qui nous a bien plu. Remarquer le *palais Marcantoni* (1877) construit sur le modèle d'une villa florentine.

▸ *Maisons d'Américains :* elles ne se visitent pas, mais on peut les admirer au hameau de *Pecorile,* situé dans la commune de Morsiglia, au sud de Centuri, en allant vers Pino. Il s'agit du palais Fantauzzi et du palais Ghielfucci (1838) de style colonial espagnol avec une double galerie d'arcades et la tour Caraccioli intégrée à la demeure. Ces maisons ont été construites par des Cap-Corsins ayant fait fortune à Porto-Rico au siècle dernier.

– *Plongée sous-marine :* Club Bleu Marine Compagnie, 20238 Morsiglia. A la marine de Mute, se renseigner au camping l'Isulottu. ☎ 95-35-60-46. Ouvert en juillet et en août. Accueil sympa. Un des clubs de plongée parmi les moins chers de l'île. Très beaux fonds.

▸ *PINO* (20228)

Encore un étonnant village de la côte ouest du cap Corse, accroché à la pente de la montagne, où les maisons, noyées dans les pins et les cyprès, regardent le soleil se coucher. Les monuments témoignent d'une certaine opulence passée : l'église baroque Sainte-Marie (avec des merveilles à l'intérieur), la casa Franceschi, imposante demeure appartenant naguère à de riches exilés, et puis, détail insolite au cimetière, cette tombe en forme de barque... preuve qu'entre les Cap-Corsins et la mer, c'est d'amour qu'il s'agit. Comme cet Antoine Piccioni, né à Pino en 1819. En partant, il lança à son père : « Tu n'auras de mes nouvelles que lorsque j'aurai fait fortune. » En Amérique, il découvrit un filon d'or, et devint riche comme Crésus, à tel point qu'à sa mort il était propriétaire de quasiment la moitié de la Guyane ! (le château Piccioni se trouve au hameau de Metino).

Pour voir un vrai vieux hameau du cap, se rendre au hameau de *Covili,* intéressant pour ses passages voûtés et ses restes de moulins à eau.

▶ MINERBIO

Minuscule village à 5 km environ au sud de Pino, en allant vers Canari. Juste à gauche en y entrant, on peut voir un incroyable tombeau en forme de panthéon latin coiffé d'un dôme : famille Calizi-Altieri ; dommage qu'il soit de couleur grise...

▶ CANARI (20217)

Une route mince comme une épingle à cheveux grimpe au village, sorte d'observatoire privilégié dominant la Méditerranée. *Santa Maria Assunta* (XII° siècle) est l'une des rares églises romanes d'époque pisane encore très bien conservée. De la place où elle se trouve, on a une vue époustouflante sur la mer (y aller au coucher du soleil).

Où dormir ? Où manger ?

🛏 *Au Bon Clocher :* une bonne vieille auberge villageoise dans une haute maison du siècle dernier, près de la place de l'Église. ☎ 95-37-80-15. Ouvert toute l'année. Chambres toutes simples mais avec une vue très chouette sur les monts et la mer. Autour de 200 F la double avec douche et w.-c. sur le palier. Fait aussi resto. Cuisine familiale. Intéressant finalement, vu l'isolement du bled, de prendre la demi-pension : compter entre 450 et 500 F par jour pour un couple.

✗ *Auberge du Chat qui Pêche :* à Abro, 3 km au sud de Canari, au bord de la route en corniche en direction de Nonza. ☎ 95-37-81-52. Ouvert de mars à novembre. Le chat a bien pêché car le poisson est frais et les crustacés délicieux. Petite auberge isolée avec un intérieur chaleureux ne manquant pas de caractère. Bonne cuisine. Menu autour de 100 F. Demi-pension : 500 F par jour pour un couple. Quelques chambres seulement (sans vue mais calmes).

✗ *Restaurant U Scogliu* (Le Rocher) : à la marine de Cannelle. ☎ 95-37-80-06. Fermé du 10 octobre à Pâques. Une excellente table sur les rochers, à 4 km au sud de Canari. Pas de menu, mais des plats du chef comme le feuilleté de fruits de mer, la langouste, la daurade au four. Le patron fait son marché en mer, un bon point donc. Compter entre 180 et 200 F pour un repas à la carte. Bonne adresse pour se faire plaisir.

DE CANARI A NONZA

Soudain le paysage, jusque-là couvert de végétation, se dénude brutalement pour ne montrer que de la rocaille grise et les vestiges abandonnés, depuis 1966, d'une immense mine d'amiante. Étrange décor de friche industrielle (bon pour un film de fiction post-nucléaire) qui ne rappelle rien de souriant aux habitants du cap Corse : la plupart des ouvriers et des mineurs périrent de maladies graves provoquées par l'amiante.

▶ NONZA (20217)

Le village le plus fou du cap Corse, si ce n'est de toute la Corse. Comment cet équilibre résiste-t-il au temps et aux éléments ? Ça donne parfois le vertige. Une tour génoise plantée sur un rocher plongeant dans la mer, quelques maisons héroïquement soudées à la montagne... On verrait bien James Bond sauter du haut de la falaise à l'heure du pastis. Le paysage est divin. Voilà pourquoi les Cap-Corsins, les gens d'ici, se font enterrer face au couchant.

Allez voir la *tour de Nonza* qui date de l'époque de Pascal Paoli (XVIIIe siècle). Enfin, une tour corse « paoline » qui n'est pas génoise ! Ça mérite d'être su, et vu.
Plage de galets gris, colorée jadis par l'affluence des déchets d'amiante en provenance de la mine de Canari. De Nonza un escalier de 600 marches y descend.

– *Fête de Sainte-Marie :* « Paese in luce », le village illuminé. Si vous passez par là le soir du 15 août, arrêtez-vous pour découvrir Nonza comme jamais vous ne le reverrez le reste de l'année. Les habitants du village, les touristes aussi, défilent dans une sorte de procession féerique, formant de remarquables tableaux vivants. A ne pas rater !

Où dormir ? Où manger ?

⊯ *Auberge Patrizi :* sur la place du village. ☎ 95-37-82-16. Un bon resto installé au rez-de-chaussée d'une grande et belle maison. En hiver, les repas se prennent là tandis qu'en été les clients sont servis sous une gentille tonnelle ombragée près d'une fontaine portant le buste de Paoli, de l'autre côté de la route. Menu à 100 F. Cuisine corse copieuse. Pour dormir, des chambres coquettes avec une vue superbe : 400 F la double en été, 300 F en arrière-saison. Demi-pension à 500 F par jour pour un couple (plus cher en juillet-août).
⊯ *Camping A Stella :* à la marine de Farinole, à 8,5 km au sud de Nonza, sur la route de Saint-Florent. Excellent accueil. Douches chaudes gratuites. Superbe plage. Location de caravanes.

PATRIMONIO (20253)

C'est sûr : les dieux de la Méditerranée ont été généreux avec ce coin, situé à la racine sud du cap Corse. Tout d'abord un site exceptionnel à flanc de montagne, des versants ensoleillés couverts de vignobles, un microclimat et une vue superbe sur la baie de Saint-Florent et les montagnes du Nebbio. A Patrimonio, on peut goûter et acheter des vins blancs, rosés et rouges, ainsi qu'un délicieux muscat (bénéficiant également de l'appellation contrôlée). 7 communes autour de Patrimonio jouissent de cette appellation. Un gage de qualité et une récompense pour les vignerons qui produisent dans de petites propriétés des vins de qualité avec un cépage authentiquement corse (le Nielucciu).
Grâce à des méthodes d'encépagement et de vinification traditionnelles, sans adjonction de produits chimiques, ils obtiennent des vins d'une qualité « biologique », un vrai breuvage écologique. Voilà l'originalité de ce vignoble qui perpétue un art de la vigne vieux comme Mathusalem (le plus vieux vignoble de Corse, il remonte à 5 siècles avant Jésus-Christ). Enfin, il faut savoir que ces succulents nectars, un peu sucrés, se boivent très frais (on a une petite préférence pour le blanc).
Et si vous avez la chance de rencontrer quelques vignerons, prenez le temps de discuter avec eux.

Où dormir ? Où manger ?

⊯ *Hôtel U Casone :* ☎ 95-37-14-46. Fax : 95-37-17-15. En venant de Saint-Florent, ne pas tourner à gauche vers le village, continuer 250 m puis tourner à droite. Il y a un panneau. Une grande maison couverte de crépi gris mais avec un petit jardin et une pelouse pour se dorer au soleil. Chambres vastes sans déco : de 200 à 250 F (avec douche et w.-c.) au rez-de-chaussée, d'autres à l'étage bénéficiant d'une vue sur la campagne et au loin la mer. Ambiance familiale. Très bon accueil de Mme Montemagni. Pas de resto. Bonne adresse sans prétention à 7 km seulement des plages. Bien aussi pour les motards car il y a de la place et les motos sont en sécurité (garage).
⊯ *Gîtes ruraux :* chez Guy Maestracci. ☎ 95-37-01-11. Tout de suite sur la gauche de la route qui mène à Patrimonio. La plus belle maison du village. Il s'agit d'une grande demeure d'allure coloniale mêlant les styles toscan et

latino-américain, avec deux avancées et des symboles maçonniques sur les murs. Construite par l'arrière-grand-père du propriétaire qui était planteur de café à Porto-Rico, son rez-de-chaussée abrite de beaux gîtes : 2 400 F la semaine en été, 1 400 F hors saison.

✕ *Restaurant Le Jardin du Menhir :* juste à côté de la maison de Guy Maestracci. ☎ 95-37-05-78. Ouvert seulement en juillet et août. Un menu unique autour de 140 F avec des spécialités corses, servi dans une sorte de jardin ombragé et lumineux. Excellent accueil.

A voir. A faire

– *Festival de guitares :* la 3e semaine de juillet. En plein air, près de la statue-menhir.

▶ *La statue-menhir :* sous un abri à gauche de la petite route menant à l'église de Patrimonio. Sculptée dans le calcaire il y a plus de 3 000 ans, elle fut déterrée en 1964 par l'ancien maire qui bêchait sa vigne. Elle rappelle vaguement la forme d'un couteau et représente un étrange visage humain au regard énigmatique (statue torréenne).

▶ *L'église de Patrimonio :* perchée sur une butte dominant une superbe campagne, orientée à l'ouest, elle est belle et paraît disproportionnée (en taille) par rapport à l'importance du village (600 habitants).

▶ *La visite des caves :* tous les crus sont bons. Cela dit, on a nos chouchous. En voici quatre qui méritent une attention particulière :
– *Le clos Arena :* situé au carrefour de la route du cap Corse et de celle qui monte vers Bastia. Chez Antoine Arena, le vin blanc mérite la palme d'or.
– *Le clos de Bernardi :* à droite après Saint-Florent, sur la route du cap. Des vins de qualité, plus élaborés, surtout le rouge.
– *Le domaine Pastricciola :* cave située à environ 800 m sur la droite de la route qui monte après Patrimonio vers le col de Teghime et Bastia. Cave discrète où l'on trouve des blancs, des rouges, des rosés et un succulent muscat couleur dorée. Vue superbe sur le vignoble et la baie de Saint-Florent.
– *Le clos Orenga de Gaffory :* parmi les vins rouges les plus élégants de Patrimonio.

SAINT-FLORENT (20217) ET LE NEBBIO

Un petit Saint-Trop' corse au ras des flots, au fond d'une merveilleuse baie encadrée par les montagnes du cap Corse et du Nebbio. A l'ouest, la mer vient lécher la côte sauvage du désert des Agriates, formant un chapelet de belles plages accessibles seulement par bateau. Vu de l'intérieur, Saint-Florent est toujours la très jolie petite cité qui séduit les stars, les marins, et les académiciens venus s'y mettre au vert (au bleu, pardon !). Point de chute obligé pour ceux qui font le tour de Corse par la route. Il ne faudrait pas rater l'arrière-pays, le Nebbio, amphithéâtre de montagnes et de villages perchés d'où l'on a une vue sublime sur le golfe de Saint-Florent.

Adresses utiles

– *Syndicat d'initiative :* route du Cap-Corse, dans le même bâtiment que la mairie et la poste. ☎ 95-37-06-04.
– *Location de villas, mobylettes :* Locanautic, ☎ 95-37-07-87.
– *Club de voile :* à la plage de la Roya. ☎ 95-37-00-61. Très convivial et pas cher.
– *Saint-Florent Dauphin Club :* les Arbousiers, route d'Oletta. ☎ 95-39-03-42. Un club de plongée très sympa.

Où dormir ? Où manger ?

Pas beaucoup de choix, hélas, en campings ou en hôtels. Il est parfois plus intéressant de sortir de Saint-Florent pour dormir à Patrimonio ou sur la route des Agriates.

▪ *Camping U Pezzo :* route de la Plage. ☎ 95-37-01-65. Ouvert du 15 avril au 15 octobre. Plutôt bien ombragé et situé le long de la plage de La Roya. Niveau 2 étoiles. Épicerie, bar et petit resto.

▪ *Camping Kalliste :* route de la Plage. ☎ 95-37-03-08. Camping 3 étoiles, accessible aux handicapés. Plus cher, mais bien situé aussi et ombragé.

▪ *Hôtel du Centre :* rue Principale, à 100 m de la place (animée) des Portes, en direction du port de plaisance. ☎ 95-37-00-68. Ouvert toute l'année. Un petit hôtel pas trop onéreux pour la station. Des chambres petites mais propres donnant sur la rue (un peu bruyante) ou sur la cour (sans vue). 200 F la double (avec douche et w.-c.), 300 F en juillet et août. Accueil correct. Pas une adresse pour passer toutes ses vacances mais bien pour une étape. Pas de resto.

▪ *Hôtel Madame Mère :* à droite en sortant de Saint-Florent, sur la route du Cap-Corse. ☎ 95-37-14-20. Fax : 97-37-09-45. Ouvert d'avril à octobre. Grande bâtisse moderne qui a l'avantage d'être située non loin du centre animé, et d'avoir une piscine. Demander une chambre au 2e ou au 3e étage pour la vue sur Saint-Florent. Chambres sans originalité : autour de 300 F (et plus en été). En dépannage, pour une nuit. Bon accueil.

✕ *Restaurant Tchin Tchin Malin :* sur le port de plaisance. ☎ 95-37-00-68. La dernière terrasse sur le quai avant la digue. Pas facile de dénicher de bonnes adresses sur les quais des ports : c'est généralement l'arnaque assurée. Pas ici, où l'on sert une bonne cuisine à prix sages. Un excellent rapport qualité-prix et un bon accueil. Il y a un menu autour de 85 F, très copieux, avec un choix assez varié de plats : salades, pâtes, poisson du golfe (de l'espadon !). A la carte : soupe de poisson, langouste, bouillabaisse sur commande, et, selon arrivage, du sar et du denti, des poissons qui ne se trouvent qu'au large de Saint-Florent.

Où dormir ? Où manger aux environs ?

▪ *Hôtel U Casone :* à Patrimonio, se reporter à cette ville présentée dans le chapitre « Cap Corse » (à la fin de l'itinéraire).

✕ *Le Jardin du Menhir :* à Patrimonio (se reporter à cette localité).

▪ *Hôtel Pâquerette :* à Casta, à 6 km de Saint-Florent, sur la droite de la route D 81 qui traverse d'est en ouest l'étonnant désert des Agriates. ☎ 95-37-06-68. Fax : 95-37-05-57. En contrebas de la route, un petit hôtel de campagne tenu par un couple de retraités vraiment gentils. Lui, ancien maçon, est hyper dynamique. 10 % de réduction aux porteurs du *G.D.R.* plus un verre de muscat (de la région) offert par la maison. Chambres claires, avec de beaux sanitaires, dans une annexe récente près d'une piscine avec une pelouse et un jardin agréable en été. 200 F la double en basse saison, 300 F en juillet et septembre, 400 F en août. Possibilité de faire des grillades autour de la piscine, mais pas de restaurant.

▪ *Hôtel Le Relais de Saleccia :* 20217 Casta. ☎ 95-37-14-60. Ouvert de Pâques à fin septembre. A 12 km de Saint-Florent, sur la route D 81, en plein désert des Agriates. Très bonne petite adresse tenue par un couple de jeunes sympathiques. 5 chambres seulement mais toutes refaites, dont 3 sont dotées d'une petite terrasse avec une vue superbe sur le désert des Agriates, le mont Genova et un coin de mer au loin. Nos préférées : les n°s 2, 3 et 4. Douche et w.-c. dans la chambre. 250 F la double en basse saison, petit déjeuner compris ; 300 F en août. Le resto et le bar sont dans une salle prolongée par une petite terrasse ouvrant sur le même magnifique paysage. Cuisine corse simple et soignée. Menu à 70 F (vin compris) : charcuterie, soupe de poisson, cannelloni au brocciu, fromage. Loue aussi des V.T.T. (90 F la journée) pour se rendre par la piste jusqu'à la plage de Saleccia. Attention : pour les chambres, mieux vaut réserver.

✕ *Ferme-auberge Campu di Monte :* 20239 Murato. ☎ 95-37-64-39. Ouverte tous les soirs sur réservation du 28 juin au 15 septembre ; le reste de l'année, ouverte seulement les vendredi soir, samedi soir et dimanche midi. Coup de foudre pour cette merveilleuse ferme-auberge installée à flanc de montagne, dans une vieille maison tout en schiste et en lauzes, face à un paysage divin. On se ferait ermite ou bûcheron à vie dans le bosquet voisin pour ne plus quitter des yeux cette adresse exceptionnelle. Y arriver, c'est toute une aventure. Au village de Murato (18 km au sud de Saint-Florent), à la hauteur du *Victor Bar* (croisement) et avant le But, tourner à gauche, descendre toujours sur la gauche jusqu'à la rivière dans le fond de la vallée. Après le pont, sur la droite, il y a un chemin rocailleux (panneau) qui monte sur 1,5 km à travers les bois jusqu'à l'auberge qui rappelle un peu les maisons de l'Aubrac. Intérieur arrangé avec beaucoup de charme et de goût. Pas de salle à manger mais plusieurs coins et recoins délicieux pour dîner entre amoureux ou entre copains. Cuisine aussi bonne que l'endroit est beau avec des spécialités comme le ragoût de veau, la truite maison, les *storza-prettu, fiadone* et pets-de-nonne (!). Compter autour de 200 F (apéro, vin et café compris). Tous les plats sont servis à volonté. Et de plus, l'accueil est excellent. Réservation obligatoire !

A voir. A faire

– **Promenade en vedette :** navette entre Saint-Florent et la plage du Loto (on n'y gagne pas tous les jours le gros lot), par la vedette *U Saleccia*. Autour de 60 F l'aller-retour par personne. 3 départs le matin du port. Retour à 16 h. Un bon moyen pour voir les Agriates de la mer.

▶ **La cathédrale de Nebbio (Santa Maria Assunta) :** accessible par la petite rue qui part en face du monument aux morts (à 1 km du centre de Saint-Florent). Belle église romane d'époque pisane d'une grande simplicité (elle rappelle la Canonica, aux environs de Bastia). Remarquer les sculptures d'animaux stylisés.

A voir aux environs

▶ **Le panorama du col de San Stefano :** à 12,5 km au sud de Saint-Florent, entre Oletta et Murato. Superbe vue déjà sur le golfe de Saint-Florent et les montagnes du Nebbio ainsi que l'échine dorsale du cap Corse. On aperçoit même un morceau de la mer de la côte orientale (sud de Bastia).

▶ **L'église San Michele :** la perle du Nebbio. Sans doute notre église préférée en Corse. Ne pas la rater. Un site extraordinaire : un promontoire isolé à 1 km du village de Murato, avec une vue très étendue sur le golfe de Saint-Florent, le désert des Agriates et bien sûr les montages du Nebbio, pour cette fameuse « Conca d'Oro » comme l'appelait Pascal Paoli. Sa silhouette originale se détache dans le ciel corse. Mais on est frappé de prime abord par l'aspect moucheté, zébré des murs et par ses étranges colonnes à l'entrée. Autre curiosité : la fantaisie et la variété surprenante des motifs sculptés. Enfin, l'étroitesse des fenêtres. Petit édifice roman datant de l'époque pisane en Corse (vers 1280). Un merveilleux site inspiré !

▶ **Murato :** le plus important village du Nebbio. Dans une très belle région de montagnes boisées. C'est à Murato que l'on pétrit et que l'on cuit le meilleur pain à l'ancienne de l'île. Sachez-le en entrant dans la boulangerie du village. Demander une miche (croustillante), un pain de Saint-Roch (en forme de boule), des *scaccie* ou des *scacettes* tressées (et moelleuses !).
– **De Murato à Saint-Florent :** par une très jolie petite route qui passe par les villages perchés du Nebbio : Rapale, Sorio, Santo-Pietro-di-Tenda. A la sortie de Rapale, près de la piscine, restaurant *La Piscine*. ☎ 95-37-66-80. Compter 125 F pour un repas environ. Bon et copieux.

LE DÉSERT DES AGRIATES

« On dirait un immense champ d'ossements... un amas de lugubres boursouflures figées... La chaleur est la même qu'à l'intérieur d'une cuve de cuivre... Dans cette terre écartée et inquiétante, l'imagination s'égare volontiers : les dolmens sont des vaisseaux de l'ogre et les ponts des constructions du Diable... » telle est la description qu'en fit le romancier Pierre Benoit dans *Les Agriates*. C'est vrai, voilà un incroyable morceau de nature à l'état brut, aujour-

d'hui considéré comme l'espace le mieux protégé de Corse. Touffu, impénétrable, inextricable, tout en épines et pourtant habité par les senteurs de l'île, le
maquis couvre à perte de vue ce monde étrange, hérissé d'escarpements
rocheux, raviné par quelques ruisseaux qui parviennent à former de petits
étangs, uniques oasis de fraîcheur dans un univers torride. Il n'y a rien, ou
presque rien : pas de villages habités, pas de maisons (sauf le long de la D 81),
seulement des vestiges de bergeries, les *pagliagj* ou palliers, maisonnettes en
pierre couvertes de *teghje*. Aucune route, seulement des pistes en piteux état
(mais tant mieux !), chemins d'aventure et de purgatoire avant le paradis des
plages de sable fin (Saleccia, Malfalco). Entre la Balagne (à l'ouest) et le cap
Corse (à l'est), les Agriates représentent 40 km de côtes magnifiques, intactes.
La Corse avant la Corse, autant de lieux que le temps n'a pas défigurés. Et pourtant Dieu sait s'il y en a eu des projets aberrants, comme cette idée d'y implan-
ter un centre d'essai atomique ou de transformer les Agriates en une immense
zone de loisirs avec clubs de vacances, bungalows en béton, marinas géantes
et tout le tralala... La Banque Rothschild posséda même une grande partie des
terres (on parle encore de la piste Rothschild) avant le rachat, lent et obstiné
(entre 1979 et 1989) de la quasi-totalité de la façade maritime par le Conservatoire du littoral. Ouf ! On est soulagé de savoir cette symphonie de rocaille, de
lumière et de vent définitivement sauvée des menaces immobilières. Reste un
ennemi sournois, ravageur, impitoyable : le feu. Le dernier grand incendie
remonte à septembre 1992. En 12 mn, ce sont près de 3 000 ha de maquis (et
d'oliviers) qui sont partis en fumée ! Ce jour-là, le mistral soufflait à 150 km/h !
Depuis cette date, la vie a quand même repris ses droits et le maquis reverdit
péniblement comme s'il renaissait de ses cendres au milieu d'une foule d'arbustes calcinés.

Le plus grand site naturel du littoral méditerranéen

Est-ce vraiment un désert aussi désertique que cela ? Non, car il y a de l'eau,
des ruisseaux, des sources et des étangs en bordure de mer. Et des animaux en
pagaille ! Des vaches débonnaires assoupies sur les plages, des sangliers
cachés dans les buissons, des lapins, des perdrix, des fauvettes et des jasons
(grands papillons brun et orangé), sans oublier les troupeaux de moutons et de
chèvres. Au printemps, l'air est parfumé des senteurs du maquis corse (arbousiers, romarin, lentisque, myrte et ciste de Crète). Preuve que tout pousse dans
les Agriates ! Naguère, à l'époque génoise, les agriculteurs y cultivaient du blé
dans des champs enclos de murets de pierre (que l'on remarque toujours
aujourd'hui). C'était le grenier à blé de la république de Gênes. C'est aujourd'hui
la terre promise de l'écologie corse.

Adresses utiles

– **Syndicat mixte des Agriates :** 20246 Santo-Pietro-di-Tenda. ☎ 95-37-
72-51.
– Des **points d'information** seront bientôt ouverts au public près de la plage
de Saleccia et de celle de l'Ostriconi (anse de Peraiola, à l'ouest, où passe la
route nationale 1197, Corte-L'Ile-Rousse).

Comment y aller ?

– **Par la mer :** une superbe balade à faire au départ de Saint-Florent d'où une
navette régulière relie en été Saint-Florent à la plage du Loto et à celle de Saleccia (cf. « A voir. A faire à Saint-Florent »). Bien pour passer une journée sur une
plage de rêve.
– **Par les pistes :** deux pistes en très mauvais état partent de la route D 81 et
mènent à la mer à travers le maquis. Elles sont praticables à pied, à vélo tout-
terrain (moyen de découverte idéal dans les Agriates), à moto (les petites, pas
les grosses) et en véhicule 4 × 4. Certaines voitures parviennent à passer mais à
leurs risques et périls...
• *Piste pour la plage de Saleccia :* longue de 12 km. Commence sur la D 81,
après le hameau de Casta, à 300 m de l'hôtel *Relais de Saleccia,* en allant vers
L'Ile-Rousse. Compter 2 h 30 à pied, 40 mn en 4 × 4 et entre 45 mn et 1 h 30 à
V.T.T.

• *Piste pour la plage de Malfalco :* longue de 12 km. Même mauvais état que la piste de Saleccia, donc mêmes recommandations. Se prend à 22 km à l'ouest de Saint-Florent, à droite de la route D 81 (en venant de Saint-Florent). Au lieu dit *Bocca di Vezzu,* la piste descend jusqu'à la mer à travers des paysages d'une beauté lunaire mais inquiétante depuis les incendies dévastateurs de septembre 1992.

– *Par le sentier du littoral :* le seul vrai sentier corse qui a vraiment les pieds dans l'eau. Magnifique randonnée, sans difficultés majeures, qui permet de découvrir le désert des Agriates de la façon la plus écologique qui soit : la marche. On peut même dire que, par sa beauté, ce chemin de douanier est à la mer ce que le sentier G.R. 20 est à la montagne, c'est tout dire !
Départ de Saint-Florent, au bout de la plage de la Roya. Arrivée 45 km plus loin à l'Ostriconi (anse de Peraiola). On peut faire la balade en trois étapes : de Saint-Florent à la plage de Saleccia (3 h 30 de marche), puis de Saleccia à la plage de Malfalco parmi une végétation luxuriante (2 h 30). Enfin, dernière étape : de Malfalco à la plage de l'Ostriconi, site classé (7 h de marche en raison des nombreuses sinuosités du sentier).

– *Par la route D 81 :* elle traverse d'est en ouest le désert des Agriates, sur 28 km, de Saint-Florent à l'Ostriconi (N 1197). Très beaux points de vue, notamment entre Casta et Bocca di Vezzu.

Où dormir ? Où manger ?

🛏 Deux bonnes adresses d'hôtels (*Pâquerette* et *Le Relais de Saleccia*) présentés plus haut dans la rubrique « Où dormir » Où manger aux environs de Saint-Florent ? ».
🛏 *Camping U Paradisu :* à 200 m de la plage de Saleccia. ☎ 95-37-82-51. Un fabuleux bout du monde ! Le camping le plus paumé de Corse. On plante sa tente sous des eucalyptus au sommet d'une colline d'où l'on aperçoit les eaux turquoise de la plage toute proche. Eau froide seulement (mais sous la chaleur, ce n'est pas grave). Possibilité de louer un des 8 *paillers* (maisonnette en pierre) au confort spartiate mais éclairés par des panneaux solaires. 250 F le bungalow (3 ou 4 lits) par jour, petit déjeuner et repas du soir compris. Au resto, Patrice, le proprio, change de menu tous les jours. Le midi, il sert des salades (tout le monde est à la plage) et le soir un menu plus copieux (entre 85 et 130 F). Endroit dépaysant, idéal pour ceux qui veulent passer des vacances au milieu d'une nature sauvage.
🛏 *Camping-village de l'Ostriconi :* à 700 m de la plage de l'Ostriconi. ☎ 95-60-10-05. Sous les pins et les eucalyptus. Très bien situé. Mais bloc sanitaire très moyen. Bungalows à louer.
🛏 *Gîtes d'étape :* à la plage de Malfalco, dans des *paillers* restaurés près de la mer. 4 ou 5 places à l'intérieur. Bloc sanitaire à côté. Possibilité de les louer à la nuitée ou à la semaine. Infos auprès du syndicat mixte des Agriates (voir « Adresses utiles »).
✕ *Auberge de Pietra Monetta :* nouvelle route de l'Ostriconi (N 1197), 20226 Palasca. ☎ 95-60-24-88. Située à l'entrée ouest du désert des Agriates, c'est-à-dire à 300 m du carrefour de la D 81 (en venant de Saint-Florent) et de la N 1197. Au bord de la route, on remarque immédiatement cette vieille maison couverte de vigne vierge, ancien relais de poste du XVIIIᵉ siècle dont le nom signifie « l'argent de la pierre ». Très bon accueil et succulente cuisine corse avec du gigot d'agneau de cabri, du sauté de mouton ou de la soupe corse aux herbes. Tout est bon et frais : les bêtes viennent de la ferme familiale. Menu à 100 F (réussi). La salle à manger ancienne a du caractère. Aux toilettes, lisez attentivement une insolite affichette rouge... En quittant le resto, attention aux 3 cactus trônant devant la maison.

A voir

▶ *La plage du Loto :* pas besoin d'avoir gagné au Loto pour venir admirer les eaux transparentes, et le sable fin de cette belle plage, la plus proche de Saint-Florent par la mer (navettes régulières en été).

▶ *La plage de Saleccia :* une merveille ! Accessible par une piste pourrie de 12 km ou par la mer, cette plage, longue de 1 km, est bordée par des dunes et une pinède de pins d'Alep unique en Corse. Archi-propre, pas du tout polluée, Saleccia offre les couleurs d'un lagon tropical : on se croirait sur une plage des mers du Sud. Anecdote insolite : c'est sur cette plage que furent tournées les scènes de débarquement du film américain *Le Jour le plus long* avec Robert Mitchum dans le rôle principal. Sans doute parce que le producteur préféra la sauvagerie naturelle de la Corse aux dunes trop construites de la côte normande. Juste avant d'accéder à la plage, sur la gauche du chemin, une ancienne bergerie a été restaurée par le syndicat des Agriates et électrifiée grâce à des capteurs solaires. En été, elle abrite des expos et sert de poste de surveillance à un gardien (heureux gardien !) chargé de veiller à la protection du site.

▶ *La plage de Malfalco :* située plus à l'ouest, au bout d'une longue piste difficile. Plus petite que les autres plages. Les motards aiment bien y venir ainsi que les plaisanciers qui mouillent ici pour la journée et repartent le soir. Des gîtes d'étape pour randonneurs ont été aménagés par le syndicat mixte des Agriates dans de jolies maisonnettes en pierre.

▶ *La plage de l'Ostriconi :* au fond de l'anse de Peraiola, à l'extrémité ouest des Agriates. De la route nationale (Corte-L'Ile-Rousse) on a une belle vue sur ce beau morceau de côte. La vallée de l'Ostriconi débouche sur la mer. Se terminant par de langoureux méandres, la rivière, venue des montagnes, forme à son embouchure une sorte de zone marécageuse et giboyeuse. Le long de la plage, les dunes sont plantées de genévriers comptant parmi les plus spectaculaires de Corse.

▶ *Le site de la ferme d'Ifana :* prononcez Ivana. Un nom presque romantique pour un bout du monde émouvant, en plein maquis, à 4 km de Bocca di Vezzu. Pas encore ouvert au public mais l'imposante ferme entourée de champs devrait abriter dans le futur un petit écomusée.

L'ILE-ROUSSE (20220)

Trois belles plages de sable fin en pleine ville, le record des températures les plus chaudes de Corse, et un arrière-pays d'une beauté époustouflante (la Balagne, la haute Balagne et le Giussani) : on ne pouvait rêver de meilleures conditions naturelles pour cette station balnéaire envahie en juillet et août par des flots de touristes. Parmi eux, des hordes d'Allemands et d'Italiens, mais aussi beaucoup de continentaux qui débarquent des bateaux en provenance de Marseille et de Nice. En été, à certains moments, on ne sait plus si c'est encore la Corse, ou Milan-sur-Rhin.

Ce n'est pas notre ville préférée, cela dit c'est un excellent point de chute et l'on est quasiment obligé d'y passer en faisant le tour de Corse par la route.

Adresses utiles

– *Syndicat d'initiative :* place Paoli. ☎ 95-60-04-35. Fax : 95-60-24-74. Devrait offrir beaucoup plus de documentation et d'infos sur la Balagne et la Corse en général. Fournit une carte des sentiers de randonnée de la région, très bien faite.
– *Nautic Club :* au port. ☎ 95-60-36-85. Cours particuliers de plongée sous-marine. Balades à bord du *Taravana.*
– *Location de mobylettes et motos : Paoli Location,* 18, rue Paoli. ☎ 95-60-36-67. *Eurolocation,* av. Piccioni. ☎ 95-60-44-40. Scooters et motos. Ça pourrait être meilleur marché. Caution élevée de 9 000 F (!) pour une moto 125 cc.
– *Location de voitures : Avis,* 3, av. du Général-Graziani. ☎ 95-60-05-55. *Hertz,* av. Paul-Doumer, après *Le Sémiramis.* ☎ 95-60-12-63.
– *S.N.C.M. :* av. J.-Calizi. ☎ 95-60-09-56. Informations sur les horaires et vente de billets. Un à deux bateaux par jour pour Nice ou Marseille.

Où dormir ?

🛏 *Camping Balanea :* aire naturelle de camping, située à l'extérieur de L'Ile-Rousse, sur la route d'Algajola. ☎ 95-60-11-77 ou 95-60-06-84. Ouvert d'avril à septembre. Proprios très sympa qui vous offrent un muscat dès votre arrivée. Site ombragé par des pommiers et des eucalyptus. On plante sa tente sur de l'herbe verte, ce qui est rare, parmi les bambous, les mimosas et les saules. Pas le moindre « bzz bzz »... Et des sanitaires propres. Peu d'emplacements, mais prix très raisonnables.

☞ *Camping Le Clos des Chênes :* route de Belgodère, 20226 Lozari. ☎ 95-60-15-13. Ouvert de Pâques à octobre. A 9 km à l'est de L'Ile-Rousse. De la plage de Lozari, prendre la route de Belgodère et de la Balagne, c'est 1 km plus loin. Vraiment une bonne adresse de camping, en pleine campagne, bien équipé, et jouissant d'une vue très chouette. Beaucoup de végétation, donc de l'ombre (pins, eucalyptus, oliviers...). Très agréable piscine. Location possible de camping-car. Niveau et prix d'un 2 étoiles en Corse.

Assez bon marché

☞ *Hôtel Le Grillon :* av. Paul-Doumer. ☎ 95-60-00-49. Fax : 95-60-43-69. Près d'une station-service, à la sortie de la ville, sur la route de Saint-Florent. Chambres toutes simples et propres, donnant sur un passage calme. Pas de vue mais des prix routards : de 160 à 200 F la double avec douche et w.-c. Bien pour les motards et les cyclotouristes (parking). Bon accueil. Fait aussi resto. Très bon rapport qualité-prix. Menu autour de 75 F, copieux. Ce n'est pas l'adresse où l'on passera toutes ses vacances, mais une nuit ou deux.

Prix modérés

☞ *Hôtel Splendid :* bd Valéry-François (non ce n'est pas le fils inconnu de Claude François). ☎ 95-60-00-24. Fax : 95-60-04-57. Fermé du 1er novembre à début mars. Dans le centre, mais à l'écart du tumulte, une haute maison vieillotte d'allure coloniale avec des palmiers et une mini-piscine dans le jardin. Ce n'est pas le grand luxe, c'est un peu déglingué, mais les chambres sont propres. Certaines ont une jolie vue sur la mer (celles situées en bout d'immeuble). La plage est toute proche. Bon accueil. Attention : demi-pension obligatoire en haute saison. Copieux petit déjeuner-buffet. Doubles de 145 à 210 F en basse saison. Sinon, 425 F la demi-pension par personne en été.

Plus chic

☞ *Hôtel Funtana Marina :* route de Monticello, c'est indiqué. ☎ 95-60-16-12. Fax : 95-60-35-44. Ouvert de mars à décembre. Hôtel moderne, sans grand charme mais propre et bien tenu, qui a le mérite d'offrir une vue vraiment agréable des chambres sur L'Ile-Rousse et la mer. Douche, w.-c. et balcon pour chaque chambre. Il y aussi une piscine, bienvenue en été. Prix raisonnables dans sa catégorie sauf au mois d'août où il faut compter 480 F pour une double ; sinon, de 280 à 370 F la nuit pour deux personnes en arrière-saison, 420 F en juillet et du 1er au 15 septembre.

☞ *Hôtel Santa Maria :* route du Port. ☎ 95-60-13-49. Fax : 95-60-32-48. Très bien situé, avec des chambres impeccables (dommage quand même que pour ce prix-là il n'y ait pas de ventilateurs !) donnant soit sur le petit jardin ou sur la mer et le port. Un 3 étoiles à tarifs variables, comme partout d'ailleurs : en mai, juin et après le 20 septembre, 240 F la double avec douche et w.-c. ; du 15 juillet au 24 août, c'est presque le double. Toujours plus cher côté mer. Bonne adresse dans cette catégorie.

Où manger ?

Assez bon marché

✗ *L'Ile d'Or :* place Paoli.. ☎ 95-60-12-05. Ouvert du 10 mai au 10 octobre. Juste à côté de la cathédrale, à l'angle de la place. Salle de restaurant agréable et grande terrasse ombragée, d'où l'on aperçoit les joueurs de boules. Plats copieux de 56 à 76 F. Cuisine corse et italienne. Bon rapport qualité-prix. Gégène Théron, le patron, semble sorti tout droit d'un film de Pagnol.

✗ *U Balaninu, Chez Jo :* place Paoli. ☎ 95-60-12-90. Fermé le dimanche sauf en été. A l'avantage d'être central et de posséder une terrasse ombragée. Bonne cuisine traditionnelle. Menus de 68 à 130 F. Poisson au four, bœuf aux carottes, civet de sanglier, tripettes.

✗ *L'Ostéria :* place Santelli. ☎ 95-60-08-39. Fermé le mercredi et du 15 décembre au 15 février. dans la vieille ville, un peu à l'écart. De la place

Paoli, prendre la rue Napoléon, puis à gauche la rue d'Agila. Près d'une placette tranquille. Cuisine typiquement corse faite à l'ancienne sans congélateur ni four à micro-ondes. Salles voûtées, objets anciens, cheminée. Un menu unique et copieux à 110 F et des plats du chef comme la soupe corse, le sauté de veau, les tartes aux herbes.

✗ *La Jonque :* 7, rue Napoléon. ☎ 95-60-16-56. Fermé du 15 novembre au 15 janvier. Restaurant vietnamien et chinois (et pourtant ce n'est pas du tout la même cuisine !), un des rares en Corse. Correct et prix doux.

✗ *La Taverne, Chez Paco :* 18, rue Napoléon. ☎ 95-60-03-76. Fermé le dimanche midi. Dans la vieille ville, près de la mairie. Cuisine espagnole de qualité. Menus de 70 à 115 F. Paella, bouillabaisse, poisson. Bonne adresse plutôt à la nuit tombée.

✗ *Le Sémiramis :* av. Paul-Doumer, face au parking de la poste. ☎ 95-60-20-43. Petite terrasse en été. Plats du jour autour de 75 F. Thon braisé, rosbif purée, couscous. Bons desserts.

Où dormir ? Où manger aux environs ?

⌂ Voir les nombreuses adresses proposées en Balagne (se reporter à ce chapitre), un peu moins chères que sur le littoral.

⌂ *Hôtel Les Mouettes :* à Lozari par Belgodère (20226). ☎ 95-60-03-23. A une dizaine de kilomètres à l'est de L'Ile-Rousse, sur la droite de la N 97 qui monte de Lozari à Belgodère. Après le camping *Le Clos des Chênes*. A ne pas confondre avec le resto du même nom situé près de la plage de Lozari au bord de la route. Cet hôtel 2 étoiles propose des chambres, toutes avec douche, w.-c. et un accès à un jardin ombragé où se trouve aussi une piscine. Endroit calme et prix raisonnables : 250 F la double hors saison (300 F en juillet-août). Déco quelconque. Adresse en dépannage.

⌂ *Auberge de Tesa :* chez Marylène Santucci, Lozari par Belgodère (20226). ☎ 95-60-09-55. A environ 10 km à l'est de L'Ile-Rousse. De la plage de Lozari, prendre une petite route de campagne en direction du barrage de Codole. C'est à 3 km, sur la droite, une maison récente aux murs ocre clair et aux volets vert olive. Accueil charmant. 6 chambres toutes aussi mignonnes, ouvrant sur le maquis et les montagnes de la Balagne. Petit déjeuner en terrasse.

Plus chic

⌂ *A Pasturella :* village de Monticello (20220). ☎ 95-60-05-68. Fax : 95-60-21-78. Ouvert toute l'année. Plus chic, oui, mais d'un bon rapport qualité-prix étant donné le confort des chambres et la vue superbe que l'on a sur les contreforts de la Balagne. 320 F la double avec douche, w.-c. et petit balcon sympa. Menu à 120 F et des plats comme le pâté de sansonnet et du poisson bien sûr. Cuisine soignée. De temps en temps, on y croise Jacques Dutronc, habitant de Monticello et ami de Jojo, le patron.

✗ *La Bergerie :* sur la route qui monte au village de Monticello (20220), à 500 m seulement de la poste de L'Ile-Rousse. ☎ 95-60-01-28. Fax : 95-60-06-36. Fermé le dimanche soir et le lundi hors saison. Une très agréable auberge au bord d'une petite route de montagne. Plantes grimpantes et pierre du pays. Interrogez le patron sur les vins corses, il connaît tout. Sur les tables, les empreintes de mains de nombreux artistes dont Dutronc et Hardy (Françoise), les voisins établis à Monticello, Halliday, etc. Spécialités de mer dont l'omelette aux oursins. Bonne cuisine mais addition un peu élevée. A la carte : entre 150 et 250 F. Chambre double la moins chère : 250 F pour 2 hors saison, 380 F en saison.

A voir

▶ *La place Paoli :* bordée de cafés et de terrasses ombragées par des platanes, c'est le cœur de la ville. Il y a une statue de Paoli au centre de la place, entourée de 4 palmiers exotiques, pour rappeler qu'il décida en 1758 de fonder un port à cet endroit. Remarquer la cathédrale dans un angle de la place : elle a l'air très « latino-américaine ». Enfin, les halles, marché couvert inspiré d'un vague temple grec à colonnes (rare en Corse).

▶ *La vieille ville :* au nord de la place Paoli, vers la mer. Pas de grandes surprises mais une ambiance plutôt sympa.

▶ *L'hôtel Napoléon Bonaparte :* place Paoli. Le plus vieux palace de Corse (1929-1930). Sorte de petit château encadré de deux tourelles. Très cher. On le cite à cause d'une anecdote vécue : l'hôtel fut réquisitionné en 1953 pour héberger le roi du Maroc en exil, Mohammed V, accompagné de son fils, l'actuel Hassan II.

▶ *Le musée océanographique de L'Ile-Rousse :* à l'extrémité est de la plage. ☎ 95-60-27-81. Ouvert de mai à fin septembre. Visites guidées. Durée 1 h 30. Pour tout savoir sur la faune et la flore sous-marines méditerranéennes.

A faire

– *Randonnées pédestres en haute Balagne :* notamment dans un coin superbe appelé le *Giunssani* (Vallica et Olmi-Cappella). Se munir auparavant du prospectus-itinéraire édité par le parc régional.

– *Randonnées équestres :* l'une de nos meilleures adresses en Corse est le centre équestre du *Ranch de Cantarettu City,* route d'Algajola, 20269 Aregno. ☎ 95-60-05-55 ou 95-60-70-89. Pas facile à dénicher. A environ 6 km à l'ouest de L'Ile-Rousse, avant d'arriver à Algajola, sur la N 197, vous verrez sur votre gauche, dans une ligne droite à la hauteur d'Aregno-plage, l'*hôtel Pascal Paoli.* Il faut tourner à gauche 300 m avant, et suivre un chemin de terre sur 700 m jusqu'au ranch qui fait aussi camping et resto (voir « Où manger à Algajola ? »). 18 chevaux en pleine nature et un patron très chouette, mélange de John Wayne et de Joseph Kessel.

– *Promenade avec le train-tramway de Balagne :* ce petit train effectue de 7 à 9 allers-retours quotidiens entre L'Ile-Rousse et Calvi (autour de 25 F le billet), du 11 juin au 9 septembre. Une belle promenade, insolite, maritime, avec possibilité de descendre à la marine de Sant'Ambrogio et à Algajola (plages). On longe toujours la mer, de plus ou moins loin. Infos et billets à la gare S.N.C.F. de L'Ile-Rousse : ☎ 95-60-00-50.

Quitter L'Ile-Rousse

– *En bateau :* par les car-ferries de la *S.N.C.M.* à destination de Marseille ou de Nice. Voir « Adresses utiles ».

– *Par le petit train de la Corse :* pour Bastia, compter environ 70 F pour un aller et une durée de 3 h. Pour Ajaccio, compter 4 h et environ 115 F pour un billet (aller seul). Ce train passe par Ponte-Leccia et Corte. Magnifique incursion dans les montagnes. Inoubliable ! Infos, horaires et billets à la gare S.N.C.F. de L'Ile-Rousse, près du port. ☎ 95-60-00-50.

LA BALAGNE ET LE GIUNSSANI

L'arrière-pays de Calvi et de L'Ile-Rousse. Au nord-ouest de l'île, la Balagne forme un vaste amphithéâtre de montagnes et de collines, fermé au sud par une ligne de crête oscillant entre 1 000 et 2 000 m, mais (heureusement) ouvert sur la mer dès que l'on arrive en plaine. Une région attachante avec des villages perchés figurant parmi les plus beaux de Corse, jaillissant au cœur d'un paysage dépouillé, desséché, jauni par les étés torrides, et souvent brûlé par les incendies, le fléau de la Balagne. Qui dirait que c'était ici naguère le « jardin de la Corse » ? Ce fut en effet, jusqu'au XIX⁰ siècle, une terre riche et prospère, grâce aux plantations d'oliviers et aux vergers d'arbres fruitiers (figuiers, orangers...). Le vent de l'histoire a tourné. Aujourd'hui restent les témoins merveilleux de cet âge d'or : chapelles romanes, églises baroques, fontaines et moulins à huile, et toutes ces hautes maisons soudées les unes aux autres comme pour mieux conserver leurs secrets.

Accessible par une superbe route de montagne, le Giunssani est le nom d'une microrégion, enclavée entre la haute Balagne et la vallée de l'Asco. Préservé mais dépeuplé, c'est un coin merveilleux mais, à la différence de la Balagne, beaucoup plus vert et boisé.

Compter au moins une journée pour voir l'essentiel en Balagne. Essayez de passer une nuit dans l'une de nos bonnes auberges (moins chères que sur la côte).

▶ *CORBARA* (20256)

A 5 km seulement de L'Ile-Rousse et du littoral, nous voilà déjà dépaysés. Perché sur le monte Guido, ce gros village de Balagne semble guetter la Méditerranée pour prévenir quelque invasion (touristique sans doute). Corbara est le village des belles histoires. Comme celle de Davia Franceschini, fille d'un pauvre charbonnier qui s'en alla chercher du travail sur le continent. Avant de partir, Davia vola au secours d'une mendiante qui lui remit en retour un talisman, « la main de Fatma ». La famille Franceschini embarqua à L'Ile-Rousse, mais le bateau perdit son mât en affrontant une tempête. Il dériva en mer et atteignit les côtes mauresques où les passagers furent emprisonnés. Un gardien de prison remarqua le talisman autour du cou de la jeune et ravissante Corse, et l'amena devant le sultan. Crise de larmes ! C'était le talisman de la sœur du sultan, qui avait disparu de la circulation depuis très longtemps pour échapper à un mariage forcé avec un vieillard repoussant. Résultat : le sultan tomba amoureux de Davia qui devint ainsi impératrice du Maroc (en 1786). Bien plus tard, revenu à Corbara, son père fit bâtir la maison que l'on appelle, aujourd'hui encore, la maison des Turcs (ils étaient pourtant tous corses !). Même Napoléon fut ému par cette belle aventure puisqu'il en parla avec son copain Gourgaud lors de son exil à Sainte-Hélène.

A voir à Corbara : l'*église de l'Annonciation* du XVIIIᵉ siècle, l'un des plus remarquables édifices baroques de Corse. A l'intérieur, remarquer l'autel et sa balustrade ainsi que les orgues. Situé à l'extérieur du village, à 2 km au sud, à l'écart de la route D 151, le *couvent de Corbara*, habité par les dominicains, a été construit en 1456. Il a reçu des personnages célèbres comme l'écrivain Maupassant que le père Didon jugea « ignorant des grandes cimes de la vertu et du dévouement ». On peut y être hébergé ou y faire des retraites spirituelles. Se renseigner auprès du frère hôtelier. ☎ 95-60-06-73.

Où dormir ?

🛏 *Gîte rural :* chez Marie-Josée Salvatori, Avapessa, 20225 Muro. Au lieu dit Guido. ☎ 95-61-75-27. On y accède par la route de la crête qui surplombe Corbara puis par un chemin privé menant à un parking (60 m environ). Si vous êtes à pied, empruntez le sentier communal. 2 gîtes confortables (avec douche et w.-c.). Celui à l'étage a l'avantage d'avoir la vue sur L'Ile-Rousse. Terrasse, salon de jardin et barbecue.

▶ *PIGNA*

Adorable village sur une butte. Les couchers de soleil y sont légendaires. La première tour qui situa Pigna fut édifiée par Consalvo à l'époque carolingienne. La danse de la Moresca était alors battue pour commémorer la victoire d'Hugo Colonna sur les Sarrasins. Depuis, les Génois l'ont détruite. Pigna est aujourd'hui l'un des villages phares de l'expérimentation sociale et culturelle : on y bat toujours la moresca. Ses 70 habitants entretiennent encore un enthousiasme méditerranéen dans les activités agricoles, pastorales, et dans l'artisanat d'art. Vous trouverez ici une superbe production de poterie, boîtes à musique, lithos, produits régionaux, etc. Ateliers ouverts à partir de 16 h.

Où dormir ? Où manger ?

🛏 *La Casa Musicale :* ☎ 95-61-77-31. Ouvert de mars à octobre. Une auberge où se côtoient les chercheurs, les amateurs et les musiciens qui l'ont élue pour la qualité de son accueil et sa capacité à susciter l'échange et la créa-

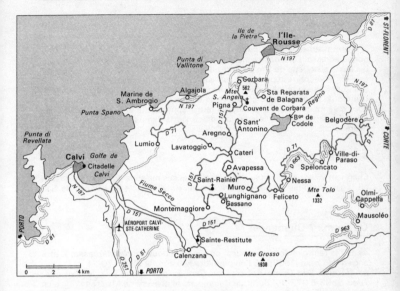

LA BALAGNE

tion. C'est ici, parmi les lauriers et les câpriers, que chantent les poètes et dansent les dieux. Une ou deux fois par semaine, chants anciens corses (le mardi à 20 h 30 normalement). Au restaurant, excellente cuisine avec soupe corse, terrine de sanglier, viande, vin de noix (rare !) et gâteau à la farine de châtaignes. Compter autour de 150 F par personne. En été, réservation quasi obligatoire. Terrasse très agréable.

▶ SAN ANTONINO

Un nid d'aigle médiéval sur un éperon de granit dominant une campagne pelée, jaunie par des étés trop secs : on songe plus au désert de Castille qu'à la Corse. A 2,5 km de Cateri, San Antonino se découvre à pied évidemment, au fil des venelles pavées, voûtées et envoûtantes... bordées de maisons anciennes. L'église paroissiale est isolée au milieu de l'ancienne aire de battage dans le bas du village. A l'intérieur, plusieurs beaux tableaux et un orgue remarquable. Vue magnifique sur la Balagne et la mer.

▶ AREGNO

Vieux village sur un flanc de colline, au pays des orangers, des citronniers et des oliviers. Une merveilleuse église romane d'époque pisane : l'*église de la Trinité et de San Giovanni* (XIIᵉ siècle). Quel petit bijou ! Au bord de la route D 151, entourée des tombes d'un cimetière, ses murs sont sculptés de motifs étranges représentant des figures humaines ou des animaux. A l'intérieur, deux belles fresques du XVᵉ siècle.

▶ LAVATOGGIO (20225)

Petit village situé à 2 km de Cateri, sur la route qui descend vers Lumio et Calvi. Belle vue sur la Balagne.

Où manger ?

✕ *Ferme-auberge Chez Edgard :* à la sortie du village. ☎ 95-61-70-75. Une bonne adresse. On a des chances d'être accueilli par Edgard Santelli, le patron, qui a une silhouette de film de Zorro. Il a du panache et du caractère, autant de qualités que l'on retrouve dans son auberge fort sympathique et dans sa cuisine, copieuse et authentique : cochon de lait à la broche, gigot d'agneau, brochettes de magret, soupe corse. Menu unique à 160 F, mais tous les produits sont garantis fermiers. D'ailleurs, la ferme appartient à la famille. Venez chez Edgard à la tombée de la nuit, la lumière sur la campagne est divine à cette heure-là...

▶ *CATERI* (20225)

Charmant village avec ses ruelles à arcades et ses maisons de caractère en granit. Église baroque. Petite chapelle romane du XIIe siècle au hameau de San Cesario.

Où dormir ? Où manger ?

🛏 Sur le territoire de la commune, on trouve le *couvent de Marcasso,* le plus ancien de Corse (1608), où l'on peut être hébergé. ☎ 95-61-70-21.
🛏 *Hôtel U San Dume-Auberge du Centre :* plus connu sous le nom *Chez Léon.* ☎ 95-61-73-95. Sortir de Cateri, vers le couvent de Marcasso. Il y a un chemin qui descend sur la droite. A la fourche, prendre à droite (à l'opposé du couvent) et continuer 200 m. Une maison récente sans charme, dominant la vallée (donc belle vue des chambres et du resto). Cuisine familiale, soignée et mijotée, avec des beignets de courgettes, de l'agneau en sauce, et la bouillabaisse. Menus à 100 F à midi, 120 F le soir. Chambres doubles à 300 F en été. 250 F la demi-pension par jour et par personne.
✕ *La Lateria :* se situe juste après le panneau d'entrée au village (venant d'Aregno). ☎ 95-61-71-44. Ouvert tous les jours de juin à septembre ; pour les autres mois, il est impératif de réserver. Qu'il est agréable de venir prendre le frais sur la terrasse de cette ancienne laiterie transformée avec goût en restaurant ! Vue splendide sur la mer et les villages environnants. Salle à l'intérieur, agréable et bien décorée également. Menus à 87 et 118 F. Spécialités corses, paella géante pour famille nombreuse sur commande. Délicieuses lasagnes au brocciu, etc.

▶ *FELICETO* (20225)

A 350 m d'altitude et à 14 km de la mer, dans un coin ombragé et verdoyant (grâce aux sources de la montagne), Feliceto était naguère réputé pour la qualité de son huile d'olive. Aujourd'hui encore on trouve 3 moulins à huile toujours en activité. Une anecdote : un ancien maire, M. Pinzuti, se fit construire une maison au sommet d'un nid d'aigle dominant le village, à 1 h de marche. Pourquoi ? Pour mieux surveiller ses administrés (notamment les dames !) au moyen d'une longue vue (oh, le vilain voyeur) ! et pour offrir l'asile aux bandits de passage (ça, c'est sympa alors !). La baraque existe toujours : elle s'appelle la *Falcunaghja,* la « maison du Bandit » !
Tout là-haut, c'est le *monte Grosso* (1 938 m) : avec des noms comme celui-ci, on est transporté dans le fin fond de la cordillère des Andes...

Où dormir ? Où manger ?

🛏 *Hôtel Mare e Monti :* ☎ 95-61-73-06. Fax : 95-61-78-79. Fermé du 1er octobre au 30 avril. Enfin un hôtel de caractère, à l'image de la Balagne. Cette grande maison patinée, chargée d'histoire, appartient à M. Renucci. Il aime les têtes couronnées et les souverains. Les visiteurs y sont reçus comme des rois. Le commandant Cousteau y a fait une escale un jour. Les chambres sont vastes, hautes de plafond, les murs épais. On respire ! C'est calme, ô combien ! Prix sages : 277 F la double avec lavabo, 311 F avec douche et w.-c., 346 F avec bains. Menu à 120 F au resto, mais cuisine un peu maigre, hélas.

✕ *Restaurant U Mulinu :* fermé le mardi. Impossible d'y manger sans avoir réservé. Il est même prudent de téléphoner dès l'arrivée à Ajaccio car, en août, il n'est pas rare de devoir attendre plus de 15 jours ! Mais comme dans l'annuaire il n'existe aucun restaurant à Feliceto, il faut contacter Joseph Ambrosini (☎ 95-61-73-23), et se recommander d'un ami (sans dire le nom, car il en a beaucoup). Il est complet de juin à septembre car il refuse de servir plus de 50 couverts. Le patron, que tout le monde appelle José, fait un véritable *one-man-show,* les assiettes volent bas mais avec beaucoup d'agilité ! Le vin est à volonté, le menu à 150 F est imposé : *prisuttu* (jambon de pays) volant, sanglier en sauce, fromage, dessert et digestif obligatoire. Le restaurant est installé dans un authentique moulin à huile assez bien conservé. L'adresse la plus folle, la plus farfelue de toute la Corse ! Quel acteur !

▶ *SPELONCATO* (20226)

Encore un beau village fièrement accroché à la montagne. Il doit son nom aux grottes *(spelonche)* creusées dans le sous-sol. Sur la place inondée de lumière, une fontaine glouglloute à l'ombre des hautes maisons et de l'ancienne église Sainte-Catherine aujourd'hui restaurée et servant de mairie-école-poste (originale reconversion). La curiosité de Speloncato se trouve à *Petra Tafunata* (la Pierre Percée). Il s'agit d'un rocher où tous les ans, début avril et début septembre, les rayons du soleil couchant parviennent à passer dans l'orifice et à éclairer la place du village située... 2 km plus loin. Étrange, étrange...

Où dormir ? Où manger ?

🛏 *Hôtel A Spelunca :* place de l'Église. ☎ 06 61-50-38, Fax : 95-61-53-14. Fermé du 1er novembre au 30 avril. Enfin un hôtel de charme dans un village de caractère haut perché ! A l'ombre de l'église, la haute maison aux murs roses, coiffée d'une petite tourelle en terrasse, abrite des chambres spacieuses ordonnées autour d'un superbe escalier. Dans le grand salon, le portrait du cardinal Savelli, secrétaire d'État du pape Pie IX au siècle dernier, rappelle que cette demeure aristocratique fut sa résidence d'été. Un palais de 1856 où l'on se sent soudain un peu plus grand. Les chambres nos 12 et 24 nous ont tapé dans l'œil. Voici l'un des meilleurs rapports « qualité-prix-classe et supplément d'âme » de Corse. Très bon accueil courtois et jovial. Ne fait pas restaurant. Adjani et Depardieu y dormirent au début de leurs carrières. 270 F la double avec douche et w.-c., 300 F avec bains et w.-c. (côté carillon, un peu de bruit).

✕ *Auberge de Domalta :* au lieu dit Domalto, juste en bas du village de Speloncato, sur la D 71. ☎ 95-61-50-97. Sert exclusivement sur réservation et au moins 24 h à l'avance. Une charmante adresse. Dans une demeure du XVIIIe siècle, on est reçu par une belle dame, ancien mannequin, originale et aimable, coiffée comme dans les années 60. Un look d'enfer ! Ambiance plutôt intimiste pour un dîner entre amis proches ou entre amoureux. Délicieuse cuisine personnelle : crevettes à la provençale, viande corse en sauce, pain fait maison. Déco avec bougies et vieux meubles chaleureux.

▶ *BELGODÈRE* (20226)

Un village qui mérite bien son nom. En effet, Belgodère (Belgudé) signifie « beau plaisir ». Dieu sait si l'endroit est plaisant avec ses oliveraies à flanc de montagne et ses vergers parfumés. Sur la place du village, l'église Saint-Thomas date du XVIe siècle. Du fort surplombant Belgodère, la vue est vraiment saisissante. En été, le festival de musique classique de Lozari (plage) et les rencontres musicales *Aostu in Musica* rassemblent bien des talents. Le meilleur moment, c'est le premier concert donné gratuitement au pied de la montagne Paglia-Orba...

Où dormir ? Où manger ?

▄ *Couvent de Tuani :* ☎ 95-61-32-44. Hébergement possible.

▄ *Hôtel-restaurant Niobel :* à l'entrée du village, à droite en venant de Palasca. ☎ 95-61-34-00. Fermé d'octobre à avril. Une maison récente mais bien arrangée avec une terrasse (vue époustouflante) et des chambres ouvrant sur la mer (à 8 km à vol d'oiseau) et les monts de la Balagne. Demandez-en une de ce côté-là, évidemment. 230 F la double avec douche et w.-c., 265 F avec bains et w.-c. Fait aussi resto : menus de 72 à 105 F. Le veau et l'agneau sont bons. Accueil jovial.

PETITE BALADE DANS LE GIUNSSANI

L'un des plus beaux pays de haute montagne de l'île. Des villages du bout du monde bâtis en terrasses en plein sud, des bois de chênes et de châtaigniers, et aux alentours, des sommets austères, majestueux, couverts en partie de forêts profondes comme la forêt de Tartagine et de Melaja. Un royaume naturel haut perché, oublié de l'histoire, coupé du reste du monde et gravement dépeuplé : le Giunssani, c'est la Corse en dehors des sentiers battus !

– *Pour y aller :* de L'Ile-Rousse, monter à Belgodère, puis prendre la N 197 en direction de Ponte-Leccia. 6,5 km plus loin, tourner à droite vers Olmi-Cappella et Vallica. Voilà une superbe route traversant des paysages vides et balayés par le vent, mais toujours très beaux.

▶ VALLICA (20259)

Petit paradis pour la randonnée pédestre, Vallica, l'un des 4 villages du Giunssani, surplombe la belle vallée du Tartagine, face au *monte Padro* (2 393 m). Un petit musée d'artisanat local, aménagé à l'intérieur de la mairie, présente les outils traditionnels de la région. Au bout du chemin qui traverse le village se dresse l'église paroissiale de style baroque : de là, on a une superbe vue sur la vallée et les forêts qui partent à l'assaut des cimes lointaines. Preuve de l'isolement de cette microrégion : une piste d'atterrissage pour hélicoptères y a été aménagée.

Où manger ?

✕ *Restaurant U Piattu Spartu :* au village. ☎ 95-61-92-76. Une merveille ! Loin des foules et de l'agitation estivale, la maison de Daniel Luiggi regarde l'un des plus sompteux paysages de la haute Balagne. 100 m après l'église, on frappe ; un homme portant moustache nous introduit dans une grande salle arrangée avec le meilleur goût. Les volets mi-clos retiennent la lumière vigoureuse du dehors. De la musique classique, et le festin commence : apéritif corse, crudités à l'huile d'olive, bouchée du terroir, lasagnes du maquis, puis vient le plateau de fromages servis sur de vraies feuilles de châtaigniers, le gâteau et un verre d'eau-de-vie. Ah ! le pichet de vin (délicieux) est posé d'office sur la table. 100 F tout compris : incroyable ! Une adresse pour gourmets amoureux de l'île de Beauté.

▶ OLMI-CAPPELLA (20259)

Le principal village du Giunssani, à flanc de coteau. On y accède par l'unique route (la D 963) qui traverse la région. Le paysage change : les versants des montagnes se couvrent de châtaigniers. A 4 km d'Olmi-Cappella, en remontant vers la ligne de crête, on arrive à *Pioggiola*, le plus haut village du Giunssani, réputé pour ses châtaigniers, ses chants polyphoniques et ses sonneurs de cloches. Au hasard des nombreux virages, on a droit à de magnifiques échappées. Vue grandiose du col de *Bocca di a Battaglia*, entre Pioggiola et Speloncato.

Où dormir ? Où manger ?

🛏 *Auberge Aghjola :* à Pioggiola (20259). ☎ 95-61-90-48. Fax : 95-61-92-99. Fermé environ de la mi-octobre à début avril. Une vieille maison corse aux murs couverts de vigne vierge, des chambres meublées avec beaucoup de goût, une vue sublime sur les montagnes à l'horizon, voilà incontestablement l'une des plus charmantes auberges de Haute-Corse. A table, uniquement des spécialités du terroir comme l'agneau de lait à la menthe, le sanglier aux girolles, l'anguille aux courgettes farcies, les cailles sauvages aux beignets ou l'agneau au brocciu. Un délice ! Compter 70 F pour le repas du berger Spontinu et 160 F pour le grand menu qui mérite un détour. Mais le plan le plus intéressant est la demi-pension : entre 300 et 350 F par personne (vin non compris). Accueil chaleureux et convivial d'Élisa et de Joseph Albertini. Et, de plus, il y a une piscine.

✗ *Auberge La Tornadia :* en pleine nature, à 2 km environ d'Olmi-Cappella en allant vers Pioggiola. ☎ 95-61-90-93 ou 95-61-90-26. C'est mieux d'y arriver affamé car le repas est pantagruélique ! Sous les châtaigniers, dans la salle à manger aux rondins de bois, des plats copieux défilent devant vous : agneau de lait rôti aux herbes du maquis, pâtes à la farine de châtaignes, beignets au fromage... Compter entre 100 et 150 F par personne. Accueil naturel et jovial. Très bonne adresse mais plutôt pour un dîner. Endroit délicieux quand l'orage tonne dans la montagne et qu'il tombe des hallebardes. On s'y sent bien.

Randonnées pédestres

– Des *sentiers de pays,* fléchés et balisés en orange, formant 8 boucles à la journée, ont été aménagés par le parc régional qui édite un prospectus spécial sur le Giunssani. Exemples de boucles : de Pioggiola à Olmi-Cappella, et retour à Pioggiola (3 h 15). Olmi-Cappella-Vallica-Olmi-Cappella : 5 h (superbe !). Ou bien de Mausoléo à la maison forestière de Tartagine (aller-retour : 4 h 45).
– *Itinéraire de montagne :* 6 h de balade pédestre de Pioggiola à San Parteo (1 680 m) et retour.
– *Accès au G.R. 20 :* de la maison forestière de Tartagine au refuge d'Ortu di Piobbu (1 570 m). Compter 6 h, pas facile. Prévoir impérativement suffisamment d'eau et de vivres.

▶ LA FORÊT DE TARTAGINE

L'une des forêts les plus sauvages et les plus retirées de Corse. Couverte de pins laricio et de pins maritimes, cernée par de hautes montagnes culminant entre 2 032 m (le capo Al Dente) et 2 393 m (monte Padro), on y accède par une route sinueuse et interminable (la D 963) au départ d'Olmi-Cappella (17 km jusqu'à la maison forestière de Tartagine). De celle-ci, un chemin à peine carrossable remonte, en longeant la rivière Tartagine, jusqu'au fond du cirque. Un vrai bout du monde !

ALGAJOLA (20220)

A mi-chemin entre L'Ile-Rousse et Calvi, une petite station qui donne l'impression d'être grande en été, vu le monde qu'il y a. Peu de choses à faire, hormis la plage et un coup d'œil sur la citadelle. Cela dit, Algajola peut être une étape en dépannage si tout est complet à L'Ile-Rousse et à Calvi.

Où dormir ?

🛏 *Camping Panoramic :* route de Lavatoggio, 20260 Lumio. ☎ 95-60-73-13. Ouvert du 1er juin au 15 septembre. D'Algajola, direction Calvi ; à 4 km sur la N 197, prendre à gauche la route de Lavatoggio. Le camping est situé en

contrebas de celle-ci, environ 1,5 km plus loin. A flanc de colline, ombragé par des eucalyptus, très calme, et équipé d'une piscine. Niveau 2 étoiles. Belle vue.
🛏 *Hôtel L'Esquinade :* au n° 1 de la rue principale d'Algajola. ☎ 95-60-70-19. Ouvert du 1er mai au 10 octobre. Moche extérieurement, mais le moins cher de la station : chambres avec douche et w.-c. entre 164 et 304 F (en été).
🛏 *Hôtel Saint-Joseph :* 1, chemin de Ronde. ☎ 95-60-73-90. A 100 m du centre, juste à droite après le chemin de la citadelle. Hôtel sans grand charme mais fonctionnel avec des chambres propres ouvrant (en se penchant un peu) sur la mer toute proche. Dans un coin calme. Doubles avec douche et w.-c. à 310 F pour 2 personnes.
🛏 *Hôtel-restaurant L'Ondine :* à 50 m de la poste, dans la rue qui descend à la plage. ☎ 95-60-70-02. Fax : 95-60-60-36. Quelques chambres autour de la piscine avec accès au jardin. D'autres ont une belle vue sur la mer mais elles ne se prennent qu'en demi-pension seulement en juillet-août. Fait aussi resto : menu à 100 F. Spécialités : poisson, crustacés. Belle vue de la salle à manger. Doubles avec douche et w.-c. à 280 F pour 2 (350 F en juillet et août).

Où manger ?

✗ *Restaurant U Castellu* (*Le Château*) : ouvert tous les jours à partir de 18 h. ☎ 95-60-78-75. Très bien situé, juste à côté de la citadelle avec une salle voûtée et des murs de vieille pierre. Bon accueil. Nourriture copieuse et soignée. Tripes à la mode corse, daurade farcie au brocciu et au fenouil (miam !), rouget aux herbes du maquis. Menus entre 80 et 130 F.
✗ *Ranch Cantarettu City :* 20269 Aregno. ☎ 95-60-05-55. D'Algajola, prendre la direction de L'Ile-Rousse (N 197). A 300 m environ après l'*hôtel Pascal Paoli*, sur la droite, suivre un chemin de terre sur 700 m. C'est au bout. Un ranch qui fait camping et restaurant : grillades dans une baraque rustique avec deux cuistots bretons et un patron très chouette, qui ressemble à un mélange de John Wayne et de Joseph Kessel. Autour de 100 F pour un repas.

CALVI (20260)

Calvi est la perle du Nord et la capitale de la Balagne, cette région de montagnes en forme d'amphithéâtre dans l'arrière-pays de Calvi et de L'Ile-Rousse. C'est par mer qu'il faut y arriver, et si possible à l'aube quand le soleil se lève derrière les cimes. La vieille citadelle génoise surplombe une large baie bordée sur 6 km par une superbe plage et par une pinède (elle n'a pas trop souffert encore de l'urbanisme anarchique). Cela dit, au couchant la ville est belle aussi, avec ses teintes ocre et roses. C'est l'heure à laquelle le fameux Tao, chanté par Higelin (*La ballade de Tao*), ouvrait le bal des noctambules.

Adresses utiles

— *Office du tourisme :* au port de plaisance (plan A2). ☎ 95-65-16-67. Ouvert en été de 9 h à 13 h et de 15 h à 19 h 30 ; samedi et dimanche, de 10 h à 12 h et de 16 h à 19 h 30. Enfin, un vrai office du tourisme, organisé, dynamique, compétent et sympa. On y trouve la liste des hôtels et des loueurs saisonniers. Les horaires de train et de bus sont affichés à l'extérieur. Guide pratique, plan de ville et guide de la citadelle sont donnés gratuitement. La gare S.N.C.F. est juste à côté.
— *Location de scooters :* au *garage Ambrosini*, à 50 m de l'*hôtel Belombra*, place Bel Ombra (plan A2). ☎ 95-65-02-13. Dépôt de caution élevé, montant de la location payable à l'avance. Loue aussi des cyclomoteurs et des vélos tout-terrain.
— *Location de voitures :* *Budget,* av. de la République. ☎ 95-65-09-79. A l'aéroport, ☎ 95-65-23-39. *Aloha,* à l'aéroport. ☎ 95-65-28-08. *Hertz* (Filippi), 2, rue Joffre. ☎ 95-65-06-64. A l'aéroport, ☎ 95-65-02-96.
— *Air Inter :* ☎ 95-65-20-09.

Où dormir ?

Vraiment bon marché

🛏 *Corsotel (Centre d'hébergement pour les jeunes)* : av. de la République. ☎ 95-65-14-15. Fax : 95-65-33-72. Fermé du 1er novembre à fin mars. Proche du centre et de la gare S.N.C.F., à 200 m de la plage. Un hôtel pour jeunes installé dans un vieil immeuble dominant le port de Calvi. Chambres de 2 à 8 lits, très propres. Sanitaires impeccables. 120 F la nuit pour une personne, petit déjeuner compris. Possibilité de prendre un repas à 50 F en self le soir. Demi-pension à 170 F par personne. Pas besoin de réserver. Beaucoup de monde en été. C'est le seul hôtel de jeunes de ce genre en Corse, étonnant, non ?

🛏 *Relais international de la jeunesse U Carabellu* : route de Pietra-Maggiore. ☎ 95-65-14-16. Fax : 93-80-65-33. Ouvert du 10 juin au 30 septembre. Malheureusement très loin du centre, à environ 4 km. A flanc de montagne, au sud de Calvi. Quelques panneaux indiquent le chemin de terre menant à cette grande maison récente. Deux petites annexes avec des chambres de 2 à 10 lits, dont les fenêtres ouvrent sur le golfe de Calvi. 55 F la nuit, petit déjeuner inclus. Repas à 50 F. Demi-pension à 100 F par personne. Ambiance conviviale. Bien pour une bande de copains à bicyclette ou à moto.

Bon marché

Peu d'adresses dans cette rubrique, vu la flambée des prix en juillet et août sur la côte !

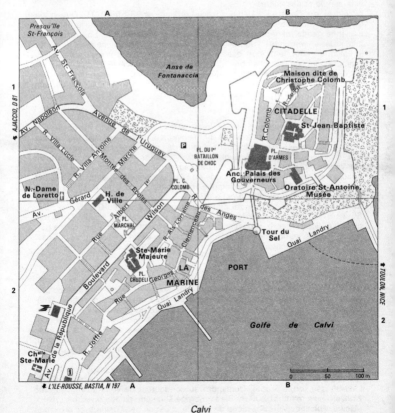

Calvi

🛏 *Hôtel Casa-Vecchia :* route de Santore. ☎ 95-65-09-33. Fax : 95-65-37-93. A 500 m du centre ville, à 200 m de la plage (et de la grande pinède) dans un jardin fleuri, plusieurs bungalows simples, calmes, et peu onéreux. 180 F le bungalow avec douche en juillet-août (155 F hors saison). Plus cher avec les toilettes à l'intérieur : 290 F (245 F en dehors de l'été). Très bon accueil. Une tonnelle ombragée pour prendre le petit déjeuner. Un bon plan aussi pour ceux qui roulent en bagnole car il y a de la place.

Prix moyens

🛏 *Hôtel Les Arbousiers :* route de Pietra-Maggiore. ☎ 95-65-04-47. Fax : 95-65-26-14. Fermé de novembre à mars. Du centre ville, direction Bastia et L'Ile-Rousse ; à 800 m à la hauteur du début de la pinède longeant la plage de Calvi, tourner à droite, c'est indiqué. On a plus d'espace qu'en ville. Dans cette grande et assez jolie maison aux murs roses et au vieil escalier de bois menant à l'étage, pas de déco particulière mais propreté assurée et des chambres bien conçues, et surtout ensoleillées (côté sud). Agréables petits balcons donnant sur la cour. A pied, la plage n'est qu'à 5 mn. Prix raisonnables, bien qu'un peu élevés en été : 230 F la double avec bains et w.-c. hors saison, 300 F entre le 16 juillet et le 1er septembre. Bon accueil.

🛏 *Hôtel Le Galfino :* route de Porto, par la côte. ☎ 95-65-15-08. Fax : 95-65-32-25. A 1,5 km environ du centre de Calvi, surplombant le golfe de la Revellata, un hôtel pavillonnaire où les bungalows sont éparpillés dans une pinède, à 200 m de la plage. Bon rapport qualité-prix-accueil. 250 F le bungalow avec douche et w.-c. Des gens souriants à la réception. On peut aussi y manger : cuisine simple et pas chère.

🛏 *Hôtel du Centre :* 14, rue Alsace-Lorraine. ☎ 95-65-02-01. Ouvert de début juin à mi-octobre. Central, comme son nom l'indique, installé dans une ancienne gendarmerie, un hôtel où les prix sont encore assez bon marché en juin, juillet et septembre : de 200 à 230 F la double avec douche mais w.-c. sur le palier. En août, le rapport qualité-prix devient franchement mauvais : 280 F, toujours pour la même chambre, c'est cher ! Autre inconvénient : n'accepte pas les cartes de crédit. Cela dit, l'endroit est central et les tavernes du port sont vraiment proches. Alors, on le cite quand même car, à Calvi même, c'est l'un des hôtels les plus abordables. Ne fait pas resto.

Plus chic

🛏 *Hôtel Saint-Érasme :* route de Porto. ☎ 95-65-04-50. Fax : 95-65-32-62. Ouvert du 1er avril au 10 octobre. A 1 km environ du centre de Calvi, une grande bâtisse des années 70 surplombant la route de corniche et le golfe de la Revellata. Excellent accueil de M. Guglielmacci. Chambres très bien équipées avec une vue superbe sur la mer ou sur la montagne (moins cher) : de 280 à 550 F la double (prix variables selon la période de l'été). Par exemple, entre le 1er juin et le 15 juillet, une double côté montagne vous coûtera autour de 350 F. La même chambre en plein mois d'août est à 490 F.

🛏 *Hôtel Corsica :* sur la route de Pietra-Maggiore. ☎ 95-65-07-36. Fax : 95-65-39-57. A 2 km au sud de Calvi. Excentré mais vraiment calme. Dans une grande maison récente, sans grand charme mais fonctionnelle. Chambres à partir de 400 F avec douche et w.-c., offrant une vue sur le maquis et les collines. Demi-pension obligatoire en juillet et en août : de 280 à 390 F par personne. Resto avec de bons menus à 65 et 80 F.

Campings

🛏 *Camping Bella Vista :* à 1 km de Calvi, sur la route de Pietra-Maggiore. ☎ 95-65-11-76. Ouvert de Pâques à octobre. Un 3 étoiles vraiment bien, légèrement plus cher que les autres, mais dans un site boisé et fleuri. Très calme. Sanitaires impeccables. Plage à 800 m du camping. Snack-bar et libre-service.

🛏 *International Camping :* à 200 m du Prisunic, face à l'*hôtel La Balagne*. Vous y rencontrerez des jeunes de toute l'Europe, le bar reste ouvert très tard, et l'ambiance y est bonne, musiciens amateurs en soirée le week-end. Animation garantie. A éviter pour les couche-tôt.

🛏 *Camping La Pinède :* à 1,5 km environ de Calvi, entre la plage et la N 197, qui va à L'Ile-Rousse. ☎ 95-65-17-80. Ouvert d'avril à octobre. Le petit train de L'Ile-Rousse passe à côté. Demandez au conducteur de vous arrêter au *Club Horizon*, puis marchez 200 m. Bien ombragé sous une pinède, avec bar, resto, piscine, épicerie. Mais beaucoup de monde, c'est un peu l'usine... La proximité de la route nationale et les soirées dansantes du camping rendent les nuits mouvementées. Avantage : la plage est à 200 m.

Où manger ?

Une foule de restaurants sur les quais du port, à tous les prix, mais très peu de bonnes adresses (pièges à touristes). Dans la citadelle, seulement deux restos, très chers. Dommage, car l'endroit est très, très chouette.

Bon marché

✗ *Restaurant La Galère :* 6, rue des Anges. ☎ 95-65-19-54. Ouvert d'avril à octobre. Très bien situé, dans une rue descendant vers le quai Landry (port) en longeant les murailles de la citadelle. Pizzas, pâtes fraîches et grillades, autour de 55-60 F pour manger sur le pouce aux heures chaudes de l'été. Donc, bien pour le midi. Aller ensuite prendre le café sur le port.

✗ *A la Crêpe Bretonne :* place Marchal ; au milieu du boulevard Wilson, en plein centre ville. ☎ 95-65-09-39. Ouvert toute l'année. Tenu par une Bretonne qui a épousé un Corse et qui préfère le climat de l'île aux brumes humide de la péninsule armoricaine. Cuisine de qualité. 40 variétés de crêpes à la carte. Une bonne formule à 70 F quand on a un peu faim en milieu de journée : une crêpe complète, une salade et une crêpe sucrée (dessert). Pas mal d'habitués.

Prix modérés

✗ *Restaurant San Carlu :* 10, place Saint-Charles. ☎ 95-65-21-93. Fax : 95-65-06-34. On y accède par la rue Clemenceau, entre le port et la place de l'Église (à 50 m de là). Monter au 2e étage de cet ancien hospice du XVIIIe siècle par un escalier patiné aux murs blancs. Ambiance un peu coloniale avec ces deux beaux palmiers plantés dans la cour. Endroit très agréable pour une soirée en été. Prix sages pour une bonne petite cuisine soignée. Menus de 75 à 120 F. Des plats sympa comme l'entrecôte aux cèpes et, en dessert, le flan à la farine de châtaignes. La patronne est souvent au piano.

✗ *U Minellu :* traverse de l'Église. ☎ 95-65-05-51. Ouvert de juin à octobre. Juste en face de la place Marchal, sur le boulevard Wilson, un petit passage descend vers l'église Sainte-Marie-Majeure. C'est là. Accueil sympa. Des jeunes sont aux fourneaux. Bonne cuisine avec de la paella aux fruits de mer, de la pierrade (au poisson et aux mollusques). Petite terrasse dans un recoin au calme. Bien le midi comme le soir. Entre 80 et 100 F pour un repas.

✗ *Le Santa Maria :* place de l'Église. ☎ 95-65-04-19. Ouvert de la mi-avril à la mi-octobre. Très bien situé. En été, arriver assez tôt (avant 20 h) pour éviter la queue. Cuisine correcte sans plus. Menus à 82 et 95 F (moins cher le midi). Carte également.

Plus chic

✗ *L'Abri Côtier :* immeuble Le Glacier, rue Joffre. ☎ 95-65-12-76. Ouvert d'avril à octobre. Bon, en général, on ne s'attarde pas dans les restaurants du port, qui sont souvent trop chers et tous identiques. *L'Abri Côtier* sort un peu de l'ordinaire. De la terrasse à l'étage, on profite de la vue splendide. On a l'impression de participer à un ballet de mâts de bateaux. Bonne cuisine de la mer : moules à la mode corse avec des herbes, du coulis de tomates et de la crème, salade de poulpes, mérou aux herbes (avec du citron et de l'huile d'olive). Menu à 90 F. A la carte, compter environ 150 F.

✗ *Restaurant de l'hôtel Kallisté :* 1, av. du Commandant-Marche. ☎ 95-65-09-81. Fax : 95-65-35-65. Ouvert d'avril à octobre. Bon rapport qualité-prix dans sa catégorie : premier menu à 115 F. Spécialités de poisson et de crustacés, normal c'est la Méditerranée qu'aime le patron, féru d'histoire. Au fait, il aurait les preuves que Christophe Colomb était bel et bien originaire de Calvi. Le brancher sur le sujet entre la poire et le fromage. Cadre assez chouette avec un jardin ensoleillé, mais déco du resto assez démodée.

✗ *Le Patio :* av. Christophe-Colomb (parking « L'orée des Bois »). Un resto fréquenté par les habitués. Bonne table à prix raisonnables, vu la qualité de la cuisine et l'accueil. Menus de 80 à 130 F avec l'ailliade d'agneau aux haricots ou de l'espadon sauce pistou (connaissez-vous, au fait, le secret de l'espadon ?). Sinon, à la carte, un délicieux sanglier parmentière (en automne et en hiver seulement).

Où dormir ? Où manger aux environs ?

🛏 *Camping Paradella :* route de Bonifato, 20214 Calenzana. ☎ 95-65-00-97. Fax : 95-65-11-11. Ouvert de mai à octobre. Un 3 étoiles très ombragé au milieu des vignes avec vue sur les montagnes. Bon accueil. Sanitaires impeccables avec eau chaude et une grande piscine (gratuite). On peut déguster le vin du patron et son raisin de table. Une bonne adresse pour les randonneurs, car c'est la route qui mène au G.R. 20 (Calenzana).

🛏 *L'Auberge de la Forêt :* maison forestière de Bonifato, 20214 Calenzana. ☎ 95-65-09-98. Ouverte de début avril à fin octobre. A 21 km au sud de Calvi, par la D 81 puis la D 251. En pleine nature, dans un fond de vallée cerné de montagnes boisées, voici une bonne adresse discrète et chaleureuse, loin de l'agitation de la côte. Pour dormir, compter autour de 280 F pour 2 personnes. Sinon, gîte d'étape à 55 F la nuit. Intéressant pour les randonneurs, la demi-pension à 160 F par jour et par personne (en gîte). Au resto, on sert une bonne petite cuisine familiale avec la tarte aux herbes, la côte forestière, et du gibier en automne. Menu à 90 F. Accès au G.R. 20.

🛏 *Hôtel Montegrosso :* 20214 Calenzana. ☎ 95-62-70-15. Juste à l'entrée du village, sur la gauche, un hôtel, banal extérieurement, mais aux chambres propres et bien tenues. Adresse pratique avant d'attaquer le G.R. 20. Ou encore mieux après, si vous randonnez dans l'autre sens. Doubles à 250 F (290 F en été).

✗ *Restaurant A Muvrella :* tout près de l'église de Calenzana (20214). ☎ 95-62-81-97. Très bon accueil et intérieur plutôt chaleureux et typique. Menu « G.R. » à 50 ou 80 F (avec de l'encornet !).

✗ *Restaurant Le Calenzana, Chez Michel,* 7, cours Saint-Blaise, 20214 Calenzana. ☎ 95-62-70-25. Ouvert du 15 décembre au 30 septembre. Encore une bonne adresse. Agneau de lait corse grillé au feu de bois, ragoût de sanglier, soufflé au brocciu : Nathalie et Michel concoctent une cuisine fine et soignée. Menu « pêcheur » à 80 F avec de la truite de Bocognano. Un bon plan gastro avant les régimes ascétiques du G.R. 20 ou du « Mare e Monti ».

Où acheter de bons produits du terroir ?

A l'entrée du camping *International* (voir « Où dormir ? ») sur la N 197 à l'entrée de Calvi, la famille Salvatori commercialise sa production et vous fait déguster gratuitement miel (d'abeilles corses, pas plus feignasses que celles de métropole !), confitures, huile d'olive, vins et liqueurs. ☎ 95-65-10-21.

A voir

LA CITADELLE

Sur un promontoire rocheux dominant la ville et la baie de Calvi. Y monter de préférence à pied tôt le matin, avant les heures chaudes (et avant la foule) ou alors en fin d'après-midi (la lumière est plus belle sur la mer et la Balagne). Commencée vers le XIIᵉ siècle, elle a été solidement fortifiée par l'Office de Saint-Georges, puissante banque d'affaires affiliée à la république de Gênes qui établit ainsi sa mainmise sur l'île. Symbole de 6 siècles de domination génoise.
– *Visites guidées :* se renseigner à l'office du tourisme, au bureau d'accueil de la citadelle. ☎ 95-65-36-74. Ouvert du 1ᵉʳ avril à la mi-octobre. La seule manière de découvrir l'intérieur de l'oratoire Saint-Antoine.
– Se munir du *Guide de la Citadelle* (avec itinéraire) édité par l'office du tourisme.

▶ *Le palais des Gouverneurs :* fortifié en 1483 et 1492. Abrite aujourd'hui la caserne Sampiero : garrrde à vous !

▶ *L'oratoire de Saint-Antoine :* en face, dans la petite rue Saint-Antoine. Construit en 1510, il abrite maintenant un musée d'art sacré.

▶ *La cathédrale Saint-Jean-Baptiste :* du XIIIᵉ siècle, restaurée vers 1570, elle abrite de belles œuvres d'art : les fonts baptismaux et le maître-autel en marbre polychrome, le triptyque dans l'abside (XVᵉ siècle), et le Christ des

Miracles (autel à droite du chœur) qui aurait tellement impressionné les Turcs en 1555 qu'ils levèrent le siège de la ville. Bien joué, z'étaient trop méchants ceux-là...

▶ *La maison dite de Christophe Colomb :* dans la partie nord de la citadelle, un coin sympa pour vagabonder sous le ciel bleu. Tiens, qu'est-ce qu'il fait ici celui-là ? On le croyait natif de Gênes. Et voilà que des érudits corses ont décidé de réfuter cette thèse communément admise. Mais jusqu'à présent, ils n'ont apporté aucune preuve sérieuse, seulement des indices comme le fait qu'il aurait donné un nom corse (Toninas) à d'inconnus poissons des Caraïbes ou bien qu'il aurait embarqué sur ses navires des chiens et des chevaux corses (et pourquoi pas des vaches, des cochons, des poules, du brocciu ?...). Manque la pièce maîtresse, l'acte de naissance de Colomb, qui mettrait tout le monde d'accord. En attendant, de ce beau balcon méditerranéen, on peut toujours rêver aux Amériques...

A faire

– *Promenades en mer :* en vedette jusqu'à la réserve naturelle de Scandola, le golfe de Girolata et Porto. Superbe balade d'une journée. *Colombo Line-Croisières :* sur le port, en face de l'agence Tramar. ☎ 95-65-03-40.

– *Festival de jazz :* ☎ 95-65-05-87. 3e semaine de juin. Les musiciens invités ne sont pas payés, ils viennent pour le plaisir de jouer ensemble... et en Corse.

A voir aux environs

▶ *La Balagne :* nous consacrons un chapitre spécial à cette merveilleuse région de la Corse.

▶ *La pointe de la Revellata :* à 6,5 km de Calvi par la route de Porto. A 1,5 km à droite, une piste permet de gagner à pied l'extrémité de la presqu'île. On arrive alors au centre océanographique de l'université de Liège. Et là, c'est vraiment le paradis ! Si vous êtes intéressé par la plongée sous-marine, vous pouvez être logé (tarifs à négocier). Pierre Lejeune et Daniel Baye, les responsables, organisent des stages de plongée (pour débutants ou pour plongeurs expérimentés). Ce n'est pas un club privé et commercial, mais un domaine scientifique : alors téléphonez impérativement avant d'y aller. ☎ 95-65-06-18.

▶ *La chapelle de la Madonna di a Serra :* à 6 km au sud-ouest de Calvi par la route de Porto (D 81). Après 4 km, une route qui monte à gauche mène à cette chapelle (XIXe siècle) d'où l'on a une vue épou... épou... époustouflante sur le golfe de Calvi et les montagnes de la Balagne.

▶ *La forge de Christian Moretti :* quartier de Nunziata, à *Lumio* (20260). ☎ 95-60-71-94. L'atelier abrite le centre d'ethnographie et de recherche métal-lurgique de Corse. Pas facile de dénicher l'oiseau rare ! De Calvi, prendre la route de L'Ile-Rousse (N 197). A une dizaine de kilomètres environ sur la droite, après la chapelle romane Saint-Pierre-et-Saint-Paul, une route monte vers Lumio. C'est plus loin sur la droite. Sorte de hangar en contrebas de la route. Pas de panneau, rien. Quelle discrétion ! Voilà tout simplement un génie, un vul-cain moderne, un mutant : lâchez-le en pleine forêt, seul, les poches vides, il en sortira quelques mois plus tard avec du fer, oui, du fer qu'il aura forgé de la façon la plus artisanale qui soit et de ses propres mains. Forgeron à l'antique, métallurgiste du maquis, artiste-coutelier, Christian Moretti, a voulu maintenir en vie la tradition métallurgique de la Corse (la dernière forge de l'île a fermé ses portes en 1820). Son fer et son acier sont corses de A à Z, même le charbon de bois provient des forêts de l'intérieur. Il fabrique de très beaux et authentiques couteaux, les « temperinu », avec des lames en acier et des manches en bois de bruyère, d'olivier ou de jujubier (environ 350 F pièce). Des petites merveilles entièrement faites à la main !

▶ *Calenzana :* à 12 km au sud-est de Calvi par la D 151 ; bus tous les jours en été, sauf les dimanche et fêtes. Gros village au pied d'une barrière mon-tagneuse, connu de tous les randonneurs de Corse car c'est le point de départ du G.R. 20. D'après Ian Fleming, auteur bien connu de romans d'espionnage,

« le petit village de Calenzana, en Balagne, se vantait d'avoir produit plus de gangsters qu'aucun autre village corse, et d'être, en conséquence, devenu l'un des plus prospères ». La puissante famille Guérini, qui eut pendant lontemps la haute main sur le milieu marseillais (années 30-40), était originaire de Calenzana. Bon, aujourd'hui, la page est tournée et le village vit au rythme très paisible des randonneurs sac au dos... Voir la *chapelle Sainte-Restitute,* sur la route de Zilia, à 1 km à gauche. Dans la crypte, sous le chœur, un étonnant sarcophage en marbre blanc (mis au jour en 1951 !) renferme les restes de sainte Restitute, suppliciée dans l'Antiquité. Pièce unique, il daterait du IV\ :sup:`e` siècle après J.-C. et porte le beau monogramme du Christ et des dauphins, symboles d'immortalité. Pour visiter la chapelle, demander les clefs au bar-tabac du village, près de l'église Saint-Blaise. Celle-ci, en plein centre, est un bel édifice typique du baroque en Corse (1691-1707).
Voir nos adresses d'hôtels et restos dans la rubrique « Où dormir ? Où manger aux environs de Calvi ? »

Randonnée pédestre « Mare e Monti »

De Calenzana partent les deux plus glorieux sentiers de randonnée de Corse : le *G.R. 20* et le *Mare e Monti* qui rejoint Cargèse.
Le sentier est balisé en orange. Il est divisé en dix étapes.
Si vous avez le temps, faites les 5 h de marche et passez la nuit à **Bonifatu**, à *L'Auberge de la Forêt* (☎ 95-65-09-98). Voir « Où dormir aux environs de Calvi ? ».
Sortir de Calenzana par le sud-est jusqu'à la fontaine d'Ortiventi. A environ 100 m de la fontaine, on quitte l'itinéraire commun avec le G.R. 20 pour se diriger à l'ouest vers le col de Bocca a u Corsu.
Tuarelli (*gîte* très sympa de 30 lits, ☎ 95-62-01-75), **Galéria** (M. Rossi, ☎ 95-62-00-46), un nouveau *gîte, Le Cormoran Voyageur* (☎ 95-20-15-55) et un abri à **Girolata** (☎ 95-20-16-98) où l'on peut arriver en bateau depuis Calvi, ce qui limite la fatigue du sentier, **Curzu** (étape assez fatigante ; *gîte* sympa et très bonne cuisine corse, ☎ 95-27-31-70), **Serriera** (où la réservation du gîte est obligatoire : *U me Mulinu,* ☎ 95-26-10-67), **Ota** (gîte et restaurant *Chez Félix,* une cuisine et un accueil fameux à plus d'un titre ; ☎ 95-26-12-92), **Marignana** (en passant par Évisa), **Revinda**, site fabuleux, accueil sympa (le *gîte* se trouve dans le hameau E Case, à 200 m de Revinda) puis **Cargèse** (voir cette ville), où l'*hôtel Punta i Mare* accueille les randonneurs sauf en juillet et août.

Quitter Calvi

– **Pour Calenzana :** point de départ du G.R. 20. De Calvi, 2 bus par jour dans l'après-midi. Sinon, se regrouper et y aller en taxi.

En bateau

– **S.N.C.M. :** départs tous les 4 jours pour Nice, plus rarement pour Marseille. Agence Tramar : quai Landry. ☎ 95-65-01-38.
– **Corsica Ferries :** liaison Calvi-Savone (Italie) deux fois par semaine en juillet-août. Réservation et vente des billets à l'agence *Beaux Voyages,* place de la Porteuse-d'Eau, près de l'office du tourisme. ☎ 95-65-29-97.

En train

Prendre les billets à la gare. Navette toutes les heures en été entre Calvi et L'Ile-Rousse. Très bon service.
– **Pour Ajaccio :** deux trains par jour, avec changement à Ponte-Leccia. Durée : 4 h.
– **Pour Bastia :** deux trains par jour, avec changement à Ponte-Leccia. Compter 3 h au total.
– **Gare de Calvi :** ☎ 95-65-00-61.

En bus

Prestations et services très moyens, en général.
– **Bus Ollandini :** 6, av. de la République (plan A2). ☎ 95-65-06-74.

– **Pour Bastia :** un bus par jour en été, un peu plus de 2 h 30 de route.
– **Pour Ajaccio :** bus direct de Calvi (via Corte).
– **Pour Porto :** un bus par jour en été, un peu moins de 3 h de voyage, par les autocars *S.A.I.B.* (service moyen, ne s'arrête pas à Galeria).
– **Pour Galéria :** un bus par jour quand il y a suffisamment de monde, en milieu d'après-midi. Agence *Beaux Voyages*. ☎ 95-65-11-35.

En avion

– Aucun bus pour aller à l'aéroport ou pour en venir. Taxis seulement et chers.
– **Aéroport Sainte-Catherine :** à 7 km de Calvi. ☎ 95-65-20-09.
– **Réservations Air France/Air Inter :** ☎ 95-65-20-09. Vols réguliers pour Nice, Marseille et Lyon.
– **Vols Calvi-Ajaccio :** par *Kyrnair*. ☎ 95-65-00-47.
– **Vols Calvi-Figari (Bonifacio) via Ajaccio :** par *Kyrnair* également.
– La **compagnie Corse-Méditerranée (CCM)** dessert quotidiennement Nice et Marseille.

LA CÔTE OUEST (de Calvi à Ajaccio)

GALÉRIA (20245)

Quelques maisons autour d'une église à flanc de colline et, plus bas, une plage de rêve qui s'achève au pied de la tour génoise. Image déjà classique d'une Corse à deux vitesses : le village et le bord de mer. On est ici dans le parc régional, à deux pas de la réserve naturelle de la *Scandola*, accessible seulement par la mer et qui sert de refuge à des dizaines de milliers d'oiseaux marins. De temps en temps, on a la chance d'apercevoir l'un des derniers phoques de la Méditerranée. Ou serait-ce une sirène ?

– **Syndicat d'initiative :** maison *A Torra,* à l'embranchement Porto-Calvi, à 4 km du centre. ☎ 95-62-02-27.

Où dormir ? Où manger ?

⚓ **Camping-caravaning Les Deux Torrents :** domaine de Vaitella, à 5 km de Galéria et de la mer, sur la route D 81 (route de Calvi par l'intérieur). ☎ 95-62-00-67. Fax : 95-62-03-32. Ouvert du 1ᵉʳ juin au 30 septembre. Très sympa. Ombragé. Club de plongée. Planche à voile et ski nautique. Bar et snack.
⚓ Possibilité de **camping sauvage** derrière la grande plage.
⚓ **Gîte d'étape-auberge de jeunesse :** sur le sentier « Mare e Monti ». Contacter M. Rossi : ☎ 95-62-00-46 ; hors saison : ☎ 91-35-04-00. Ouvert d'avril à fin octobre. 170 F par personne en demi-pension.
⚓ **Chambres d'hôte chez Anne-Marie Spinosi :** auberge Galeris. ☎ 95-62-02-89. A gauche en arrivant à Galéria. Une maison toute simple, tenue par une charmante vieille dame qui loue des chambres avec vue sur le village ou sur la mer, très calmes. Doubles à 180-200 F avec douche et w.-c. (250 F en juillet et août). Sert aussi le petit déjeuner. On peut loger à 3 personnes.
⚓ **Hôtel Cinque Arcate :** à 4 km à l'est de Galéria, au carrefour des Cinque Arcate. ☎ 95-62-02-54. Ouvert d'avril à fin septembre. Moderne et sans charme, seulement s'il n'y a plus de place ailleurs. Chambres avec bains et w.-c. à 250 F pour 2 en juillet, 350 F en août.
⚓ **Hôtel A Farera, Chez Zézé :** Fango, 20245 Galéria. ☎ 95-62-01-87. A 6 km à l'est de Galéria, au carrefour des routes de Porto et de Manso (D 351). Une bonne étape dans un tour de Corse. Il s'agit d'un petit hôtel de campagne, familial et très propre, tenu par une gentille dame affable. Les chambres ouvrent

sur un vallon et sur le maquis. Très calme la nuit. Compter 200 F la double avec douche et w.-c., 260 F en août. Petit déjeuner en plus. Bon rapport qualité-prix.
✕ *Restaurant Chez Piketu :* hameau de Fango (Fangu ; en face de l'*hôtel A Farera*), 20245 Galéria. ☎ 95-62-02-55. A la carte : terrine de sansonnet, gibier en automne (délicieuse côtelette de marcassin), omelette au brocciu, charcuterie. Autour de 100 F le repas.

A voir. A faire

– *Plages :* deux plages de gravier gris. La plus belle est la plage de la Tour, à 10 mn à pied.

– *Randonnées pédestres :* Galéria est une étape sur le très beau sentier « Mare e Monti » (Mer et Montagne) qui relie Calenzana (environs de Calvi) à Cargèse en 10 jours (il existe un topoguide édité par le parc naturel régional). De Galéria, en 6 h de marche on peut rejoindre Girolata par un tronçon (superbe) de cet itinéraire (balisé en orange). Pour le retour, compter 6 h 20 de marche. Une balade de deux jours, donc, avec une nuit à Girolata. Il y a 2 gîtes à Girolata, voir infos dans la rubrique « Randonnée pédestre Mare e Monti » au chapitre « Calvi ».

▶ *La vallée du Fango* (ou *Fangu*) : du hameau de Fango (Fangu), à 6 km à l'est de Galéria, jusqu'au village reculé de Bardiana, la D 351 longe le torrent de Fango en le surplombant. Très chouette promenade de 11 km dans le Filosorma, région particulièrement belle et mal connue. La forêt du Fango couvre les pentes des montagnes tandis que la rivière décrit des piscines naturelles en porphyre rouge dans lesquelles c'est un régal de se baigner en été aux heures chaudes.
Un tronçon du sentier « Mare e Monti » (balisé en orange) longe la rivière du refuge de Tuarelli au Ponte Vechju (sur la D 351). Durée de cette belle promenade : 1 h 30 (aller seulement).

Quitter Galéria

– *En bus :* celui qui vient de Porto et qui va à Calvi s'arrête en milieu de matinée au pont des Cinque-Arcate, à 4 km de Galéria, sur la route principale.

PORTO (20150)

Symbole bien connu de l'endroit, une tour génoise usée par les ans, mais fidèle au poste, tel un point sur le « i » d'un gros rocher battu par les vagues. A côté, une plage belle et grise, au fond d'un golfe extraordinaire taillé à grands coups de hache dans les flancs d'une montagne. A l'horizon, le bleu infini. On accourt de partout pour admirer ici l'un des plus beaux couchers de soleil de Méditerranée... Le site est universellement connu depuis que l'Unesco l'a inscrit sur la liste du patrimoine mondial de l'humanité. Une fausse bonne idée (à notre avis), tant Porto semble victime de son succès. Ce petit village, envahi en été, n'a plus beaucoup de charme... malgré son cadre de rêve. Avait-on besoin d'y construire parkings, terre-plein bétonné et autant d'hôtels disgracieux ? On en compte plus de 30 étalés au pied de la vieille tour ! Pour satisfaire les exigences immobilières, on a même sacrifié de vénérables allées d'eucalyptus... Dommage, mieux développée, la station aurait pu rester idyllique. D'autant plus que l'endroit constitue une base de départ idéale pour visiter un arrière-pays et une côte fabuleux.

Adresses utiles

– *Syndicat d'initiative :* à la marine (au bout de la rue des hôtels). ☎ 95-26-10-55. Ouvert toute l'année, tous les jours sauf dimanche ; en saison, de 9 h à 19 h. Hôtesse très serviable.

– *Bureau d'Information du parc régional :* juste à côté du syndicat d'initiative. Pas de téléphone. Doc sur les randonnées.

Où dormir ? Où manger ?

Bon marché

Les hôtels les moins chers (à l'exception de notre meilleure adresse) sont regroupés à la marine de Porto, tout près de la tour génoise.

➥ *Hôtel Bella Vista :* route de Calvi ; sur les hauteurs de Porto, vers Serriera. ☎ 95-26-11-08. Ouvert de mai à mi-octobre. Une maison mimi comme tout, avec ses balcons blancs et sa pierre rose. Les chambres donnent sur la montagne et un bout de mer. Calme et très bien tenu par une petite dame charmante. 170 F la chambre avec douche, 200 F avec salle de bains. Également des studios à 240 F la nuit. Un peu plus cher en haute saison.

➥ *Hôtel Le Golfe :* à la marine, au pied de la tour génoise. ☎ 95-26-13-33. Petit hôtel en pierre. De 200 à 300 F pour une chambre propre, avec douche seulement ou douche et w.-c., et petit balcon très sympa. Resto offrant un bon rapport qualité-prix. Une bonne adresse.

➥ *Hôtel Brise de Mer :* dans la marine, à 30 m du précédent et en face des cabines téléphoniques (quelle idée de les avoir plantées là comme ça !). ☎ 95-26-10-28. Demander une chambre avec vue sur la mer et le bois d'eucalyptus. Dans chaque chambre, douche, lavabo et w.-c., et un balcon agréable, surtout le soir. A partir de 180 F (250 F en haute saison). 350 F la chambre la plus confortable. Un seul ennui : l'hôtel est assez sonore, notamment à cause des portes de mauvaise qualité. Ça finit par être agaçant à la longue. La belle terrasse du restaurant vous fera oublier ces petits malheurs !

➥ *Auberge A Costarella :* route d'Évisa. ☎ 95-26-10-98. A l'écart du village, une adresse discrète et calme. 3 chambres d'hôte, face à la montagne et au torrent, à 190 F hors saison, petit déjeuner inclus. Dépouillées mais agréables. On peut aussi s'y restaurer : beaux menus corses à 80 et 90 F et quelques spécialités... libanaises. Excursions à faire dans le coin.

Où dormir ? Où manger aux environs ?

➥ *Hôtel L'Aiglon :* plage de Bussaglia, à Serriera (environ 8 km au nord de Porto). ☎ 95-26-10-65. Ouvert en saison seulement (jusqu'à fin septembre). Dans l'un des plus beaux coins du golfe de Porto, une maison en pierre du pays, aux volets colorés et au jardin fleuri. Un charme fou et des prix plutôt doux pour un 2 étoiles. A partir de 200 F la double avec douche, 300 F avec douche et w.-c. Demi-pension à 500 F pour 2. Bon resto avec des menus à 80 et 100 F. Plage à 500 m.

➥ *Stella Marina :* 20147 Serriera. A 300 m du précédent, en allant vers la plage de Bussaglia. ☎ 95-26-11-18. Fax : 95-26-12-74. Ouvert de mai à fin septembre. Bâtisse moderne mais plutôt bien intégrée au paysage grâce à sa façade ocre. Deux avantages : la terrasse, vraiment agréable le soir, et la piscine, superbe, dans la végétation. Chambres bien tenues, mais l'insonorisation laisse un peu à désirer. Demi-pension demandée, de 280 à 340 F par personne selon la saison. Au resto, bonne cuisine, simple et copieuse. Menu à 95 F.

Campings

➥ *Camping Les Oliviers :* situé en retrait de la marine, à 1,5 km de la plage, à la hauteur de l'embranchement des routes pour Ota et Calvi. ☎ 95-26--14-49. Fax : 95-26-12-49. Ouvert de Pâques à début novembre. Un cadre extraordinaire, ombragé, à flanc de ravin, avec des espaces en paliers, et, plus bas, le bruit du torrent qui coule sous les arbres. Un des plus beaux campings de Corse, bien équipé mais, hélas, bondé en été et un peu cher. On peut se baigner dans le torrent. Location de bungalows en bois, de 2 à 6 personnes.

➥ *Camping Sole e Vista :* à côté du précédent toujours sur la route d'Ota. ☎ 95-26-15-71. Également dans un site superbe, avec vue sur la montagne et la mer. Emplacements sur des terrasses en escalier, au milieu de la végétation. Un peu moins cher que le précédent mais moins bien équipé. Pas de resto mais un bar et quelques aliments. Piscine prévue (se renseigner).

A voir. A faire

▶ *Les calanches de Piana :* elles commencent à 2 km de Porto, sur la route qui monte à Piana. Une des sept merveilles de Corse. Des à-pics vertigineux, de 300 m de haut, des falaises de granit rouge (du porphyre) déchiquetées, ravagées par le temps. Maupassant, de passage en 1880, décrivit ainsi les calanches : «Une vraie forêt de granit pourpré... des roches aux formes étranges, des moines en robe, diables cornus, oiseaux démesurés, tout un peuple monstrueux, une ménagerie de cauchemar pétrifiée par le vouloir de quelque dieu extravagant.» A voir comme il se doit aux heures crépusculaires, entre chien et loup.

Aux environs

▶ *Girolata :* à une vingtaine de kilomètres au nord de Porto, ce ravissant hameau de pêcheurs de langoustes est connu pour sa rade et sa tour génoise. Aucune route n'y mène, on ne peut s'y rendre que par un sentier pédestre, le *Bocca a Croce* (qui part du col de la Croix), en 1 h 30 environ. Mais pour ne pas fatiguer les touristes, des promenades en mer sont organisées de Porto. Résultat : ce site superbe est bondé en été. La visite vaut tout de même le coup, ne serait-ce que pour les paysages côtiers spectaculaires, notamment les aiguilles rouges du monte Senino. La *compagnie des Promenades en mer,* située sur la marine de Porto (☎ 95-26-15-16) propose l'excursion en bateau avec vision sous-marine, deux fois par jour en saison (départs à 9 h 30 et 14 h 30). Durée 3 h, avec arrêt à Girolata (30 mn à 2 h selon le jour), puis visite de la réserve de Scandola.

▶ *La réserve naturelle de Scandola :* presqu'île désertique située sur le golfe de Girolata, réputée pour ses décors montagneux sauvages et classée elle aussi par l'Unesco. Les curiosités géologiques ne manquent pas : falaises déchiquetées, orgues de pierre volcanique, flancs érodés, magie des couleurs et de curieux trous appelés *tafoni,* qui restent encore un mystère pour les spécia-

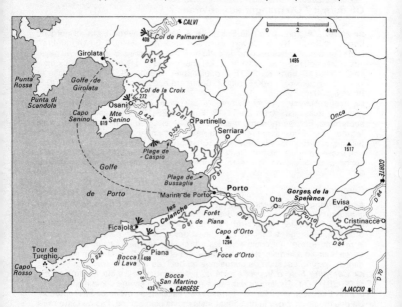

Porto et ses environs

listes. Le maquis recouvre une partie des 700 km² de la réserve. On y trouve une flore particulièrement riche pour une région côtière, parmi laquelle des bruyères arborescentes pouvant atteindre 4 m de haut. Sous l'eau, les fameux herbiers de posidonies, sur lesquels les scientifiques continuent leurs recherches. Côté bébêtes, la réserve n'est pas en reste avec notamment les derniers spécimens d'aigles balbuzards et la plus grande chauve-souris d'Europe, le molosse. Quantité d'autres oiseaux, certains rares, comme le goéland argenté, le cormoran huppé, la grive musicienne, le troglodyte mignon et autres pitchous ! On leur a tout de même laissé quelques prédateurs, histoire de préserver le milieu naturel : renard, couleuvre, etc. Le meilleur (et d'ailleurs le seul) moyen de découvrir cet extraordinaire territoire reste la randonnée. Ça tombe bien, puisque le G.R. 20 y passe. Sinon, des bateaux s'y rendent de Porto (voir plus haut à « Girolata ») et de Calvi mais ne laissent pas beaucoup de temps pour la découverte. Beaucoup de monde en été. Tant pis pour la tranquillité !

Quitter Porto

– **Vers Ajaccio :** par les autocars *S.A.I.B.*, deux liaisons par jour (trois le samedi, une le dimanche). Se renseigner à l'*hôtel Belvédère* à la marine. ☎ 95-26-13-70.
– **Vers Calvi :** par les autocars *S.A.I.B.* Un bus par jour (pas de liaison hors saison). Renseignements et billets place de la marine de Porto. ☎ 95-26-13-70.
– **Vers Corte :** avec *Mordi Coni*. ☎ 95-48-00-04. Un bus par jour, vers 16 h (pas tous les jours hors saison). Assez cher.

– L'ARRIÈRE-PAYS DE PORTO –

Circuit d'une soixantaine de kilomètres, qui permet de rejoindre Sagone à travers la montagne. Pour ceux qui arrivent du nord, on conseille de ne pas prendre cette route avant d'avoir vu au moins Piana (plus au sud sur la côte) ! Cette incursion en Corse profonde permet de découvrir quelques merveilles de l'intérieur : maquis, forêts, routes de montagne aux panoramas multiples, sangliers domestiques (ou cochon sauvages, comme on veut) et petits villages paisibles où se perpétuent les traditions insulaires...

OTA (20150)

A 5 km à l'est de Porto, par la D 124. C'est de cette commune que dépend Porto (qui n'est qu'un village, malgré sa notoriété). En pleine montagne, bâtie à flanc de coteau, Ota se présente comme une charmante petite cité typiquement corse, avec ses grosses maisons de pierre. Après la côte souvent surpeuplée, voici un coin idéal pour se reposer. Autour du village, panorama de rêve sur les collines déchiquetées, envahies par le maquis.

Où dormir ? Où manger ?

🛏 **Chez Felix :** place de la Fontaine (rue principale). ☎ 95-26-12-92 ou 14-60. Ouvert toute l'année. Une institution dans le coin, connue aussi bien pour sa cuisine typique que pour sa terrasse stratégique donnant sur les montagnes. Beau et copieux menu corse à 100 F, qui change tous les jours : soupe, viande corse, fromage corse... Propose des studios pour 180 ou 200 F (avec bains). Fait aussi gîte d'étape (de 2 à 8 personnes) : 50 F la nuit. Chambres avec balcon. On peut s'y procurer la liste des excursions à faire à partir d'Ota.

A voir. A faire

Pour ceux qui ont du temps, nombreuses promenades à faire dans les environs. Parmi les plus intéressantes :

▶ *Les gorges de la Spelunca et les ponts génois :* un sentier balisé relie Ota à Évisa en 4 h environ. Après avoir longé le Porto, on parvient au vieux pont de *Pianella* puis, au confluent de l'Aïtone et de l'Onca, au très beau pont, classé Monument historique, de *Zaglia* (en meilleur état). En cours de route, quelques beaux points de vue sur les gorges.

▶ *Les gorges de l'Onca :* au nord-est d'Ota. Moins évident que l'autre circuit mais, selon les connaisseurs, les paysages sont encore plus spectaculaires. Compter près de 6 h aller-retour.

▶ *Serriera :* au nord de Porto. On s'y rend d'Ota en 6 h environ, en empruntant le sentier « Mare e Monti ».

▶ *Les bergeries :* à Larata et Gorgola, au nord d'Ota. On rejoint la piste du sentier « Mare e Monti » ou celui des gorges de l'Onca. Assez long mais, là aussi, une magnifique balade.

ÉVISA (20126)

Dans ce joli village d'altitude, l'air est plus frais, plus cristallin que sur la côte, torride en été. Entre la forêt d'Aïtone et les gorges de la Spelunca, sur un promontoire rocheux, Évisa se présente comme la gardienne des secrets de la Corse profonde. Ici commence la route de « l'âme corse », qui conduit vers les hauts sommets. La région, sillonnée de sentiers, constitue un véritable petit paradis pour les marcheurs.

Où dormir ? Où manger ?

🛏 *Hôtel du Centre :* ☎ 95-26-20-92. Ouvert de juillet à septembre. Maison villageoise sans prétention, proposant des chambres très simples mais bon marché. Pratique pour les randonneurs.
🛏 *Gîtes du Belvédère :* au centre du village, à côté de l'église et en contrebas (à droite) du parking. ☎ 95-26-20-95. S'adresser chez M. Gianni, dans la maison à gauche de l'ex-hôtel aux volets rouges. Location à la semaine, mais aussi pour deux ou trois nuits. Des deux et trois-pièces avec une vue plongeante sur la vallée.

Plus chic

🛏 *Hôtel-restaurant L'Aïtone :* rue principale, avant la sortie du village (vers Vico). ☎ 95-26-20-04. Fax : 95-26-24-18. Grande maison récente à l'intérieur rustique. Deux atouts non négligeables : la piscine et la terrasse, avec une vue sublime sur les montagnes. Chambres confortables, à partir de 200 F (hors saison) et jusqu'à 500 F. Réputée depuis de nombreuses années, la cuisine, à notre humble avis, n'est plus à la hauteur de sa renommée. Premier menu à 80 F, banal. Et l'accueil est plutôt inégal, malgré toute la chaleur dont sait faire preuve Toussaint Ceccaldi, le patron.

Où boire un verre ?

– *Café Moderne :* rue principale. Pour sa terrasse ombragée, près de la fontaine. C'est ici que nous avons, pour la première fois, entendu la définition corse du travail : « L'application des forces en vue d'un effort qui doit être fait par un autre. » C'était dit par un Corse truculent qui mériterait la palme d'or de l'humour...

A voir. A faire

Nombreuses randonnées dans le coin. On peut se renseigner à la *Maison d'information du Paesolu d'Aïtone :* ☎ 95-26-23-62.

▶ *Les gorges de la Spelunca :* on en parle plus haut, dans « A voir, à faire à Ota. »

▶ **Le Belvédère :** lieu-dit situé à environ 3 km au nord du village et à près de 1 000 m d'altitude. Comme son nom le laisse deviner, panorama fantastique sur les montagnes (certaines rougeâtres) et, au loin, la mer. En contrebas, un torrent (l'Aïtone). Pour s'y rendre, route du col de Vergio puis prendre un sentier forestier sur la gauche.

▶ **Les cascades d'Aïtone :** à l'entrée de la forêt du même nom. Là aussi, prendre la très belle route (D 84) qui mène au col de Vergio. Les cascades sont indiquées quand on arrive. Pour les marcheurs, compter 20 mn d'Évisa. Site charmant au milieu des arbres. On peut voir les ruines d'un ancien moulin et, au milieu des chutes, des piscines naturelles. Baignade pour les pas frileux...

Aux environs

▶ **La forêt d'Aïtone :** sans conteste l'une des plus belles de l'île, réputée pour ses gigantesques pins laricio. Des sentiers de randonnée encouragent à de belles promenades, notamment jusqu'à des sommets montagneux flirtant avec les 1 500 m.
Maupassant (encore lui), dans sa nouvelle *Un bandit corse,* décrit ainsi la forêt d'Aïtone : « Les sapins démesurés élargissaient sur nos têtes une voûte gémissante (...), leurs troncs minces et droits faisaient une sorte d'armée de tuyaux d'orgue d'où semblait sortir cette musique monotone du vent dans les cimes. De place en place, un pin parasol gigantesque, séparé des autres, ouvert comme une ombrelle énorme, étalait son dôme d'un vert sombre... »

▶ **Le Niolo :** sauvage région, pleine de légendes, un peu après la forêt d'Aïtone. On en parle plus loin dans le guide (voir « Calacuccia »).

VICO (20160)

Moins spectaculaire qu'Évisa, mais encastré dans un amphithéâtre de montagnes toutes vertes, Vico exhale un parfum de terres lointaines. C'est la vraie vie des hauteurs, loin de la frime des plages. Attention aux vaches et aux cochons en liberté sur la route qui y mène.

Où dormir ? Où manger ?

🛏 **Hôtel-restaurant U Paradisu :** sur la route du couvent Saint-François, à la sortie de Vico. ☎ 95-26-61-62. Fax : 95-26-67-01. Fermé de janvier à avril. De grandes chambres un peu tristes. Une ambiance pension de famille, mais pas désagréable. Piscine. A partir de 270 F la chambre double. Demi-pension obligatoire en juillet et août (260 à 320 F selon le confort). D'ici, on peut partir en randonnée vers les lacs de Nino et Creno, les plus beaux de l'île.
✗ **Auberge du Col :** au rond-point, en arrivant à Vico au départ d'Évisa. ☎ 95-26-61-58. Connue dans la région pour sa bonne cuisine corse. Premier menu à 65 F, assez limité. Opter pour celui à 98 F, copieux.
✗ **Ferme-auberge Pippa-Minicale :** au rond-point, à côté de l'*Auberge du Col.* ☎ 95-26-61-51. Maison peu avenante à cause de sa façade grise. Mais la salle à manger est chaleureuse. On y sert un beau menu corse, archi-copieux, pour 105 F. Bon accueil. Réservation conseillée.

Où dormir ? Où manger aux environs ?

🛏 **Hôtel des Thermes :** à Guagno-les-Bains (13 km à l'est). ☎ 95-28-30-68. Fax : 95-28-34-02. Un des seuls hôtels 3 étoiles de la Corse intérieure. Flambant neuf et d'une conception architecturale pleine d'élégance, il a été financé par le Département pour désenclaver la région. Piscine et tennis. Prix très honnêtes. Resto gastro.
✗ **U Paese :** à Soccia (7 km au nord-est de Guagno). ☎ 95-28-33-13 ou 31-92. Petit hôtel de montagne. Chambres à 230 F avec bains et w.-c. Connu

pour sa bonne cuisine familiale : sanglier, lasagnes, cannelloni... A partir de 90 F le repas. Réserver 48 h avant.

Où méditer sur la finalité des choses ?

– *Le couvent Saint-François :* à flanc de montagne, entouré de jardins et de bois, c'est une grande bâtisse blanche dans un paysage bien vert. Fondé par des franciscains en 1481, occupé de nos jours par les missionnaires oblats de Marie, le couvent est ouvert à la visite (tous les jours entre 14 h et 18 h). Remarquer, dans l'église, le Christ en croix, le plus vieux de Corse, les fresques à l'italienne et, dans la sacristie, un meuble du XVIIe siècle en châtaignier.
Mais le plus intéressant pour les profanes que nous sommes, c'est l'intérieur même du couvent où vivent une dizaine de moines. On peut découvrir les couloirs, la bibliothèque, des cellules, une chapelle et une salle de télé des plus insolites sous ces fresques colorées.

– LA CÔTE, DE PORTO À AJACCIO –

PIANA (20115)

Niché au-dessus des fameuses calanches (ou calanques) rouges, assurément l'un des plus beaux spectacles naturels de la mer Méditerranée. Le village, bien préservé, est joli et pimpant, avec quelques vieilles maisons de pierre, et, bien sûr, la mer et une vue à vous couper le souffle !

Où dormir ?

🛏 *Hôtel Continental :* à la sortie de Piana, à droite en venant de Porto. ☎ 95-27-82-02. Fermé d'octobre à mars. Une vieille maison, style relais de diligence, patinée par le temps. On a l'impression que Gustave Flaubert vient d'y passer la nuit. C'est rétro, mais bien propre et plein de charme. On aime ce jardin planté de pins et d'abricotiers, ces chambres au plancher en bois brut, ces gros volets d'antan et ces murs épais. Compter 160 F pour une chambre avec douche et w.-c. dans le couloir. 250 F dans l'annexe (plus confortable). Petit déjeuner en plus. Pas de restaurant.
🛏 Le *camping* le plus proche de Piana est situé à 12 km sur la route de Galéria.

Plus chic

🛏 *Hôtel Les Roches Rouges :* à droite en entrant dans Piana quand on vient de Porto. ☎ 95-27-81-81. Fax : 95-27-81-76. Une bâtisse construite en 1912, un peu démodée mais pleine de cachet, qui surplombe les calanques. Immense salle à manger, classée pour son superbe plafond, ses fresques et son parquet. Vue sublime de la terrasse. Grandes chambres dépouillées, simples, mais donnant sur le golfe de Porto. Entre 270 et 450 F la double selon la saison. La n° 19 en angle possède deux fenêtres, côté cour et côté mer. Au restaurant, premier menu à 100 F.

Où manger ?

✗ *U Spuntinu :* route de Cargèse, à l'entrée de Piana, sur les hauteurs. ☎ 95-27-80-02. Une maison à la salle à manger toute simple mais pleine de charme avec ses nappes à carreaux. Accueil souriant. Deux bons menus corses, l'un à 85 F avec charcuterie, cannelloni au brocciu puis fromage, l'autre à 89 F avec pâté de sanglier, poisson ou viande puis dessert.

A voir. A faire

▶ *Les calanches :* panorama d'ensemble absolument divin (surtout au coucher du soleil) quand on arrive par la route de Cargèse. Mais on se fait une meilleure idée de ce que sont les calanches en sortant de Piana pour aller vers Porto. Là aussi, au coucher du soleil, c'est le choc assuré. Pour ceux qui connaissent l'Ouest américain, ça fait assez penser à ce phénomène étonnant qu'est Bryce Canyon, avec ces espèces de cheminées de fées profilées sur l'horizon.

CARGÈSE (20130)

Cargèse la grecque. A deux reprises, au XVIIᵉ et au XVIIIᵉ siècle, des immigrés grecs, fuyant la tyrannie de l'Empire ottoman, s'établirent ici. Aujourd'hui encore, les Corses de Cargèse parlent le grec. La petite église catholique de rite grec est décorée d'icônes, dont certaines sont fort belles. Elle fait face à l'église catholique romaine devant laquelle pousse un vieil arbre nommé *ombu* – il s'agit d'un micocoulier.
Est-ce ce particularisme ou la présence du Club Med qui a mis Cargèse à la mode ? Toujours est-il qu'en été on se bouscule ici, mais l'ambiance reste agréable. Cargèse est également le terminus du sentier de randonnée « Mare e Monti ».

Adresse utile

– *Syndicat d'initiative :* rue du Docteur-Dragacci (dans le centre). ☎ 95-26-41-31. Ouvert tous les jours en semaine, de 9 h à 12 h et de 16 h à 19 h ; d'octobre à fin mai, de 15 h à 17 h.

Où dormir ? Où manger ?

🛏 *Camping Torraccia :* à 4 km au nord de Cargèse. A proximité des plages de Chiuni et Pero. ☎ 95-26-42-39. Ouvert de mai à fin septembre. Situé sur le parcours du « Mare e Monti ». Emplacements sous les pins. Dommage, la route est assez proche. Équipement assez limité, mais tennis, ping-pong, bar et alimentation.
🛏 *Hôtel Cyrnos :* rue principale. ☎ 95-26-40-03. Fermé en hiver. Petit hôtel d'un certain charme. Très simple, mais chambres correctes avec douche. De 180 à 200 F selon la saison. Parmi les habitués du resto, un certain Georges Charpak. Menu à 92 F avec soupe de poisson ou charcuterie, plat puis fromage.
🛏 *M'Hôtel Punta e Mare :* sur la route de Paomia. ☎ 95-26-44-33. Ouvert toute l'année. Un hôtel qui pratique des prix assez doux : 200 F en chambre double avec douche et w.-c., 250 F le studio avec cuisine. Décor fleuri. Accueil souriant. Accueille les randonneurs (prix spéciaux), sauf en juillet-août.
🛏 *Hôtel Bel'Mare :* à droite de la route, en sortant de Cargèse vers Ajaccio. ☎ 95-26-40-13. Ouvert du 1ᵉʳ mars au 30 octobre. Petite maison blanche aux volets bleus, sortie d'un film de Jacques Tati. Chambres dépouillées, toutes simples, mais avec douche et balcon offrant une vue plongeante impressionnante sur le golfe de Sagone. 200 F hors saison, 250 F en saison. En juillet-août, demi-pension demandée : 665 F pour 2 personnes. Au resto (belle terrasse), spécialités de poisson.

Où manger ?

✗ *U Menasina :* à environ 2 km avant l'entrée dans Cargèse, en venant de Sagone, sur les hauteurs. ☎ 95-26-44-11. Grande maison cachée dans les massifs de fleurs. Salle à manger guillerette, à la déco pastel. La table est réputée et on ne peut que saliver à la lecture de la carte : agneau à la menthe, poisson grillé, *pastachouta* à la langouste... Premier menu à 90 F.

Plus chic

✗ *Le Macao (Chez Antoine) :* la marine. ☎ 95-26-47-28. Ouvert de mai à mi-septembre. Dans un étonnant cabanon de pêcheurs, du poisson à gogo et des chansons corses. Un cadre marin pittoresque et exotique, une convivialité unique.

A voir

▸ *Panorama :* de la terrasse de l'église catholique, vue superbe sur le golfe, le petit port et les vieilles maisons fleuries du village.

▸ *L'église catholique (latine) et l'église orthodoxe (grecque) :* l'une en face de l'autre. La première, de style baroque, a des airs très méditerranéens avec sa façade blanche. Elle fut construite au début du XIXᵉ siècle. Intérieur richement décoré. Entre autres, un amusant trompe-l'œil et divers tableaux anciens. L'église grecque, elle, date de la fin du XIXᵉ siècle. On y trouve 4 icônes rapportées de Grèce, dont un *Saint Jean Baptiste* (ailé) peint au XVIᵉ siècle sur le mont Athos et une *Vierge à l'Enfant* de style byzantin, qui daterait du XIIᵉ siècle. D'autres très belles peintures sur bois. Ici aussi, panorama de choix sur la mer de la terrasse. Un détail cocasse : le même prêtre officie dans les deux églises, passant d'un rite à l'autre sans que personne ne s'en offusque.

SAGONE (20118)

A 13 km à l'est de Cargèse. L'origine du village est très ancienne puisqu'on y découvrit d'importants menhirs, des ruines romaines et les vestiges d'une cathédrale romane (l'une des premières de Corse). De son passé glorieux, seule subsiste une imposante tour génoise. Sagone, grâce à la grande plage formée par son golfe, est devenu une station balnéaire agréable, même si les constructions récentes ont atténué son charme.

Où dormir ? Où manger ?

⛺ *Motel Funtanella :* route de Cargèse, à 4 km de Sagone. ☎ 95-28-02-49 ou 03-36. Ouvert d'avril à fin octobre. Maison récente en amont de la route, face à la mer. Cadre mignon comme tout grâce aux nombreuses essences méditerranéennes qui peuplent le grand jardin : pins, cactus, bambous, micocouliers... Studios bien tenus, tous avec kitchenette et petit balcon, pour 250 F la nuit. Également des pavillons à louer (jusqu'à 6 personnes), de 2 000 à 4 000 F la semaine selon la saison. Ping-pong dans le jardin. Bon accueil.
⛺ *Camping-motel Sagone :* route de Vico. ☎ 95-28-04-15. Fax : 95-28-08-28. Grand terrain très bien équipé avec resto, supermarché, etc. Motel confortable mais assez cher.
✗ *Le Kaliste :* sur la plage. Pizzeria-grill très fréquentée pour sa terrasse ombragée et ses prix honnêtes. Parmi les spécialités : l'oursinade (soupe de poisson au corail d'oursin !), à 45 F ; et les terrines de porc.

TIUCCIA (20111)

A 7 km au sud de Sagone et à une trentaine de kilomètres d'Ajaccio. Une toute petite station qui a de plus en plus la cote auprès des estivants grâce à ses très belles plages, encaissées dans le golfe de la Liscia. Beau point de vue sur le site quand on arrive d'Ajaccio, au col de San Bastiano. A Tiuccia, on peut louer des V.T.T. à la station BP, à l'entrée du village.

Où dormir ? Où manger ?

🛏 *Camping Les Couchants :* à 3 km de Tiuccia, dans les terres. Bien fléché de la route côtière. ☎ 95-52-26-60 ou 29-04. Dans un parc de 5 ha au cadre superbe (collines, végétation...). Patronne accueillante. Équipement d'un 3 étoiles mais pas cher du tout pour l'endroit. Resto. Location de caravanes.
🛏 *Camping La Liscia :* route de Tiuccia, 20111 Calcatoggio. A 2 km de Tiuccia. ☎ 95-52-20-65 ou 95-52-25-29 (hors saison). Vaste et bien ombragé. Bon accueil. Douches chaudes toute la journée. Snack-bar, pizzeria, épicerie. Pas cher non plus.
🛏 *Hôtel Le Narval :* hameau de La Liscia, 3 km avant Tiuccia en venant d'Ajaccio. ☎ 95-52-25-35. Fax : 95-52-24-99. Ouvert d'avril à octobre. Des allures de complexe touristique mais l'architecture a un certain cachet : bâtiments bas de type espagnol et joli patio occupé par une grande piscine. Accueil pro et prix compétitifs : demi-pension (obligatoire) à 250 F en chambre double (315 F en juillet-août). Cuisine correcte. Plage et tennis à 100 m.
✗ *U Taravu :* route principale, à droite en allant vers Cargèse. ☎ 95-52-22-40. Ouvert toute l'année. A l'air banal mais voici une adresse très sympa, qui propose un menu à 80 F d'un excellent rapport qualité-prix avec pâté de sanglier, truite ou viande corse et de vrais fromages corses. Pour 125 F, on peut faire des folies de produits de la mer : deux pêcheurs du coin apportent régulièrement leurs meilleures prises ! Service cool. L'apéro est souvent offert.
✗ *Restaurant Chez Diane :* sur la plage d'Orcino (hameau La Liscia), à 1 km de Tiuccia en allant vers Ajaccio. ☎ 95-52-20-70. Accueil charmant et une savoureuse cuisine corse et méditerranéenne : paella au homard, poisson du golfe, etc. Premiers menus à 58, 85 et 95 F.

LA CORSE DU SUD
(d'Ajaccio à Porto-Vecchio)

AJACCIO (20000)

Évidemment, il est partout. Son ombre plane sur la ville. Il reçoit tous les jours l'hommage affairé de la foule des Ajacciens. L'ancien maître de l'Europe ne règne plus que sur la plus embouteillée des préfectures. Qui ça ? Mais non, pas Tino Rossi... Napoléon !
Même si Ajaccio n'est pas en soi une destination de séjour, voilà une ville plutôt agréable, à la population avenante. Certains peuvent la trouver un peu bruyante (capitale oblige), mais on a vite fait de se perdre dans ses vieilles rues aux maisons colorées. La région est très belle : les îles Sanguinaires, le Porticcio des riches et des stars, et la montagne toute proche, qui offre à la baie d'Ajaccio un cadre vraiment superbe.

Adresses utiles

– *Agence du tourisme de la Corse :* 17, bd Roi-Jérôme. ☎ 95-21-56-56. Fax : 95-51-14-40. Minitel : 36-15, code CORSE. Vraiment aimables, les régionaux. C'est ici que vous trouverez toutes les infos concernant l'hébergement, les loisirs et les activités sportives sur l'île.
– *Office du tourisme d'Ajaccio :* juste à droite de la mairie, place du Maréchal-Foch (plan B3). ☎ 95-21-40-87 et 53-39. Ouvert tous les jours de 8 h à 21 h. Pas aussi efficace que ça, mais on y trouve un plan de la ville et des environs, les horaires de bus, de trains et de bateaux. Méfiance lorsqu'ils disent que les hôtels bon marché sont complets et qu'ils vous trouvent un hôtel bien plus « chic »...

– *Relais régional des gîtes ruraux :* 24, bd Paoli (plan A1), 20090. ☎ 95-20-51-34. Fax : 95-20-28-96. Propose la liste des gîtes ruraux, des chambres d'hôte et des campings à la ferme dans toute l'île. Pour réserver, ☎ 95-22-70-79. Mais on peut aussi écrire directement au propriétaire dont on trouvera l'adresse dans la brochure. Attention : comme partout ailleurs en France, les locations de gîtes se font à la semaine, et non à la journée.

– *Bureau d'information du parc naturel régional de Corse :* 1, rue Campi, une petite rue centrale qui fait l'angle avec la rue du Général-Fiorella (plan B3). ☎ 95-21-56-54. Extrêmement sympa et efficaces, enfin des pros, Laetitia, José et Hervé. Bonne documentation sur les sentiers de randonnée et les gîtes d'étape pour marcheurs, cavaliers, cyclotouristes. On peut y acheter des topo-guides très bien faits, avec cartes : « A travers la montagne corse » (G.R. 20) et « Entre mer et montagne » (sentiers « Mare e monti » et « Mare a mare »), ainsi que des dépliants sur les balades en boucles dans les microrégions.

– *Aéroport de Campo dell'Oro :* situé à 6 km d'Ajaccio, sur la route de Porticcio. Pour s'y rendre, prendre le bus quai Napoléon. Pour aller de l'aéroport au centre ville, un bus tous les 30 mn (durée : 20 mn). *Air France* et *Air Inter,* ☎ 95-29-45-45. *TAT,* ☎ 95-22-35-65. *Corse Air,* ☎ 95-21-55-55. *Kyrnair* (liaisons aériennes avec Figari et Calvi), ☎ 95-20-52-29.

– *Gare ferroviaire* (plan B1) : ☎ 95-23-11-03. Située à la sortie du port d'Ajaccio, quand on va vers Corte et Porticcio.

– *S.N.C.M. :* quai L'Herminier. ☎ 95-29-66-88.

– *Location de voitures :* une dizaine de loueurs vous attendent dans le hall de l'aéroport à votre arrivée à Ajaccio. *Hertz :* ☎ 95-23-24-17. Sinon, *Aloha* offre des tarifs intéressants, ☎ 95-20-52-00. Ou encore *Emmanuelli,* ☎ 95-23-15-93. N'hésitez pas à demander un tarif spécial hors saison. Pensez à louer une petite voiture, pratique pour les routes étroites et sinueuses, avec un toit ouvrant (il fait parfois très très chaud !).

– *Location de vélos, scooters et motos :* B.M.S., quai de la Citadelle, ☎ 95-21-33-75 ; ou chemin de Candia, ☎ 95-23-25-18. *Loca Corse :* 10, av.

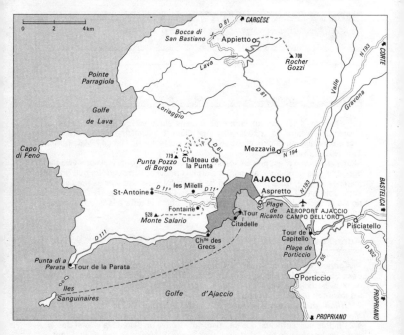

LE GOLFE D'AJACCIO

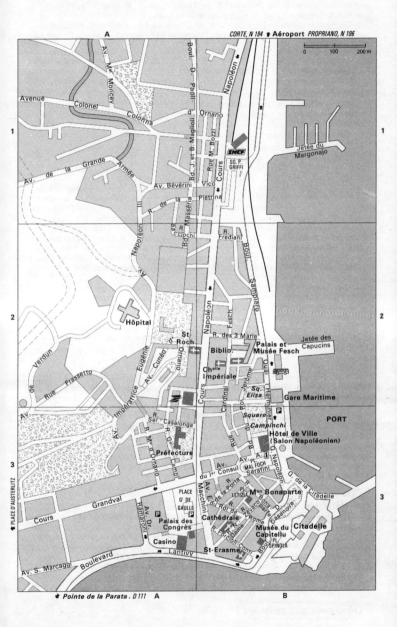

CORTE, N 194 ⚓ Aéroport PROPRIANO, N 196

0   100   200 m

A

1

Av. M^{al} Moncey

Avenue Colonel Colonna

Av. de la Grande Armée

Boul. D' Paoli

d' Ornano

R. de J.-B. Marcaggi

Rue M. Bozzi

Cours

Vico

Av. Bévérini

Pietrina

R. de la Masséria

R. Ceccaldi

B^d Ceccaldi

Av. Napoléon III

Napoléon

SNCF

SQ. P. GRIFFI

Jétée du Margonajo

R. Frediani

Boul. Sampiero

Fesch

Napoléon

2

Hôpital

St-Roch

R. des 3 Marie

Biblio.

Ch^{elle} Impériale

Palais et Musée Fesch

Jetée des Capucins

Av. de Verdun

Rue Prassetto

Av. Impératrice Eugénie

Av. Cuneo

Cours Napoléon

Cardinal Fesch

Quai l'Herminier

Sq. Elisa

Gare Maritime

PORT

R. Ser. Casalonga

R. Mgr d'Ornano

Cathédrale

Camot

Préfecture

Square

Campinchi

Hôtel de Ville
(Salon Napoléonien)

Av. du Ier Consul

Av. pl.

MAL FOCH

Sérafini

Q. de la Citadelle

Av. Napoléon

3

PLACE D'AUSTERLITZ

Cours

Grandval

Av. Dr. Ramaroni

PLACE G^{al} DE GAULLE

Palais des Congrès

Av. E^{ne} Macchini

Av. E. du Roi de Rome

Av. E. du Roi de Rome

Pl. LETIZIA

M^{on} Bonaparte

PL. FOCH

R. N.-Dame

R. Bonaparte

Rue Zévaco

R. Forcioli Conti

Casanova

Cathédrale

Musée du Capitellu

Citadelle

Casino

Av. S. Marcaggi

Boulevard

Lantivy

St-Erasme

PL. SPINOLA

B

⚓ Pointe de la Parata, D 111   A

B

Bévérini-Vico. ☎ 95-20-71-20. *Moto Corse Évasion :* montée Saint-Jean.
☎ 95-20-52-05. *Route Évasion :* 2, av. Noël-Franchini. ☎ 95-22-72-87.
– *Poste :* cours Napoléon (plan A2). ☎ 95-21-41-78.
– *Trimarine :* chez Nicolas Legoupil. ☎ 01-99-74-76. A bord du *Flâneur,* tri-
maran de croisière, on vous propose l'initiation à la voile, à la plongée en apnée
et à la planche à voile.

Où dormir ?

Ajaccio n'offre pas un grand choix d'adresses bon marché. Nous avons malgré
tout déniché quelques petits hôtels corrects. Si tout est complet en saison, on
conseille aux petits budgets de camper ou de chercher dans les environs
proches.

👄 *Hôtel Colomba :* 8, av. de Paris (plan A3). ☎ 95-21-12-66. Bien placé,
dans le centre, en face de la place du Général-de-Gaulle. Réception au 3ᵉ étage.
L'hôtel le moins cher d'Ajaccio, style pension de famille. Chambres avec
douche et lavabo pour deux personnes, d'autres pour trois avec douche sur le
palier. A partir de 130 F (150 F avec douche). Souvent complet.
👄 *Hôtel du Palais :* 5, av. Bévérini (plan A1). ☎ 95-23-36-42. A proximité de
la gare, un immeuble vieillot qui, à première vue, n'a rien d'engageant. Mais les
chambres, claires et spacieuses, viennent d'être entièrement refaites. Certaines
ont même un balcon. Bon accueil. 220 F la double avec douche.
👄 *Hôtel Marengo :* 2, rue Marengo (hors plan). ☎ 95-21-43-66. Fax : 95-21-
51-26. A proximité de la plage, en allant vers la place d'Austerlitz. Une bonne
petite adresse cachée au fond d'une impasse, donc au calme. Les chambres
donnent sur une courette fleurie. Accueil prévenant. Chambres simples mais
bien tenues. 240 F la double avec douche (210 F hors saison) ou 300 F (260 F
hors saison) avec douche et w.-c. privés.
👄 *Le Dauphin :* 11, bd Sampiero (plan B2). ☎ 95-21-12-94. Fax : 95-21-
88-69. A mi-chemin de la gare et des ferries, donc bien situé même si le boulevard est bruyant. Immeuble triste mais chambres avec douche et w.-c. propres
et rénovées, certaines avec vue sur le port. Pour les fauchés, quelques
chambres avec douche sur le palier pour 150 F (sans petit déjeuner). Sinon,
240 F tout confort et petit déjeuner (300 F en saison). Demander sur cour.
Bon accueil. Fait aussi bar-resto.

Prix moyens

👄 *Hôtel Bonaparte :* 1-2, rue Étienne-Conti (derrière l'hôtel de ville ; plan B3).
☎ 95-21-44-19. Dans une petite rue touristique (pleine de restos), entre le port
et la rue Fesch. Accueil souriant et chambres très bien tenues. On est un peu à
l'étroit, mais ça reste confortable : douche, w.-c., ventilo et T.V. Déco
mignonne. Bon rapport qualité-prix : 280 F la double.
👄 *Hôtel Spunta di Mare :* quartier Saint-Joseph. ☎ 95-22-41-42. Fax : 95-
21-80-02. Excentré mais pratique quand on vient de l'aéroport (tout de suite à
droite avant le cours Prince-Impérial). Immeuble moderne aux chambres plutôt
mignonnes. Bien tenu et tout confort : bains, w.-c., TV, téléphone. Panorama
sur le golfe. Pour 2 personnes, compter 225 F hors saison, 260 F en mi-saison
et 326 F en juillet et août.

Plus chic

👄 *Hôtel Impérial :* 6, bd Albert-Iᵉʳ (sud-ouest du centre ville). ☎ 95-21-
50-62. Fax : 95-21-15-20. Un 3 étoiles de charme à la belle entrée de style
disons... napoléonien ! Chambres mignonnes et soignées. Pas pour toutes les
bourses mais le prix inclut parasol et matelas sur la plage privée, située juste en
face... De 310 à 460 F la double avec douche, w.-c. et TV, selon la saison.
👄 *Castel Vecchio :* route d'Alata. Au nord du centre, après le cours Napoléon. ☎ 95-22-31-12. Bâtisse des années 70, intéressante pour sa piscine et la
vue offerte par certaines des chambres. Tout confort. De 300 à 500 F la double
selon la saison.

Où dormir aux environs ?

👄 *M'Hôtel L'Orangeraie :* à Bastelicaccia (13 km à l'est d'Ajaccio). ☎ 95-20-
00-09. A la sortie du village, à gauche. Des pavillons noyés dans la luxuriante

végétation corse, palmiers, orangers, arbousiers... Cadre et accueil vraiment super. Location de studios pour une, deux ou trois personnes, à la nuit ou à la semaine. Tout l'équipement souhaité pour un bon séjour : cuisine, barbecue, terrasse... 220 F la nuit hors saison, 300 F en juillet et août.

Où manger à Ajaccio ?

En cherchant bien, on trouve tout de même à Ajaccio quelques bonnes petites adresses. Mais évitez les pièges à touristes disséminés autour du port, où le style « mon grand-père déjà préparait la meilleure bouillabaisse du coin » sent parfois le Saupiquet et ne mérite qu'un ricanement blasé...

Bon marché à prix moyens

✗ *Cafétéria La Serre :* 91, cours Napoléon (plan B3). ☎ 95-22-41-55. A 1 km du port en allant vers l'aéroport. Dans un cadre de cantine assez chic, on côtoie l'Ajaccien moyen. Grand choix de plats. La cuisine n'a évidemment rien de folichon, mais c'est l'un des rares endroits où l'on peut se rassasier pour environ 80 F.

✗ *Buffet de la Gare :* derrière la gare (plan B1). ☎ 95-20-30-23. Le long du quai, un bar-resto populaire, rendez-vous des boulistes, des pêcheurs et des rugbymen ! Carte longue comme le bras avec pizzas, pâtes et spécialités corses. Menu très correct à 80 F. Une petite adresse pittoresque bien cachée... Terrasse en été. Soirée guitares et chants le vendredi.

✗ *Le Bec Fin :* 3 *bis*, bd du Roi-Jérôme (plan B2). ☎ 95-21-30-52. Une brasserie bien connue des Ajacciens pour son excellent rapport qualité-prix. Qu'on en juge : le menu à 75 F propose foie gras (en petite quantité, tout de même), un carpaccio de saumon ou un magret de canard puis un dessert. Cuisine sans artifice mais d'une qualité régulière. Également un bien beau menu à 130 F. Élégante salle à manger circulaire et agréable terrasse donnant sur un square.

✗ *Restaurant de France (chez Pietri) :* 59, rue Fesch (plan B2). ☎ 92-21-11-00. Fermé le dimanche. L'une des rares bonnes adresses aux prix accessibles de cette rue touristique. On y sert dans un cadre chaleureux une délicieuse cuisine corse. Plats soignés dans de belles assiettes. Goûter, entre autres, à l'omelette au brocciu ! Premier menu à 90 F, tout à fait suffisant.

✗ *Don Quichotte :* rue des Halles (plan B2, entre la rue Fesch et le boulevard du Roi-Jérôme). ☎ 95-21-27-30. Terrasse agréable dans une rue piétonne. Une adresse classique, sans prétention, proposant un menu du jour tout à fait correct, à 70 F. Sinon, bon menu corse à 120 F.

✗ *Le Cheval Blanc :* rue Bonaparte (plan B3). ☎ 95-21-17-98. A deux pas du port, une grande salle un brin touristique, genre taverne. Au moins, le service est souriant et la carte propose un choix intéressant : salades, viandes, pizzas énormes et quelques plats corses (terrine de sanglier, charcuterie, bons ravioli au brocciu, etc.). Entrées un peu chiches mais plats copieux. Un assez bon rapport qualité-prix pour le quartier.

Plus chic

✗ *Le Bilboq :* 1, rue des Glacis (plan B3), dans le quartier du port, tout près de la maison Bonaparte. ☎ 95-51-35-40. Ouvert tous les jours, en saison seulement. Une adresse des plus discrètes, très peu connue, même des habitants de la ville ! Jean-Jean, le gentil patron, est un ancien boxeur reconverti en roi du poisson. Il les fait venir chaque matin, tout frais, directement des îles Sanguinaires et les sert grillés et parfumés. Autre spécialité : les énormes moules du golfe, également grillées. Un régal pour 50 F l'assiette (copieuse). Pour ceux qui ont les moyens, un plat traditionnel des pêcheurs corses : la langouste aux spaghetti. Compter tout de même 220 F par personne. Mais à ce prix, le festin est assuré... Pour arroser le tout, un petit vin maison bon marché. Une formidable adresse de derrière les fagots, qui offre en plus sa douce terrasse sous une tonnelle et un service chaleureux.

✗ *L'Amore Piattu :* 8, place du Général-de-Gaulle, dans le centre ville (plan B3). ☎ 95-51-00-53. Fermé le samedi midi et le dimanche. L'enseigne du restaurant, en Corse, signifie l'amour caché et l'amour du plat... Menu à 130 F. Tous les jours, un plat de poisson ou de viande. Cuisine classique mais raffinée, la patronne est un cordon bleu.

Où manger aux environs ?

Les autochtones le savent bien : si l'on veut manger vraiment corse, il faut sortir de la ville. Ici, on n'hésite pas à faire 20 km pour passer une bonne soirée en montagne, et à s'offrir des menus à 120 F ou plus avec charcuterie et gibier à volonté ! Si vous avez le temps et les moyens, faites comme les Corses, vous en garderez un fabuleux souvenir...

✗ *Auberge du Prunelli :* route de Sartène, à Pisciatello (13 km à l'est d'Ajaccio). ☎ 95-20-02-75. Ouvert en saison. Pas évident à trouver. Le resto est caché dans la verdure, près d'un pont, en retrait de la N 196 et sur un chemin menant à Bastelicaccia. Tous les Ajacciens connaissent cette auberge typique, où l'on sert un menu unique à 155 F, authentiquement corse. Selon la saison, on tombe sur des merles rôtis, du cabri ou de l'agneau. Repas archi copieux, incluant une soupe corse ou des charcuteries, une omelette au brocciu ou une truite, puis une viande, des fromages du pays et, au dessert, des fruits du verger. Vin inclus. Dommage, l'accueil n'est pas toujours très avenant, selon certains lecteurs.

✗ *U Barracone :* au lieu dit Barracone, un peu avant Cauro (20 km à l'est d'Ajaccio). ☎ 95-28-40-55. Fermé les dimanche soir et lundi. Au milieu des pins, une petite auberge aucueillante à la salle à manger chaleureuse. Un premier menu à 120 F et, à la carte, des spécialités alléchantes : tournedos aux morilles, chausson de lotte aux épinards, marcassin aux herbes (75 F)...

A BALÉONE

Deux adresses dans ce lieu-dit situé sur la route de Bastia, à 10 km au nord d'Ajaccio. Cela dit, l'endroit (sorte de zone industrielle) n'a pas beaucoup d'attraits.

✗ *Midi-Minuit :* à l'entrée du village. Bonnes spécialités au feu de bois : gambas, viandes et pizzas le soir. Premier menu à 75 F et carte assez riche.

✗ *Chez Maisetti :* à 200 m du précédent. ☎ 95-22-37-19. Fermé le dimanche. C'est la table des sportifs : bien des victoires du grand G.F.C.A. furent forgées autour de cette table, fréquentée exclusivement par des habitués. On vous regardera peut-être un peu de travers à votre arrivée. Qu'à cela ne tienne, les spécialités sont bonnes : canard, cèpes, cannelloni, etc. Pas de menu. La carte change tous les jours.

A PÉRI

Village de montagne au nord d'Ajaccio, près de Cuttoli. Prendre la route de Bastia sur 12 km, puis à droite la D 229.

✗ *Auberge Manzaggi (Chez Séraphin) :* à Péri village. ☎ 95-25-68-94. Un peu cher mais c'est, de l'avis de beaucoup, la meilleure ferme-auberge des environs d'Ajaccio. Sur réservation uniquement. Accueil charmant et décoration soignée. Cuisine corse, riche et typique, faite à partir des produits du jardin. Menu unique à 180 F, particulièrement copieux : soupe corse, charcuterie, beignets de fleurs de courgette, cabri, fromage à volonté (corse, bien sûr), tarte maison et café. On oubliait : vin à volonté. Super.

✗ 2 autres très bonnes adresses dans le coin : *U Licettu,* dans la plaine de Cuttoli (☎ 95-25-61-57), qui sert une fabuleuse cuisine paysanne ; et *Chez Pascal,* à Cuttoli Cortichiato (☎ 95-25-65-73), pour ses excellents repas corses du soir.

A voir à Ajaccio

▶ *La cathédrale* (plan B3) : on la dit de Giacomo Della Porta, l'illustre architecte du XVIᵉ siècle romain. Si c'est le cas, il n'était pas en forme. Bon, elle a une certaine tenue, cette cathédrale, et on peut toujours rêver à l'empereur bébé, baptisé ici le 21 juillet 1771. Eugène Delacroix a peint la Vierge du Sacré-Cœur dans la première chapelle à gauche. Bien qu'il fasse sombre, on constate que le sujet ne devait pas passionner le maître. On est loin des *Femmes d'Alger* !

▶ *La maison Bonaparte :* place Letizia, dans une ruelle donnant rue Bonaparte (plan B3). Ouverte de 9 h à 12 h et de 14 h à 18 h (dernière visite à 17 h 30). Fermée les dimanche après-midi et lundi matin. Entrée payante. Le futur empereur y naquit le 15 août 1769. Comme tous les cultes, celui-ci est risible. Le canapé dans lequel Napo vit le jour n'a même pas le bon goût d'être Empire. Enfin ! Une partie d'amusement pour les amateurs de second degré. D'autant plus que les artisans de cette religion impériale sont les descendants de ceux qui s'opposèrent aux Bonaparte et furent si durement méprisés par l'Empereur. D'ailleurs, personne ne vous dira qu'une fois empereur Napoléon ne revint qu'une fois en Corse... pendant une semaine. Cela dit, la visite, en compagnie d'un guide assez spécial, peut s'avérer amusante.

▶ *La chapelle impériale :* rue du Cardinal-Fesch (plan B2). Cette bâtisse en calcaire construite au XIXe siècle renferme les tombeaux de la famille Bonaparte. Il est même question (sujet délicat) d'y transférer les cendres de Napoléon Ier... Un moment historique mais une demi-réussite esthétique (un quart de réussite ?).

▶ *Le musée Fesch* (plan B2) : ☎ 95-21-48-17. Ouvert d'octobre à avril de 9 h 30 à 12 h et de 14 h 30 à 18 h et de mai à septembre jusqu'à 19 h ; en juillet août, nocturne de 21 h à minuit. Fermé les dimanche et lundi toute l'année. La seule visite réellement enthousiasmante. Le cardinal Fesch, oncle de Napoléon, a joyeusement pillé les musées, églises, chapelles italiennes à la suite de son glorieux neveu. A sa mort, il possédait la plus belle collection de primitifs italiens après celle du Louvre. Parmi tant de chefs-d'œuvre, ne manquez pas la *Vierge à la guirlande* de Botticelli, l'*Homme au gant* de Titien, la *Léda* de Véronèse et une série de Siennois méconnus sublimes.

— On ne peut visiter *la citadelle* car c'est une base militaire.

▶ *La statue de Napoléon :* place d'Austerlitz, à l'ouest du centre ville, au fond du cours du Général-Leclerc. Monument colossal élevé à la gloire de l'enfant du pays. Intéressant pour la vue sur la ville, du sommet des marches. Une petite grotte artificielle (appelée évidemment Napoléon) complète le site. Sous le piédestal, des gravures rappellent les créations de l'Empereur : Cour des comptes, Code civil, Légion d'honneur, Banque de France, départements, etc. Quelle influence sur notre vie quotidienne !

▶ *Le musée du Capitellu :* 18, bd Danielle-Casanova, face au port et à la citadelle (plan B3). ☎ 95-21-50-57. Ouvert d'avril à octobre, de 10 h à 12 h et de 14 h à 18 h. Fermé les dimanche après-midi et lundi matin. Entrée payante. Petit musée privé créé par un passionné très sympa. On y voit une collection d'objets d'art légués par de riches familles ajacciennes : mobilier, peintures, sculptures, vaisselle et bibelots divers racontant l'histoire de la ville. Dans une vitrine, souvenirs des derniers jours de Napoléon : mouchoir sur lequel il posa son impériale chevelure dans un dernier râle, cocarde qu'il ne quittait pas, décorations, rasoirs, etc. Bon, ça peut prêter à sourire mais le propriétaire des lieux raconte l'histoire de chacun de ces objets d'une façon passionnante, évoquant tous les personnages auxquels ils sont liés : Robespierre, Hortense de Beauharnais, Napoléon III, etc. Instructif.

▶ *Les Milleli :* route d'Alata, à environ 10 mn au nord du centre. C'est fléché. Il s'agit de la maison de campagne de Napo, au milieu des oliviers. On a bien sûr transformé les lieux en musée à la gloire du héros. Pour fans only. Mais le coin est sympa.

▶ *Pour les fans de Tino Rossi :* sa tombe est au cimetière d'Ajaccio. Sa villa (sur la route des Sanguinaires) est encore habitée par sa famille.

A faire

— *Bains de mer :* si vous voulez vous baigner à Ajaccio, vous le pouvez. Mais ne rêvez pas ! Le sable est là, mais la propreté est douteuse. La plage la plus proche est la *plage Saint-François*, près de la citadelle. Vers l'aéroport, vous trouverez la *plage de Ricanto*. C'est sur la route des Sanguinaires que vous découvrirez les plus beaux coins. Grande plage agréable au *Capo di Fero*, à environ 15 km à l'ouest d'Ajaccio (pas évident à trouver, le coin est réservé aux connaisseurs).

– *Promenades en mer :* excursions aux îles Sanguinaires, avec arrêt de 45 mn sur place, pour environ 100 F. Bureau de vente sur le port. Tous les jours vers 14 h 30. ☎ 95-51-31-31. Propose aussi Girolata et Bonifacio. Départ à 8 h 30 et retour à 18 h. Assez cher.

– *Locations de bateaux, planches à voile :* à la plage de Ricanto, vers l'aéroport.

– *Randonnées et promenades :* ceux qui voudraient faire de la randonnée accompagnée peuvent s'adresser à l'association *Muntagne Corse in Liberta,* immeuble Girolata, parc Bilello. ☎ 95-20-53-14. Très sérieux, très sympa, mais pas vraiment indispensable si vous avez l'habitude de marcher. Prendre toutes les précautions élémentaires d'équipement : bonnes chaussures, vêtements chauds, eau et nourriture.
En Corse, à part le G.R. 20 et le circuit « Mare e Monti » (voir « Calvi »), trois itinéraires *Da mare a mare* sont balisés : Porto-Vecchio-Propriano, Moriani-Cargèse et Ghisonaccia-Ajaccio. Ce dernier est décrit à « Ghisonaccia ».
Des sentiers de pays permettent de courtes boucles (3, 4, 5 jours) dans les plus belles régions de montagne.

Aux environs

▸ *Les îles Sanguinaires :* à 12 km à l'ouest d'Ajaccio. Au coucher du soleil, les îles prennent des reflets rougeâtres, et les plus imaginatifs n'hésitent pas à y voir le sang de pirates barbaresques. Joli spectacle. Alphonse Daudet qui, sorti de son moulin, laissait vagabonder sa plume, fit des Sanguinaires le cadre d'une de ses nouvelles.

Quitter Ajaccio

En bus

Toutes les sociétés de bus ne démarrent pas de la *gare routière* (quai L'Herminier, sur le port, à côté de la gare maritime, ☎ 95-21-28-01). Bien s'informer avant. Néanmoins, tous les renseignements s'y trouvent.
– *Pour Propriano, Sartène, Porto-Vecchio, Bonifacio :* autocars *Eurocorse,* ☎ 95-21-06-30. Deux bus par jour, un le matin, un autre l'après-midi. Compter 2 h de route pour Propriano et 4 h pour Bonifacio.
– *Pour Tiuccia, Sagone, Cargèse, Piana, Porto, Ota :* autocars *SAIB,* ☎ 95-22-41-99. Deux départs par jours en été.
– *Pour Vico, Evisa, Sagone :* autocars *Ceccaldi,* ☎ 95-21-38-06. Deux autocars par jour.
– *Pour Corte, Ponte-Leccia, Bastia :* autocars *Eurocorse.* Deux liaisons par jour. Compter plus de 3 h de route d'Ajaccio à Bastia.
– *Pour Calvi :* autocars *Eurocorse.* Prendre le bus pour Bastia, changer à Ponte-Leccia où une correspondance attend.

En avion

– *Kyrnair :* ☎ 95-20-52-29. La compagnie régionale relie Ajaccio à Calvi et Figari. De juin à septembre, deux départs par jour. Pour Bastia, un avion par semaine.

En train

Une sympathique et superbe promenade, petite expédition par monts et par vaux, à travers des paysages de montagne époustouflants de beauté. On se croirait dans *Tintin au Pérou.* Rassurez-vous, la ligne est très sûre ! Trois départs par jour d'Ajaccio. Renseignements : ☎ 95-23-11-03.
– *Ajaccio-Bastia :* 3 h 30 de voyage, on passe par Ponte-Leccia.
– *Ajaccio-Calvi :* trajet un peu plus long, 4 h 30. Avec un changement à Ponte-Leccia.

En bateau

– *Compagnie S.N.C.M. :* bureau à la gare maritime, quai L'Herminier. ☎ 95-29-66-88. Un, parfois deux départs par jour pour Toulon, Marseille ou Nice.

– *Corsica Ferries :* au port de commerce. ☎ 95-51-06-39. Liaisons Ajaccio-Gênes (Genova) tous les deux ou trois jours, en été.

En voiture de location
– *Hertz :* à l'aéroport. ☎ 95-23-24-17. Dans le centre ville. ☎ 95-22-14-84.
– *Ada :* quartier Saint-Joseph. ☎ 95-20-95-56.

– *L'ARRIÈRE-PAYS D'AJACCIO* –

A partir de Bastelicaccia et Cauro, des routes tortueuses vous invitent à de bien belles balades dans la montagne et à un regard sur la Corse profonde. A quelques kilomètres des plages, c'est déjà le pays des châtaigniers, des cochons sauvages et des maisons de pierre. L'hiver, ski de fond à la station d'Esa, à 1 600 m d'altitude, au-dessus de Bastelica.

BASTELICA (20119)

Après avoir traversé de vastes forêts, on parvient dans la patrie de l'illustre Sampiero Corso. « Le plus corse des Corses », né à la fin du XVe siècle, servit les Médicis, François Ier puis Henri II avant de lancer une insurrection contre les Génois. Valeureux combattant, il contribua à donner des Corses une image de guerriers redoutables. Bastelica, constitué de plusieurs hameaux, s'étage dans un décor montagneux réputé pour son air pur et ses bonnes charcuteries. Nombreuses randonnées à faire dans le secteur. Le tout explique que les Ajacciens en aient fait l'un de leurs lieux de séjour favoris.

Où dormir ? Où manger ?

🛏 *U Castagnetu :* fléché à partir de l'église. Tourner à gauche à la statue de Sampiero puis à droite. C'est 800 m plus loin, en montant. ☎ 95-28-70-71. Fax : 95-28-74-02. Une bonne adresse, confortable, calme et chaleureuse. Hors saison, chambre à 280 F (demi-pension : 520 F pour 2 personnes). En été, 390 F, petit déjeuner inclus. Au resto, une excellente cuisine régionale : charcuterie de montagne, omelette au brocciu, agneau aux herbes du maquis... De beaux menus à partir de 85 F. Quelle idée de s'entasser comme des sardines sur la côte : on est mieux ici !
🛏 *Le Sampiero :* à côté de l'église. ☎ 95-28-71-99. Un 2 étoiles classique mais très bien tenu, à la déco rustique. Les chambres donnent sur la montagne. De 260 à 300 F la chambre, certaines avec balcon. Cuisine familiale au resto.
✗ *Chez Paul :* à Stazzona. Un peu après l'hôtel *U Castagnetu,* sur la même route. ☎ 95-28-71-59. Un décor simple, sans prétention. On y sert une délicieuse cuisine corse, réputée dans toute la région. Menus corses à 75 F, 90 F et plus. Propose aussi quelques petits appartements bénéficiant d'un beau panorama.

Où dormir aux environs ?

🛏 *Camping A Selva :* à Tolla (10 km au sud, sur la D3). ☎ 95-27-00-28. Au bord du lac, dans un endroit très joli. Familial. Bon accueil. Confort minimum. Douches chaudes. Possibilité d'y prendre de bons repas. Menus à partir de 70 F. Tout est fait maison. En raison du terrain, pas de caravanes ni de camping-cars.

Où acheter de bonnes charcuteries corses ?

– *Chez François Urbani :* à Stazzona, à côté du resto *Chez Paul.* ☎ 95-28-71-83. Délicieuses charcuteries artisanales faites en famille. *Coppa,* saucisson, *figatelli* et gros jambons attendent les clients dans un fumoir attenant à la boutique. Ça sent bon la Corse profonde ! Un peu cher, mais les portions sont généreuses et vous ne serez pas déçu par la qualité.

A voir. A faire

Vous trouverez un plan du village et des environs au pied de la statue de Sampiero Corso, face à l'église.

▶ *La maison de Sampiero Corso :* dans le hameau de Dominicacci. En fait, la demeure où naquit le héros corse fut brûlée par les Génois. On la reconstruisit au XVIIIe siècle.

– *Route panoramique :* prendre la tortueuse D 27a direction Val d'Èse. Panoramas sublimes sur les montagnes, jusqu'au plateau d'Èse.

▶ *Les gorges du Prunelli :* en redescendant de Bastelica vers Ajaccio, route superbe (la D3) jusqu'à Ocana, via Tolla. A mi-chemin de ces deux villages, panorama à ne pas manquer sur les gorges.

– Une *randonnée* fameuse, pour ceux qui ont du temps : le *monte Renosso* (2 352 m), dans le parc régional, frontière des deux départements corses. Point de vue unique du sommet.

– *Ski de fond :* la station du Val d'Èse, à une vingtaine de kilomètres à l'est de Bastelica, est l'une des mieux équipées de Corse. Promenades agréables sur le plateau, au milieu des arbres.

SANTA-MARIA-SICHÉ (20190)

A 35 km à l'est d'Ajaccio, à gauche de la route menant à Propriano. On entre dans la vallée du Taravo, l'une des plus grandes de Corse. La commune de Santa-Maria n'a rien d'extraordinaire, mais l'air est pur et l'on y est tranquille. Belle église (Santa-Maria, bien sûr) sur la petite route de Grosseto. Le village est également connu en Corse pour avoir vu naître une certaine Vanina (rien à voir avec la chanson de Dave), qui épousa Sampiero Corso. Mais celui-ci (bien plus âgé qu'elle) l'étrangla (ou la brûla, selon les versions), sans que l'on ait jamais vraiment su pourquoi : adultère ? jalousie ? trahison politique ? Sa maison natale, du XVe siècle, se trouve un peu plus loin que l'église. A proximité, sur la route de Vico, les ruines d'une maison fortifiée construite par Sampiero.

Où dormir ? Où manger ?

🛏 *Hôtel Le Santa Maria :* rue principale, dans le bourg. ☎ 95-25-70-29. Un 2 étoiles correct. Jolie vue sur le village et la montagne. Chambres doubles de 240 à 255 F. Assez cher en haute saison (315 à 330 F).

✗ *Auberge du Col Saint-Georges :* route nationale 196, à mi-chemin de Cauro et Santa-Maria-Siché. ☎ 95-25-70-06. Une belle salle à manger, cachée derrière un modeste bar-tabac... La table est réputée jusqu'à Ajaccio pour sa bien bonne cuisine traditionnelle : *figatelli* de sanglier, cannelloni au brocciu, civets... Également une délicieuse soupe paysanne. Menu à 150 F archi copieux. L'accueil, un peu froid au début, se réchauffe très vite si vous prenez le temps de discuter avec la famille.

ZICAVO (20132)

A 27 km de Santa-Maria, entouré de montagnes, Zicavo, dans le haut Taravo, est sur la ligne de partage des eaux. Pays de châtaigniers et de hêtres, le maquis est constellé de vieux hameaux aux maisons de granit. L'endroit est un petit paradis pour les randonneurs. C'est une région qui n'a pas été abîmée et qui garde quelque chose de l'âme corse... Villages inanimés, avez-vous donc une âme qui nous pousse à vous trouver si beaux ? Pour parodier le poète...

Où dormir ? Où manger ?

☞ *Hôtel du Tourisme :* dans le bourg (partie haute). ☎ 95-24-40-06. Ouvert toute l'année. 15 chambres simples dans ce modeste hôtel de montagne. Bon accueil. Chambres doubles à 200 F. Mais surtout bonne cuisine : charcuterie maison, truitelles, cannelloni au brocciu... Menus à partir de 65 F. On conseille la demi-pension.

☞ *Gîte d'étape :* se renseigner à la mairie de Zicavo, ☎ 95-24-40-05 ; ou chez M. Fiamma, ☎ 95-24-42-13.

☞ *Ferme-auberge :* chez Valérie Bucchini, à Zicavo, dans le haut du village (même rue que l'*hôtel du Tourisme*). ☎ 95-24-41-28. Une cuisine simple mais bonne. Menu à 80 F. Également quelques chambres d'hôte, pour 120 F avec lavabo.

Randonnées pédestres

– Au départ de Zicavo, une boucle d'environ 15 h de marche, à faire en deux ou trois jours, en passant par *Cozzano, Tasso* et *Guitera* (connu pour ses bains naturels), puis retour à Zicavo.

☞ Dans chacun de ces villages : très agréables *gîtes* modernes, où l'on mange bien, à des prix abordables. ☎ 95-24-41-59 à *Cozzano* ; ☎ 95-24-42-54 ou 44-40 à Guitera ; ☎ 95-24-52-01 ou 53-40 à *Tasso*. En pleine saison, il vaut mieux réserver.

– Autre balade au départ de Zicavo vers le *monte Incudine* (sommet de la Corse du Sud !) et retour par le même chemin en 10 h 30 environ. On longe la route de la Boccadia Vaccia , le stop peut raccourcir la balade. Après 10 km, prendre à droite dans la forêt de Cascione. 7 km plus loin à gauche, route des bergeries de Cavaralla où l'on rejoint le G.R. 20, que l'on suit jusqu'au sommet du monte Incudine. Assez sportif. Retour par le même chemin. Avec un peu de chance, on aperçoit en cours de route des aigles et peut-être le fameux gypaète barbu, rapace en voie de disparition qui peut atteindre près de 3 m d'envergure.

– D'AJACCIO A PROPRIANO PAR LA CÔTE –

PORTICCIO (20166)

De l'autre côté de la baie, face à Ajaccio. On y trouve deux plages superbes et bien entretenues. En outre, la station offre un panorama somptueux sur Ajaccio et les îles Sanguinaires. Les riches, qui ont tout compris, s'y sont installés en masse. Il n'est pas rare d'y croiser quelques stars. C'est aussi un lieu de villégiature familial (bourgeois) avec ses villages vacances et ses campings luxueux.

Adresses utiles

– *Office du tourisme :* plage des Marines. ☎ 95-25-01-01.
– *Club de voile :* SLNP, plage de la Viva. ☎ 95-25-01-06. Considéré comme l'un des meilleurs de la région.

Où dormir ? Où manger ?

☞ *Camping Europe :* route de Pietrosella, à 4,5 km de Porticcio. ☎ 95-25-42-94. Le plus proche de la station. Ombragé et pas trop cher, quoique pas toujours bien entretenu. Snack-bar, épicerie, douches chaudes. Plage à proximité.

🛏 *Camping Le Sud :* au bord de la route, après Porticcio (8 km), à 150 m de la plage de Ruppione. ☎ 95-25-40-51. Ouvert de mi-avril à fin septembre. En été, bus au départ de la gare routière d'Ajaccio (six par jour). Un endroit bien équipé : sanitaires propres, douches, w.-c. pour handicapés, épicerie, pizzeria. Prix moyens pour la Corse.

🛏 *Camping U Prunelli :* à Pisciatello. Peu après le carrefour avec la route nationale, à droite de la D 555 quand on vient d'Ajaccio. ☎ 95-25-19-23. Fax : 95-25-16-87. Ouvert toute l'année. Grand terrain 3 étoiles, bien ombragé. Belle piscine, resto, épicerie, sanitaires propres. Seul problème : la plage est à 5 km.

🛏 Ceux qui seraient tentés par du *camping sauvage* ne devraient plus avoir trop de problèmes passé la Punta di a Castagna.

🛏 *Hôtel Kallysté Maquis :* route du Vieux-Molini, Agosta-Plage. ☎ 95-24-54-19. Petit hôtel d'un certain charme, à 400 m de la plage et dans la végétation. Chambres avec douche de 230 à 450 F selon le confort et la saison. D'autres, plus chères, avec bains.

✕ *Restaurant Le Club :* plage de la Viva. Sur la droite en arrivant à Porticcio. ☎ 95-25-00-42. Une véritable institution et, à notre avis, le meilleur resto du coin. Les patrons ont réussi un bel ensemble : table gastronomique, spaghetteria-pizzeria et salon de thé. Terrasse à même la plage et salle à manger offrant un vaste panorama sur le golfe. Service pro et atmosphère agréable, quoique un peu chicos. Premier menu à 95 F ou menu régional à 120 F, avec une délicieuse terrine maison, un tian de veau aux olives et les pâtisseries maison. Sinon, de copieuses salades.

A faire

– Lézarder sur la *plage,* bien sûr. Celle de *la Viva* est la plus connue. Très propre et beau panorama sur le golfe.
Sinon, la plage d'*Agosta,* à 2 km au sud, est encore plus grande.

– *Discothèque :* à l'entrée de Porticcio en venant du nord.

– *Plongée sous-marine :* avec le club subaquatique d'Agosta, à Molini. ☎ 95-25-40-26. Équipe sérieuse et sympa. 180 F la plongée, équipement fourni.

Randonnée : « Mare e Monti Sud »

De Porticcio à Propriano : un sentier récemment créé permet de visiter l'arrière-pays puis de longer la côte, via Pietrosella, Coti-Chiavari, Serra di Ferro et Olmeto, le tout en 5 étapes de 4 à 7 h. Renseignements dans le topoguide disponible auprès du parc naturel régional de la Corse, à Ajaccio.

COTI-CHIAVARI (20138)

Petit village corse à 41 km au sud d'Ajaccio, vers Propriano. Situé à flanc de colline (à 500 m d'altitude), on y découvre une vue superbe sur le golfe d'Ajaccio, le soir. Pour y arriver, 11 km d'une route tortueuse, bordée d'eucalyptus jusqu'au pénitencier (en ruine). Quel endroit ce pénitencier ! Sous le Second Empire, on y entassait des forçats condamnés à de lourdes peines. Là, dans ce cadre sublime mais infesté de moustiques à l'époque, les détenus cultivaient la vigne sur des terrasses, ramassaient les écorces de chênes-lièges, élevaient des chèvres et des moutons, pour tuer le temps. Fermé en 1906, puis en partie détruit, il en reste d'étranges ruines : caves, poudrière, fosse à purin, et le cimetière avec les tombes, envahies par le maquis, des gardiens et des directeurs de ce lieu sinistre.

Où dormir ? Où manger ?

🛏 *Hôtel-restaurant Le Belvédère :* à gauche de la route, en entrant dans le village, en venant d'Ajaccio et de la côte. ☎ 95-27-10-32. Fermé du 15 décembre au 10 janvier. C'est au crépuscule (des dieux) qu'il faut y monter. La vue est sublime. Certains soirs, la mer est recouverte d'une couche de nuages. On est alors comme dans un nid d'aigle : au-dessus de tout. Caroline, une très gentille dame, est aux petits soins pour ses hôtes. Sa cuisine, copieuse et familiale, nous a enchantés. Tout est corse : la soupe, les cannelloni au fromage, l'agneau aux herbes du maquis... Et les prix ne sont pas corsés, mais doux : 85 F le menu. Pour dormir : 8 chambres, sobres et simples, avec douche et w.-c. sur le palier, et vue fantastique. 360 F seulement la demi-pension à 2. Loin du tapage onéreux du littoral, une adresse qui a du cœur.

▶ A *Capo di Muro,* plus au sud, jolie plage de *Cala d'Orzo* accessible en voiture mais par un long chemin de terre.
✕ Petit resto de poisson fantastique *Chez Francis* (☎ 95-27-10-39). Ouvert tous les jours de mai à mi-octobre. Hélas, Francis nous a quittés l'hiver dernier. Mais, heureusement, son fils et sa gentille épouse ont bravement repris le flambeau et ils le portent haut !... Premier menu à 75 F. Spécialités : poisson du jour (80 F), bouillabaisse (175 F) et langouste à la pasta (180 F).

PORTO-POLLO (20140)

A 18 km de Propriano, ce petit village offre une vue sublime sur le golfe de Valinco. Quelques bateaux de pêche et des voiliers se balancent mollement dans le port si bien abrité. Le soleil se fait plus doux, le vent se calme. Porto-Pollo invite à la sieste. « Le port trouble », c'est la traduction de son nom, a fait son nid dans un recoin de la côte. Quelle bonne étape !

Comment y aller ?

– *En car :* de Propriano. Départ le matin, retour le soir. Autocars *Casabianca* : ☎ 95-74-01-88. Uniquement en été.
– *Par la route :* en venant d'Ajaccio, passer par Coti-Chiavari, et suivre la route de corniche, superbe promontoire sur la Méditerranée.

Où dormir ? Où manger ?

🛏 *Hôtel Kalliste :* à droite dans le village, en venant de Propriano. ☎ 95-74-02-38. Fax : 95-74-06-26. Jacques Paoli, maître des lieux à l'œil rieur, est le descendant de l'illustre Pascal Paoli, « père de la nation corse » et héros de l'île de Beauté. Le caractère et la passion du pays doivent couler dans ses veines. On se sent très vite en famille dans son bel hôtel entièrement restauré. Chambres confortables et soignées, dignes d'un 3 étoiles ! Sans oublier la cuisine délicieuse : chapon au four à se damner et succulente assiette du pêcheur (avec saumon, langoustines..). Premier menu à 99 F. Les Paoli vous feront un prix « spécial routard » sur présentation de notre guide (sauf en août, affluence oblige). De 280 à 380 F la chambre double, petit déjeuner inclus. Et en juillet, de 350 à 450 F (sans le petit déjeuner). Amateur de poisson, n'hésitez pas à demander à Jacques Paoli les meilleurs coins où pêcher...
🛏 *Les Eucalyptus :* dans le centre de Porto-Pollo, en amont de la rue principale. ☎ 95-74-01-52. L'endroit où se rabattre au cas où il n'y aurait plus de place au *Kalliste.* Grande maison aux chambres refaites, à partir de 260 F la double avec douche. Intéressant pour les terrasses avec vue. Tennis (pas très bien entretenu). Fait aussi resto.
🛏 *Camping Alfonsi (U Cassedu) :* à l'entrée du village, à gauche en venant de Propriano. ☎ 95-74-01-80. Ouvert de juin à mi-octobre. Bien situé, au bord d'une jolie crique. Restaurant servant de bonnes pizzas.
✕ *Restaurant Le Golfe :* grande maison blanche, moderne, située près du port, en bout de plage. ☎ 95-74-03-18. Pour moins de 100 F, Paul Geronimi vous sert d'excellents produits de la mer, pêchés par lui à bord de son petit bateau. Menu à 90 F. Poisson du jour à 80 F.

Où dormir ? Où manger aux environs ?

➳ *Camping et ferme-auberge Kiesale :* à Casalabriva. ☎ 95-74-63-73 ou 95-24-36-30. Pour camper en pleine nature, sous les oliviers et les chênes-lièges. Pour y aller : 4 km après la *ferme-auberge du Père René,* en allant vers Pila-Canale, au carrefour de Calzola, on tourne à droite, on passe un pont étroit, puis on tourne à gauche. C'est 200 m plus loin, au bout du chemin. Pas un bruit, pas un chat non plus et pas cher du tout. Paysage de hautes collines et maquis de la vallée du Taravo. Côté resto, grillades et tartes maison. Menu corse à 120 F avec, par exemple, beignets de courgettes, daube, etc. Sur réservation.

✗ *Ferme-auberge du Père René :* route de Porto-Pollo, 20123 Pila-Canale. ☎ 95-24-34-37. Ouverte seulement les mercredi et samedi, sur réservation uniquement. La cuisine de Georges Pinot est une réussite totale, disons-le d'entrée de jeu pour vous mettre l'eau à la bouche. Mais il faudrait d'abord trouver l'endroit et ensuite se faire accepter : à la retraite, Georges ne cuisine plus que pour les habitués (mais veut bien faire des exceptions). En venant de Propriano, après le pont sur le Taravo, prendre à droite en direction de Pila-Canale. A 3 km, le hameau de Stiliccione ; 2 km plus loin, sur la droite, et vous voilà arrivé. Parisien de naissance, cultivateur par goût, Georges Pinot sait tout faire. Tous ses produits sont frais. Pas un engrais, pas un pesticide ne risque d'empoisonner les clients. Le pain et le vin sont faits maison. Il y a même du vermouth et du champagne maison ! Compter environ 140 F pour un repas. Goûter à la truite calabraise, au poêlon de lapin aux champignons, au porc au fromage... et au flan du Père René !

Où acheter du vin ?

– *A Cantina :* sur la route de Pila-Canale, juste en face de la *ferme-auberge du Père René* (voir plus haut). ☎ 95-24-32-31 ou 35-54. La *cantina* en langue corse, c'est la cave à vin. Cette cantina-là abrite de belles bouteilles. Une appellation : domaine Alain Courrèges. Accueil sympa. Visite de la cave et dégustation gratuite. Un vin de pêche qui vaut le détour.

A faire

– *Location de bateaux :* au centre nautique de Porto-Pollo. ☎ 95-74-02-64.

– *Plongée :* avec l'association subaquatique du Taravo. Renseignements au *bar-tabac des Oliviers,* à Porto-Pollo. A ne pas manquer : l'eau du coin est l'une des plus propres de la côte, grâce à la station d'épuration. De plus, les moniteurs sont très sympa. Baptême en mer : 150 F. Simple plongée : 125 F. Propose des excursions dans le golfe pour observer cathédrales, gorgones et mérous.

Quitter Porto-Pollo

Belle route : rejoindre Propriano et Sartène par *Sollacaro,* le *col de Celaccia* (583 m), puis *Olmeto.*

LE SITE PRÉHISTORIQUE DE FILITOSA

A 10 km au nord de Porto-Pollo, à l'intérieur des terres. De la route allant à Propriano (la D 157), prendre la petite D 57. Bien fléché. ☎ 95-74-00-91. Ouvert d'avril à fin octobre, de 8 h 30 au coucher du soleil. Hors saison, sur rendez-vous. Accès au site payant.

Classé par l'Unesco, le site de Filitosa est l'un des plus importants de Corse. C'est d'ailleurs ici que furent entrepris les premières fouilles préhistoriques de l'île. Pourtant, malgré ses recherches dans le secteur en 1889, Mérimée ne trouva rien à Filitosa ! S'il savait à côté de quoi il est passé... Le site témoigne de plus de 8 000 ans d'histoire. Pendant le néolithique ancien, des hommes plantent leur campement ici, s'abritant sous les rochers. Un peu plus tard (néolithique récent, environ 3 300 ans avant J.-C.), d'autres s'installent sur la butte et dressent les premiers menhirs. 1 500 ans plus tard (âge du bronze), les occupants sculptent la pierre (appelée statue-menhir) et construisent des habitations en dur. Puis Filitosa devient un lieu de culte important, comme l'attestent les autels monumentaux. Ce sont les menhirs sculptés, en tout cas, qui font l'originalité de ce site : ici œuvrèrent les premiers artistes de Corse !

A voir

La visite des mégalithes, éparpillés dans la nature, offre une belle promenade au milieu des oliviers. Compter 45 mn minimum pour l'ensemble du site.

▶ *Filitosa V :* un peu après l'entrée, sur le chemin. C'est le nom donné à la statue-menhir la mieux « armée » du site. Entendez par là que l'épée du personnage est très bien sculptée. Remarquez la colonne vertébrale sculptée à l'arrière du menhir. C'est, dans le genre, le plus beau mégalithe de toute la Corse.

▶ *La clôture cyclopéenne :* c'est l'entrée du site proprement dit, au pied de l'éperon fortifié. Les gros blocs de pierre sont pour la plupart d'anciens monuments réemployés par les constructeurs de l'enceinte (vers 1600 avant J.-C.).

▶ *Le Monument central :* sur la butte principale, des escaliers et des murs de pierre au milieu desquels se dressent de superbes statues-menhirs, très certainement d'époque torréenne (nom donné à la civilisation créée en Corse pendant l'âge du bronze par des étrangers). Ne pas rater cette mystérieuse statue (Filitosa IX) dont le visage, avec les jeux d'ombre et de lumière, est empreint d'une gravité surprenante. Autour, nombreux abris, puits et autres habitations très anciennes. Au centre de cette enceinte fortifiée avaient lieu, selon les archéologues, les rites religieux des occupants : offrandes, prières, incinérations, etc.

▶ *L'alignement :* au pied de la butte, au bout du chemin, 5 menhirs sculptés, en forme de colonne. La statue de gauche est la plus réussie, avec son visage sombre et son bras serrant un poignard. Derrière, un olivier magnifique, vieux de 1 200 ans.

▶ *Le musée :* à l'entrée du site. Faire demi-tour. Vitrines et panneaux explicatifs sur les diverses civilisations qui se succédèrent sur le site.

OLMETO (20113)

Entre Filitosa et Propriano, sur la N 186 (route d'Ajaccio). Le village corse typique, accroché à flanc de montagne. En le traversant, la route Ajaccio-Propriano lui a enlevé bien du charme mais ceux qui prendront le temps de s'y arrêter, de fouiner dans ses ruelles, seront récompensés. A Olmeto le temps n'existe plus, on y croise Colomba et ses sœurs, et quelques habitants ressemblent à des bandits d'honneur.

Adresse utile

– *Syndicat d'initiative :* rue principale, à côté de la poste. ☎ 95-74-65-87.

Où dormir ? Où manger ?

🛏 *Hôtel-restaurant U Santa Maria (Chez Mimi) :* place de l'église. ☎ 95-74-65-59. Charmant petit hôtel en pierre, pratiquant la demi-pension obligatoire (500 F tout rond pour 2 personnes) mais on ne le regrette pas, grâce à la délicieuse cuisine corse. Normal, Mimi cuisine toute la journée ! Parmi les spécialités maison : charcuterie, bien sûr, mais aussi beignets de courgettes, agneau en sauce, tripettes, ravioli au brocciu ou aux épinards et fromage du pays. Menu unique à 110 F. Une bonne adresse.

🛏 *L'Aiglon :* rue principale. ☎ 95-74-62-95. Ouvert toute l'année. Hôtel très modeste, à l'atmosphère de pension. Chambres assez tristes mais propres. Demander sur cour, la rue est bruyante. 190 F la chambre, 210 F avec douche, w.-c. communs.

✕ *Restaurant La Source :* à l'entrée du village, à droite, en venant de Propriano. ☎ 95-74-61-18. Ouvert tout l'été. Menu du jour à 85 F. Cuisine régionale. Poisson et viande autour de 65 F. Vue superbe sur le Maggesi (nom du terroir) depuis la terrasse.

PROPRIANO (20110)

Des montagnes rocheuses, couvertes de maquis, dévalant jusqu'à la grande bleue. De belles plages de sable fin (Porto-Pollo, Campomoro, Barachi) et, dans le fond du golfe de Valinco, le port de Propriano animé par le va-et-vient des bateaux qui déversent chaque année 60 000 passagers dans les rues de la petite ville, à peine réveillée d'un hiver paisible. Autant dire que l'endroit est très touristique. Beaucoup d'embouteillages en été.

Rien de spectaculaire à Propriano, mais la ville est bien située sur la carte de la Corse, à deux pas d'un arrière-pays fabuleux. Alors, à peine débarqués du continent, ne filez pas comme des dingues sur les routes du Sud. Propriano est une étape agréable pour combiner plages et montagnes, bronzette et promenade, farniente et découverte des environs...

Adresses utiles

– *Syndicat d'initiative :* 17, rue du Général-de-Gaulle. ☎ 95-76-01-49. Ouvert tous les jours sauf dimanche et fériés, de 9 h à 12 h et de 15 h à 19 h.
– *Location de vélos :* *Léandri,* rue principale (face au resto *Eldorado*). ☎ 95-76-11-84.
– *Agence maritime Sorba :* billets *S.N.C.M.* pour le continent. ☎ 95-76-04-36.

Où dormir ?

Aucun risque de dormir dehors ! 7 000 places dans les hôtels et 4 000 dans les campings à Propriano et dans le golfe vous attendent. Ce n'est pas toujours donné, mais enfin on a déniché quelques petites adresses sympa.

🛏 *Auberge de jeunesse L'Étrier :* route de Baracci. A l'entrée de la ville en venant d'Ajaccio. ☎ 95-76-19-48. Ouverte toute l'année. L'A.J. est à environ 500 m de la route (fléchée), juste après l'*hôtel Arcu di Sole.* A.J. privée tenue par un jeune cuistot. Hébergement en dortoirs de 4 à 6 personnes. Également deux chambres. 50 F la nuit. 25 F le petit déjeuner. 145 F en demi-pension. Centre équestre juste à côté et mer à proximité. Machine à laver à disposition. Douche commune.

🛏 *Hôtel Bellevue :* 9, av. Napoléon, en plein sur le port. ☎ 95-76-01-86. Fax : 95-76-27-77. Le premier hôtel construit à Propriano. Chambres à 300 F (150 à 200 F hors saison), propres et gentillettes, qui donnent sur le port. Petits balcons au 4ᵉ étage. Au 1ᵉʳ étage, chambres refaites à neuf. Au rez-de-chaussée, bar, terrasse et crêperie (pour les Bretons nostalgiques...).

🛏 *Loft Hotel :* 3, rue Jean-Pandolfi, en un pâté de maisons du port. ☎ 95-76-17-48. Fax : 95-76-22-04. Fermé en février. Enfin un hôtel qui sort du lot. Le meilleur rapport qualité-prix de Propriano à notre avis : bien situé, avec un parking (appréciable, car ici l'espace est compté), des chambres impeccables et bien agencées. Décor high-tech, céramiques claires, et bois blanc. Chambres de 260 à 280 F (300 à 350 F en été). Accueil ouvert et sympa. Qui croirait que cet hôtel branché, style côte ouest des États-Unis, est installé dans un ancien entrepôt à vins ? Une belle métamorphose due à son propriétaire, Paul Coti, qui n'a pas oublié la règle d'or : les bouteilles, comme les hommes, doivent d'abord bien dormir.

🛏 *Hôtel Arcu di Sole :* Olmeto-Plage. A 2 km du centre de Propriano et à 400 m de la côte. A gauche de la route en venant d'Ajaccio. ☎ 95-76-05-10. Fax : 95-76-13-36. Ouvert d'avril à novembre. Grande maison rose aux volets verts. Le grand jardin joliment fleuri, la piscine, le mini-golf et le tennis en font un bon choix pour les vacances. Chambres assez mignonnes, bien tenues. Mais ce n'est pas donné : de 340 à 510 F avec douche et à partir de 370 F avec bains. Demi-pension obligatoire en juillet-août. Méchouis, buffets et soirées corses en été.

🛏 *Motel Bartaccia :* à 1 km du centre, sur la route d'Ajaccio, au-dessus de la plage de Sampiero. ☎ 95-76-01-99. Fax : 95-76-24-92. Ouvert de fin mars à fin octobre. 20 studios avec kitchenette dans un site calme, en pleine végétation. Une certaine recherche dans l'architecture et la décoration. Location surtout à la semaine l'été. Belle vue et accueil sympa. Piscine et pizzeria. Hors saison, les prix sont dérisoires (270 à 300 F la nuit). En saison, ça grimpe (550 F). Néanmoins un bon choix pour les sédentaires.

🛏 *Roc e Mare :* à l'entrée de Propriano, sur la droite de la route en venant d'Ajaccio. ☎ 95-76-04-85. Fax : 95-76-09-29. Un 3 étoiles construit au sommet d'une falaise, dont les chambres donnent toutes sur la mer. Vue plongeante impressionnante des balcons. Tout confort. 350 F la double hors saison. 500 F en juillet-août.

Campings

🛏 *Camping Lecci e Murta :* sur la route de Campomoro, à Portigliolo. ☎ 95-76-02-67. Hors saison, ☎ 95-77-11-20. Ouvert de Pâques à mi-octobre. Tout le nécessaire et moins de superflu. Tennis et petite épicerie. Ambiance corse. A proximité, quelques criques à l'abri du vent.

🛏 *Camping Tikiti :* route d'Ajaccio (N 196), à environ 1,5 km de Propriano. ☎ 95-76-08-32 ou 18-15. Ouvert toute l'année. Un 3 étoiles pratique pour ceux qui n'ont pas de véhicule : c'est le plus près du centre. Bien tenu. Resto, bar et petite épicerie. Une centaine d'emplacements. Liaisons bus.

Où manger ?

Malheureusement peu de bonnes adresses à Propriano, surtout envahie par la fausse restauration et de vrais attrape-touristes. Les adresses qui suivent ont fait leurs preuves et, à moins d'un changement de propriétaire, pratiquent les meilleurs rapports qualité-prix.

✗ *L'Hippocampe :* rue Pandolfi (à 150 m du *Loft Hotel*). ☎ 95-76-11-01. Fermé le dimanche hors saison et en novembre. Petite salle conviviale et terrasse fleurie. Antoine, dit l'Américain, aime la mer et le poisson bien frais... Comme il a raison ! Résultat : on déguste le soir ce qu'il a pêché en matinée dans le golfe de Valinco. Également de bons fruits de mer. Premier menu à 85 F, d'un étonnant rapport qualité-prix. Carte vraiment bon marché. En prime, un service efficace et une patronne souriante. Une excellente adresse.

✗ *L'Alba :* 15, rue du 9-Septembre. A l'entrée de la rue principale en venant d'Ajaccio. ☎ 95-76-25-39. Fermé en hiver. Une cave voûtée du XIXᵉ siècle, ancienne grange transformée en cave à vin puis en resto ! A l'extérieur, grande terrasse très agréable. Cuisine simple mais bonne : pâtes fraîches, fruits de mer et poisson (le frère du patron est pêcheur, ça aide). On peut pêcher soi-même sa langouste dans le vivier. Menus à 90 et 120 F. Service détendu.

✗ *Le Cabanon :* av. Napoléon ; sur le port. ☎ 95-76-07-76. Une institution à Propriano. Archi-bondé certains soirs. Sympa pour sa terrasse face aux montagnes et au golfe. Ici aussi, spécialités de poisson (bon tartare de saumon) et fruits de mer. Menus à 85 et 140 F. Plutôt cher à la carte.

✗ *U Paisanu :* av. Napoléon ; sur le port. ☎ 95-76-00-20. Louis Casalta, grand amateur de football dont il fut un brillant joueur, vous vantera sa charcuterie de montagne et ses fameuses palombes. Également : agneau, cochon de lait et poisson du golfe. En saison, le sanglier et le cabri sont aussi des visiteurs assidus de cette table typique. Menus à 95 et 140 F. Compter dans les 150 F à la carte.

A faire

– **Randonnées pédestres :** la première, par le sentier « Mare a Mare ». Une promenade fantastique, d'une mer (Méditerranée) à l'autre, la mer Tyrrhénienne, de Propriano à Porto-Vecchio. On conseille de l'effectuer dans l'autre sens. Le sentier est balisé dans les deux sens. Départ de Burgo, à 7 km de Propriano, par la D 557. La seconde par le sentier « Mare e Monte Sud », jusqu'à Porticcio (voir à « Porticcio »).

– **Les bains de Baracci :** à 4 km à l'est de Propriano, par la D 557. D'anciens thermes romains, connus depuis toujours pour leurs eaux sulfureuses (chaudes). Au début du siècle, des émigrés russes construisirent ici un établissement thermal, aujourd'hui en ruine. Il est question que le lieu soit repris en main par la commune d'Olmeto. En tout cas, l'eau coule toujours (de source) : profitez-en !

– **Centre équestre de Barachi :** à l'extérieur de Propriano. ☎ 95-76-08-02. Si vous aimez la Corse (et comment ne pas l'aimer ?) et le cheval (la plus noble conquête de l'homme), les parfums du maquis et les pistes de montagne, vous avez rendez-vous ici. Francis Léandri organise des randonnées (à la semaine) dans l'arrière-pays, ainsi qu'en bord de mer. Promenade d'une heure : 100 F. En saison seulement.

– **Cours particulier ou collectif de nautisme :** catamaran, dériveur, planche à voile chez *Évasion Nautic Valinco.* ☎ 95-76-15-23. Bureau sur le port. Location de bateaux et parachute ascensionnel.

– **Promenade en mer :** sortie dans le golfe de Valinco, deux fois par jour, à bord de la vedette *Valinco.* Bureau au port. ☎ 95-76-03-52.

A voir aux environs

▶ **Fozzano :** à 12 km à l'est de Propriano, par la D 19 (jolie route de montagne). Sur son éperon rocheux, un village historique plein de charme et de caractère, protégé par ses deux grosses tours (l'une du XIVᵉ, l'autre du XVIᵉ siècle). C'est dans l'une de ces tours que naquit Colomba, héroïne corse qui inspira à Mérimée son roman du même nom. Son tombeau est au village. Également une mignonne église du XVIIᵉ dans laquelle on peut admirer une Vierge sculptée dans du bois de figuier.

▶ **Santa-Maria-Figaniella :** village voisin de Fozzano, plus au nord. Très belle église romane (XIIᵉ siècle), connue pour la remarquable frise sculptée qui orne les murs extérieurs.

Quitter Propriano en bus

– **Pour Ajaccio, Bonifacio et Porto-Vecchio :** autocars *Ollandini, S.E.A.C., Quilici.* Départs du 22, rue du Général-de-Gaulle. ☎ 95-76-00-76. En été, deux bus par jour (sauf le dimanche).

CAMPOMORO (20110)

A 17 km au sud-ouest de Propriano. Charmant petit village corse, situé à l'extrême pointe sud du golfe de Valinco, sur un site classé et protégé. Le long de ce littoral préservé, de Campomoro à Senetosa, s'étirent 15 km de côte sauvage alternant criques et pointes rocheuses. La station est agréablement installée dans une anse bien abritée. On y accède par une petite route sinueuse où il n'est pas rare de rencontrer des moutons, des ânes et des vaches en liberté. Dès les premières pluies, quelques sangliers se hasardent même hors du maquis ! Alors prudence, prudence...
Campomoro (anciennement « camp des Maures » et « Porto d'Elice ») est une adorable bourgade qui a su garder un caractère familial et pittoresque, loin des

hordes estivales ; peu de constructions, pas de marina, pas d'ensemble bétonné. Juste une mer émeraude, quelques barques de pêcheurs et un important mouillage pour les plaisanciers.

Une chouette étape, peu connue, à moins d'une heure de route des plus beaux sites de Corse du Sud. Évitez, si vous le pouvez, la période 15 juillet-31 août. Trop de monde à notre goût.

Comment y aller ?

– *Par la route :* en venant de Propriano, emprunter la N 196 en direction de Sartène. Après le pont sur le Rizzanèse, prendre tout de suite à droite la D 121 (direction aérodrome). Beaux points de vue panoramiques au-dessus de Portigliolo et au lieu dit Belvédère.

Adresses utiles

– *Syndicat d'initiative :* 17, rue du Général-de-Gaulle, à Propriano. ☎ 95-76-01-49. Campomoro envisage, très prochainement, de créer son propre syndicat d'initiative.
– *Poste :* à l'entrée du village, sur la gauche. Ouverte toute l'année, du lundi au samedi de 8 h à 12 h.
– Plusieurs *téléphones* à carte, juste à côté de la poste.

Où dormir ? Où manger ?

Campomoro dispose de plusieurs restaurants, hôtels, campings et chambres chez l'habitant, deux magasins d'alimentation ainsi qu'un boucher-charcutier ambulant, installé sur la place du village de juin à septembre. Il propose d'excellentes spécialités corses (*coppa,* saucisson d'âne et de sanglier, etc.). Bref, pour tous les goûts et toutes les bourses.

🛏 *Hôtel-restaurant Le Ressac :* au fond du village, à droite, derrière la petite chapelle. ☎ 95-74-22-25. A 50 m de la plage. Ouvert de début mai au 10 octobre. Petit hôtel familial. Calme. Sans étoile. 18 chambres simples, toutes avec douche et w.-c., fort bien tenues. Certaines disposent d'une terrasse côté mer ou côté oliveraie. 250 F la nuit. Demi-pension obligatoire du 1er juillet au 15 septembre, de 470 F (basse saison) à 600 F (haute saison) pour deux personnes. Restaurant agréable, en terrasse ou sous la tonnelle. Poissons du golfe. Accueil chaleureux de Jean-Charles, le patron, et de son équipe.

🛏 *Camping Peretto Les Roseaux :* à gauche, après la poste, à 300 m en direction de la tour génoise. ☎ 95-74-20-52. Ouvert toute l'année. La plage est à 300 m. Un camping étagé au pied de la colline, parmi les orangers, les roseaux et les eucalyptus. Sanitaires propres et pas trop de monde. Accueil très aimable.

✗ *Resto-snack-bar La Mouette :* en face de la petite chapelle. Ouvert de juin à septembre, de 9 h à 1 h environ. Terrasse ouverte sur la mer. Propose, entre autres, de copieuses salades à 30 F, des terrines de cochon sauvage, de *figatelli* (sanglier) et du pâté de sansonnet à 23 F ou des plats plus conventionnels, à des prix très raisonnables. *La Mouette* est sans conteste le cœur du village, l'endroit où tout le monde se retrouve, autour d'un verre ou d'une partie de pétanque, dans une ambiance généralement très animée. Antoine, le gérant, organise d'ailleurs une dizaine de concours de boules pendant la saison (le samedi en général) et diverses autres festivités.

✗ *Restaurant-bar des Amis :* au bord de la mer, sur le chemin de la tour. ☎ 95-74-20-89. Ouvert de juin à septembre. On y mange une bouillabaisse tout en contemplant la mer. Menus à 85, 100 et 130 F. Fait aussi hôtel (demi-pension obligatoire).

A voir. A faire

▶ La belle *plage* de sable fin (900 m). Myriade de petits poissons de roche multicolores à observer. A vos masque et tuba !

▶ *La tour génoise :* au bout de la plage, au sommet de la pointe. Édifiée par la république de Gênes vers 1586, c'est la plus imposante de Corse. Aujourd'hui protégée au titre des Monuments historiques, le Conservatoire du littoral l'a restaurée et ouverte au public. Un gardien organise des visites l'été.

– Belle *balade* à pied (25 mn) jusqu'à la tour. Au pied de la tour, le petit sentier du village, accès aux criques sauvages pour les amateurs de marche.

▶ A noter également, la présence discrète d'une *ferme marine* (élevage de bars ou loups et de daurades) dans la baie. Réponse intelligente au dépeuplement des fonds marins lié au chalutage excessif. Ne se visite pas.

Quitter Campomoro

Vous êtes dans un cul-de-sac. Solution ? Un demi-tour et puis s'en vont...

SARTÈNE (20100 ; prononcer « Sarté »)

La plus corse des villes corses. Sa « corsitude » s'affiche dans le mélange des couleurs. Sartène la grise avec ses ruelles et ses maisons austères, Sartène la rouge à la mairie, Sartène la rouge et noire pour la procession du Catenacciu. Toutes ces villes en une ne font pas de Sartène une ville touristique, quoique sur le territoire de la commune se trouvent des plages extraordinaires (la commune, d'ailleurs, est paraît-il la deuxième de France par sa superficie !). Sans doute est-elle un peu loin de la mer. Réjouissons-nous de son calme.

Un peu d'histoire

Construite sur un promontoire rocheux, Sartène est d'abord un important fief seigneurial, qui attire les convoitises. Les Génois en font une citadelle. Au XVIᵉ siècle, la ville est pillée par des Barbaresques, qui kidnappent des centaines d'habitants pour en faire... des esclaves ! Contrôlée par les propriétaires terriens de la région, Sartène fut longtemps favorable aux Génois. D'où le siège que durent mener les indépendantistes, jusqu'à sa capitulation au XVIIIᵉ. Au XIXᵉ siècle, d'incroyables vendettas au sein des grandes familles sartenaises mènent à une mini-guerre civile entre quartiers ! Il faudra imposer un traité de paix aux clans pour ramener l'ordre à Sartène.

Tradition

Ceux qui ont la chance de se trouver en Corse le jour du vendredi saint suivront la *procession du Catenacciu* (le pénitent). Ce spectacle représente la Passion du Christ. Le Catenacciu (un Sartenais choisi pour la lourdeur de ses fautes ?), dissimulé sous une cagoule et une robe rouge, porte une croix de 30 kg et une chaîne de 15 kg au pied. Comme le Christ, il tombe et se relève trois fois. Derrière lui viennent les pénitents blancs, en cagoule et robe eux aussi, puis tout le village qui se lamente. Un spectacle fascinant et troublant.

Adresses utiles

– *Syndicat d'initiative :* 6, rue Borgo (à 20 m de la place de la Libération). ☎ 95-77-15-40. Ouvert de 9 h à 12 h et de 14 h à 18 h 30 en été. Fermé les samedi et dimanche.
– *Centre équestre - Poney Club de A. Madudina :* à Croccano, sur la route de Propriano, au carrefour de la route de Granace. ☎ 95-73-40-37. Ouvert toute l'année.

Où dormir ?

⚓ *Camping Olva (Les Eucalyptus) :* sur la route D 69, vers la Castagna, à 5 km de Sartène. Dans les contreforts de l'Alta Rocca. ☎ 95-77-11-58. Fax :

95-77-05-68. Fermé de novembre à fin mars. Très complet et bien organisé : resto, épicerie, piscine, tennis, etc. Pas cher. Site ombragé, dans les eucalyptus (bien sûr). Possède une navette gratuite qui effectue l'aller et retour sur Sartène. Offre une « rincette » (eau-de-vie corse) à nos lecteurs ! Sympa, non ?

◄ *Camping U Farrandu :* route de Propriano. ☎ 95-73-41-69. Accueil chaleureux dans ce camping récent, également club de tennis (deux courts). D'autres occupations : mini-golf et ping-pong. Site ombragé. Pas cher du tout : environ 30 F par personne, tout compris.

◄ *Le Jardin des Orangers :* chez Jean Rossi, à 1 km de Sartène, sur la route de Propriano. ☎ 95-77-02-72. En été uniquement. Des maisonnettes couleur ocre, noyées parmi les orangers, les pamplemoussiers, les figuiers, les grenadiers, les citronniers ; bref, toutes les senteurs de la Méditerranée ont rendez-vous dans le jardin de Jean Rossi, cultivateur à la retraite, bricoleur et esthète. Chambres d'hôte et studios à louer à la nuit, à la semaine. Le soir, on sirote le vin d'orange de la maison, dans un recoin du jardin, orné de statues antiques, face à Sartène.

◄ *Villa Piana :* route de Propriano, 1 km avant Sartène. ☎ 95-77-07-04. Ouvert de mai à fin septembre. Maison ocre au milieu des arbres et des fleurs. Une belle entrée et un accueil charmant. Chambres à la déco soignée, vraiment mignonnes, la plupart offrant une vue sur Sartène. De 250 à 300 F la double. Tennis, bar et salle de jeux.

◄ *Rossi Hôtel (Fior Di Riba) :* route de Propriano, 1 km avant Sartène. ☎ 95-77-01-80. Juste à côté du *Villa Piana.* Ouvert d'avril à fin septembre. Établissement récent, tenu par le fils de Jean Rossi (le proprio du *Jardin des Orangers*). D'ailleurs, une allée relie les deux maisons. On reste en famille ! Ici aussi, cadre agréable et jolie vue sur Sartène. Accueil prévenant. 250 F la chambre avec douche, 280 F avec salle de bains. Également des studios équipés.

◄ *Hôtel Les Roches :* av. Jean-Jaurès ; à l'entrée de la ville. ☎ 95-77-07-61. Fax : 95-77-19-93. Une grande maison sans charme, mais les chambres offrent un large panorama sur la vallée. Pour deux personnes, entre 250 et 300 F avec douche ou salle de bains. Demi-pension possible.

Où manger ?

✗ *Auberge Santa Barbara :* route de Propriano, à 2 km de Sartène. ☎ 95-77-09-06. Ouverte toute l'année. Joli jardin dans un cadre campagnard. Une bonne table : la cuisine est faite par la patronne, Mme Lovicchi. Menu à 145 F avec charcuterie, omelette au brocciu, courgettes farcies, gigot d'agneau, fromage et dessert. Il faut avoir de l'appétit car c'est copieux.

✗ *Ferme-auberge A Tinedda :* à Rizzanese, 5 km avant Sartène en venant de Propriano. ☎ 95-77-09-31. Ouvert de juin à septembre. En pleine campagne, au milieu des vignes et des pins, Michèle et Victor proposent sanglier à la pasta, cannelloni au brocciu et d'autres spécialités corses traditionnelles. Menu à 120 F, qui change chaque jour. Également des gîtes ruraux, si vous aimez le calme.

Où boire un verre ?

– *Au Bien Assis :* sur la place de la Mairie. Le must. Agréable terrasse décorée de sièges en rotin. Croissants pas terribles, mais le *Bien Assis* est une légende, et cette petite place ombragée et pleine d'odeurs, c'est toute la Corse.

A voir

▶ *L'église Santa Maria :* place de la Libération. Construite au XVIIIᵉ siècle, elle contient un riche mobilier : tableaux, statues et maître-autel en marbre classé monument historique. Remarquez, au fond à gauche, les accessoires servant pendant la procession du Catenacciu : crucifix et chaînes.

▶ *L'hôtel de ville :* à côté. Ancien palais occupé par les autorités génoises, au XVIᵉ siècle.

▶ *Les ruelles du vieux Sartène :* étrange labyrinthe de venelles pavées, de passages secrets, d'escaliers de pierre, de couloirs obscurs, de maisons hautes et fières, dont les seuls yeux sur le monde extérieur ont la forme de persiennes. On y accède par le *passage de Bradi*, sous l'hôtel de ville.

▶ *L'échauguette :* en descendant sur la gauche, après le passage Bradi. Cette tour du XVIe siècle est un vestige de la citadelle.

▶ *Le Centre de préhistoire :* dans l'ancienne prison, à 100 m en montant de la place de la mairie (fléché). Ouvert de 10 h à 12 h et de 14 h à 17 h. Fermé le samedi et le dimanche. Pour tout savoir de la préhistoire corse (du néolithique à l'âge du fer), et des sites archéologiques, particulièrement riches dans le sud de l'île.

Aux environs

▶ *Spin a Cavallu :* à environ 9 km au nord de Sartène, sur la route de Sainte-Lucie (D 268). A gauche (pas très bien indiqué), caché dans la végétation. C'est l'un des plus beaux ponts de Corse, construit au XIIIe siècle. On l'attribue aux Génois mais il serait plus probablement pisan. De la belle ouvrage, en tout cas. Remarquez la forme étrange de son arche, en triangle. D'où son nom, qui signifie en corse « dos de cheval »... Un vrai symbole, choisi pour figurer sur les étiquettes du meilleur vin de Sartène !

– *Sainte-Lucie-de-Tallano et Levie :* voir « la Corse intérieure, entre Porto-Vecchio et Sartène ».

– DE SARTÈNE A BONIFACIO –

TIZZANO (20100)

A 18 km au sud de Sartène, par la D 48. Au fond d'un cul-de-sac, un petit havre perdu entre les rochers, avec son port de pêche, ses criques et une plage d'un sable miraculeusement fin. Tizzano (qui dépend de la commune de Sartène) fut jadis un paradis des nudistes. Mais ces jeunes gens ont été priés d'aller se rhabiller... Entre une bronzette et une partie de pêche, on peut partir à la découverte de cette côte encore sauvage, jusqu'à Roccapina. A la pointe de Tizzano, un port du XVe siècle envahi par la végétation. Pour s'y rendre, emprunter une piste défoncée, parsemée de voitures et de cahutes abandonnées. Un vrai bout du monde !

Où dormir ? Où manger ?

▰ *Camping L'Avena :* à droite de la D 48, un peu avant d'arriver à Tizzano. ☎ 95-77-02-18 ou 95-77-19-30 (hors saison). Ouvert de fin mai à fin septembre. Au milieu des arbres. Grand et bien équipé (épicerie, pizzeria), mais pas très bien entretenu et bondé en été.

✕ *Chez Antoine :* dans le centre de Tizzano, face au port. ☎ 95-77-07-25. Ouvert tous les jours en saison. Terrasse couverte vraiment agréable, au-dessus d'une minuscule plage. L'endroit est connu pour son poisson frais. Patron sympa et atmosphère détendue. Premier menu à 85 F, très correct. A la carte, viande au feu de bois. Sur commande, bouillabaisse et langouste grillée. Si vous voulez rester à Tizzano, renseignez-vous auprès d'Antoine, qui loue aussi des studios donnant sur la plage.

LE CIRCUIT DES MENHIRS

C'est le nom communément donné à cette zone sauvage située au sud de Sartène, dans l'arrière-pays de Tizzano et de Roccapina. Plusieurs sites mégalithiques ont été mis au jour, parmi les plus importants du sud de la Corse. Ceux qui connaissent Carnac ne risquent pas de tomber par terre d'émerveillement mais ce circuit donne l'occasion de faire d'agréables promenades dans une lande désertique riche en végétation : arbousiers, lentisques, chênes-lièges... Attention, ici le soleil tape dur en été ! Gourde et chapeau ne seront pas de trop si vous faites le circuit à pied.

▶ *Les alignements de Palaggiu* (ou Pagliaju) : sur la D 48. Environ 4 km avant Tizzano, prendre un sentier à droite. Pas très bien fléché. C'est l'un des alignements les plus importants de Méditerranée, avec environ 260 mégalithes ! Certains sont sculptés. Les copains d'Obélix ont eu du travail...

▶ *Les mégalithes de Cauria :* de Palaggiu, reprendre la D 48 vers Sartène puis tourner à droite dans la D 48a et poursuivre sur environ 4 km. Il faut ensuite laisser la voiture et marcher 1 km. Le plateau de Cauria fut habité à l'âge du bronze par une civilisation qui laissa de nombreuses traces. On y trouve en fait trois sites distincts :

– *L'alignement de Stantari :* au bout du chemin, dans un pré. Une vingtaine de statues-menhirs classées Monuments historiques. Elles sont presques toutes sculptées : visages, bras armés, etc. Les experts pensent qu'elles seraient plus anciennes que celles de Filitosa, même si elles leur ressemblent beaucoup.

– *L'alignement de Rinaiu :* à 400 m du précédent, à l'écart du chemin, au milieu des arbres. Également quelques menhirs gravés, certains armés.

– *Le dolmen de Fontanaccia :* 300 m avant l'alignement de Stantari. Pas évident à trouver : il faut franchir un enclos situé à droite du chemin principal. Une petite échelle placée entre deux arbres vous y aide (on imagine les cars de retraités en visite ici !). Il faut ensuite marcher 400 m dans la garrigue. Ce dolmen en granit, découvert par Prosper Mérimée en 1840, est le plus important et le mieux conservé de l'île de Beauté. D'énormes dalles forment une espèce de maison. Une légende locale en a fait un endroit diabolique, voué à quelque culte sacrificiel. D'où son surnom corse : *a stazzona di u Diavuli,* « la forge du Diable » ! Au loin, de belles montagnes aux allures sacrées.

ROCCAPINA (20100)

Sur la route de Bonifacio et à 22 km au sud de Sartène, dont elle dépend, la baie de Roccapina jouit d'une situation idéale. La mer, couleur turquoise, offre une plage sans équivalent, bordée par une série de rochers dont l'un ressemble à s'y méprendre à un gros lion couché. Beaucoup de monde l'été, ce qui se comprend : l'endroit est vraiment fabuleux...

Où dormir ? Où manger ?

⛺ *Camping municipal :* un peu avant la plage. Indiqué de la route (N 196), à droite, juste après l'*Auberge Coralli.* C'est 3 km plus loin, au bout de la piste. Pas cher mais très peu ombragé. Il faut acheter une carte de membre (45 F par personne). Location de jolies tentes pour 4 ou 6 personnes. La plage est à 500 m.

⛺ *Auberge Coralli :* sur la route de Bonifacio, à droite. ☎ 95-77-05-94. Ouverte toute l'année. L'un des seuls hôtels du coin. Beau panorama sur le rocher du Lion. Accueil souriant et chambres mignonnes (ou l'inverse). 250 F avec douche et w.-c. Bon resto également. Premier menu à 80 F avec charcuterie, grillade aux herbes, fromage ou dessert.

A voir. A faire

▶ *Les rochers :* on les aperçoit de la route, au lieu dit Roccapina. Vous ne pouvez pas manquer le gros lion. En regardant bien, on aperçoit aussi un éléphant ! On ne doit ces braves bêtes de granit rose ni à des hallucinations ni à des sculpteurs fous... Ce sont de simples phénomènes naturels, dus à l'érosion. Une piste (à droite de la route) y mène, mais il est vivement déconseillé de les escalader : on compte les morts chaque année.

▶ *La tour génoise :* à côté du lion.

– *La plage :* accès par la piste située à côté de l'*Auberge Coralli*. C'est à 2,5 km. Superbe, comme on le dit plus haut. Évidemment bondée en été (à 90 % par des Italiens, curieusement). Ceux qui préfèrent rester dans l'intimité trouveront, en cherchant bien, de discrètes petites criques dans la région.

MONACCIA-D'AULLÈNE (20171)

A égale distance de Sartène et Bonifacio, en retrait de la nationale. Un charmant village fleuri, au calme et bien situé : la mer est à 4 km. Un endroit typique du sud de la Corse, blotti au pied de l'Omo di Cagna, cette montagne qui a la particularité d'être coiffée par une énorme roche, qui joue les équilibristes au sommet. Au centre du village, la place de la Caserne (mais il n'y a plus de caserne depuis belle lurette), où jeunes et vieux se retrouvent pour jouer aux boules après la plage.

Où dormir ?

🛏 *Gîtes et studio :* chez Jacqueline et Blanchard, à 200 m du village, sur un grand terrain isolé. ☎ 95-71-84-23. Deux grands et beaux gîtes tout neufs et tout confort, avec vue sur la mer au loin. Chaque gîte peut accueillir jusqu'à 6 personnes. Ils comprennent 2 chambres, une cuisine-bar équipée (lave-linge, lave-vaisselle, cheminée, barbecue...) et un vaste salon donnant sur une chouette terrasse pour les dîners aux chandelles. Très calme. Idéal pour de vraies vacances reposantes. En juin et septembre : 2 200 F la semaine, 4 200 F les 15 jours. Tarif dégressif au mois (8 000 F). En juillet-août, location à la quinzaine (5 500 F) ou au mois (11 000 F). Jacqueline et Blanchard proposent également un grand studio agréable, en rez-de-chaussée, au cœur du village, pour 3 personnes, entièrement équipé. En juin et septembre : 1 300 F la semaine, 2 400 F la quinzaine, 4 600 F le mois. En juillet et août : 2 700 F la quinzaine, 5 200 F le mois.
🛏 *Chez Janie et Antoine :* au cœur du village. ☎ 95-71-80-29. Location d'un studio à l'étage d'une petite maison indépendante, tout équipé et au calme. Cuisine américaine et salle d'eau. En juillet et août, location à la quinzaine (2 600 F) ou au mois (5 200 F). En juin et septembre : 2 200 F la quinzaine ou 4 500 F le mois. Le reste de l'année, possibilité de location à la journée. Louent également un appartement de 2 chambres (dans le village), pour 4 personnes. En juillet et août : 3 200 F la quinzaine et 6 000 F le mois. En juin et septembre : 2 500 F la quinzaine et 5 000 F le mois.

A faire

– Plusieurs belles *plages* dans ce coin de la côte, notamment autour de Pianottoli.

– *Ascension de l'Omo di Cagna :* à partir du village de Gianuccio (situé à 9 km au-dessus de Monaccia), par une route en lacet. Belle randonnée de montagne qui comporte quelques difficultés. 4 h de grimpette et 2 h 30 de descente environ. On trouve les détails dans tous les bons topoguides.

PIANOTTOLI (20131)

20 km avant Bonifacio, voici un petit havre peu connu, installé à deux pas des côtes encore sauvages de la baie de Figari. Intéressant pour ceux qui voudraient profiter de la mer tout en campant à proximité de Bonifacio. Le village n'a pas en soi d'attrait particulier mais la vie y est paisible.

Où dormir ?

🛏 *Camping Kevano Plage :* à 400 m de la mer. De la route principale (N 196), prendre la petite départementale vers la plage. ☎ 95-71-83-22. Fax : 95-71-83-83. Ouvert de Pâques à mi-octobre. Site agréable, dans la végétation, et accueil souriant. Bien ombragé. Resto, épicerie, point-phone. Pas trop de monde et plage préservée.

BONIFACIO (20169)

Bien entendu, il est difficile de ne pas recommander la visite de Bonifacio. Imaginez de hautes falaises crayeuses, taillées par le vent et les embruns, au sommet desquelles ces fous de Génois construisirent un fort, puis toute une ville fortifiée, ceinte par 3 km de remparts ! Et par un curieux caprice de la nature, au pied de la ville un fjord, un loch, bref, une calanque, qui fait du port de Bonifacio le meilleur mouillage de la Méditerranée occidentale. On décrit cette merveille sans arrière-pensée. Pourtant, on peut être agacé par le flot de ceux qui – selon leur budget – lèchent des glaces à l'eau ou arpentent le pont de leur yacht. Il faut dire qu'à moins de venir hors saison, on s'expose ici à la grande foule et aux prix exorbitants.
Mais même ceux qui ne supportent pas la foule auront du mal à résister à Bonifacio : la vieille ville est sans conteste la plus pittoresque de Corse du Sud, les falaises (vues de la mer) sont tout bonnement époustouflantes et les couchers de soleil, ici aussi, sont divins. Pas étonnant qu'on se soit tant battu pour posséder ce site unique...

Un peu d'histoire

Le marin le plus connu de l'Antiquité, Ulysse, fit sans doute escale à Bonifacio : la description qu'il donne d'un port (alors inconnu) dans *L'Odyssée* correspond à s'y méprendre à celle de l'étroit goulet de Bonifacio. En tout cas, le site est habité depuis la préhistoire, comme l'atteste la Dame de Bonifacio, vieille de plus de 6 500 ans, dont on retrouva le squelette dans une caverne. Plus tard, commerçants grecs et militaires romains s'implantent dans la région. Longtemps, la ville reste aux mains des pirates. Elle ne prend son nom actuel que vers 830, grâce au marquis de Toscane, Boniface. Pendant deux siècles, la cité est contrôlée par la république de Pise. Jusqu'à ce que les Génois s'en emparent, à la fin du XIIᵉ siècle, profitant paraît-il d'un mariage, une fois la population ivre ! Ils en font une forteresse imprenable, chassent les derniers habitants (remplacés par des colons ligures) et dotent la ville de statuts à part, dignes de ceux d'une République indépendante. Bonifacio va ainsi prospérer et résister aux tentatives de conquêtes. En 1420, le roi d'Aragon manque de peu réussir le siège de la ville. Malgré un blocus de 5 mois, les habitants parviennent à tenir, grâce à l'ingénieux escalier creusé dans la falaise, qui leur permet de se ravitailler en eau (et à tort baptisé « escalier du roi d'Aragon).
Au siècle suivant, c'est au tour des Français d'assiéger le port, aidés d'un redoutable pirate turc mais aussi par une épidémie de peste qui vient de décimer la population. Malgré une résistance héroïque, la ville capitule, trahie par un émissaire ivre ! Elle redevient génoise peu après, avant d'être rendue à la France grâce au traité de Versailles (en même temps que toute la Corse), en 1768. Dernières péripéties au XIXᵉ siècle : les échanges de bandits. Vu la proximité des côtes sardes, la fuite des criminels, dans les deux sens, empoisonne la vie des Bonifaciens. On règle une vendetta et hop, un petit tour en bateau à l'étranger... Les Sardes en profitent autant que les Corses, revenant de temps en temps commettre un nouveau forfait, sans risquer d'être repris. Il faut un accord entre les deux pays pour régler ce problème épineux. Depuis, la vieille cité a retrouvé la paix, malgré le tourisme !

Adresses utiles

– **Syndicat d'initiative :** place de l'Europe ; près d'un parking et de l'église Saint-Dominique, dans la haute ville. ☎ 95-73-11-88. Fax : 95-73-14-97. Ouvert de 9 h à 12 h et de 14 h à 18 h, sauf samedi après-midi et dimanche hors saison.
– **Location de voitures :** Hertz, sur le port. ☎ 95-73-02-47.
– **Poste :** pas très loin du syndicat d'initiative. Juste à gauche après l'entrée de la haute ville.
– **Distributeur de billets :** un seul en ville pour l'instant. Sur le port (après les restos), à la Société Générale. En été, venir tôt le matin, il est vite vide !

A FIGARI

A 22 km au nord de Bonifacio, l'aéroport de Figari est le grand rival de celui d'Ajaccio. Pratique pour ceux qui vont directement à Bonifacio, Propriano ou Porto-Vecchio.
– **Aéroport :** ☎ 95-71-00-22.
– **TAT :** ☎ 95-71-01-20. Assure en moyenne 2 vols par jour pour Paris.
– **Location de voitures :** comptoir Hertz à l'aéroport. ☎ 95-71-04-16. Nombreux autres loueurs.

Où dormir ?

Tout est trop cher. Vous voilà prévenu. Si vous n'avez pas les moyens ou si tout est déjà plein (fréquent en saison), plusieurs solutions s'offrent à vous dans les environs (Monaccia-d'Aullène, Pianottoli, Santa-Manza, Rondinara, etc.).

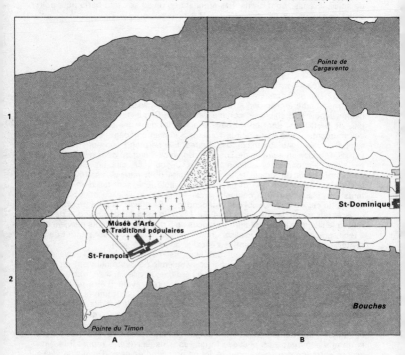

🛏 *Hôtel des Étrangers :* av. Sylvère-Bohn. ☎ 95-73-01-09. Fax : 95-73-16-97. Fermé du 15 novembre au 1er avril. A 300 m du port, mais il est caché sous une falaise, au bord de la route qui vient d'Ajaccio. Pas mal pour son unique étoile, malgré le décor banal. 390 F (240 F hors saison) pour deux avec douche et w.-c., petit déjeuner inclus. Patron accueillant. Un avantage : les fenêtres sont bien isolées du bruit de la rue (mais pas les cloisons de ceux de l'hôtel). Sinon, encore des efforts à faire question propreté. Reste malgré tout la seule adresse abordable et correcte.

🛏 *Hôtel Le Royal :* place Bonaparte ; à l'angle de Fred-Scamaroni, dans la Haute Ville. ☎ 95-73-00-51. Petit hôtel extrêmement bien situé, à l'entrée du vieux quartier. Vue sur la marine. Chambres toutes neuves et confortables, bien décorées. Toutes avec douche, w.-c., T.V. et téléphone. 250 F la double hors saison, mais ça grimpe jusqu'à 600 F en juillet-août !

🛏 *Les hôtels de la marine :* à vos risques et périls ! Un établissement de luxe, très bien tenu mais uniquement pour routards friqués, et un petit hôtel presque abordable mais vraiment mal tenu (nous ne le nommerons pas).

Campings et locations

🛏 *Camping L'Araguina :* av. Sylvère-Bohn ; à l'entrée de la ville (en venant de Propriano). ☎ 95-73-02-96. Fax : 95-73-01-92. Ouvert toute l'année. A 50 m de l'*hôtel des Étrangers*, face à la station Total. Pas beaucoup de places en été, on est un peu à l'étroit. Mais il peut dépanner même si c'est plutôt cher. Création récente de 8 bungalows bien équipés (douche, w.-c., cuisine), de 2 à 5 personnes. 300 F la nuit hors saison. Bon accueil.

🛏 *Camping Campo di Liccia :* à 3 km sur la route de Porto-Vecchio. ☎ 95-73-03-09. Fax : 95-25-13-56. Ouvert d'avril à fin septembre. Très bien pour un 2 étoiles. Grand, peu de monde, ombragé. Douches chaudes. Bar-resto, épicerie, pizzeria. Navette de bus en été pour la plage (à 5 km).

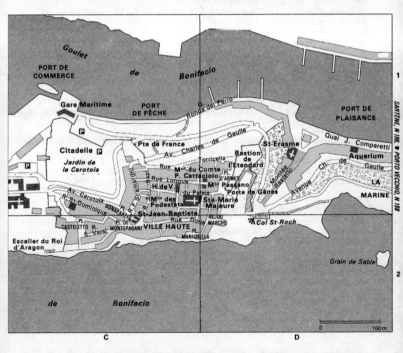

BONIFACIO

🛏 *Camping des Iles :* route de Piantarella (4 km à l'est de Bonifacio). ☎ 95-73-11-89. Ouvert de Pâques à la Toussaint. Bien situé, à 1 km de la plage. Tennis, épicerie, resto. Le confort d'un 3 étoiles à des prix abordables.

Plus chic

🛏 *Pertamina Village :* à 5 km de Bonifacio, sur la N 198, à droite en allant vers Porto-Vecchio. ☎ 95-73-05-47 ou 80-30-81-85 (hors saison). Fax : 95-73-11-42. Sur une vingtaine d'hectares, un vaste complexe très beau et superbement équipé comprenant terrain de camping, location de studios, mobilhomes, chalets et mini-villas entièrement équipés. Situé à 4 km de la plage la plus proche, au milieu des chênes-lièges et des oliviers. Compte tenu des prestations, les prix sont raisonnables. Superbe piscine de 600 m², tennis, ping-pong et location de V.T.T. Deux restos, dont une excellente pizzeria. Forfait camping à 115 F pour deux avec voiture, tente ou caravane. Exemples de prix en location à la semaine en haute saison : 2 790 F le studio, 4 200 F le chalet pour 4 personnes. Avant mi-juillet et après fin août, prix dégressifs.

Où manger ?

Environ une quarantaine de restaurants, en enfilade le long des quais de la marine. A vous de choisir. Ils pratiquent tous des prix assez élevés et proposent invariablement la même cuisine. En revanche, on trouve plus facilement de bons rapports qualité-prix dans la Haute Ville.

✕ *Restaurant de la Poste :* 6, rue Fred-Scamaroni, dans la Haute Ville. ☎ 95-73-13-31. Une pizzeria au cadre chaleureux, fréquentée par les Bonifaciens pour ses bonnes pasta. Normal, le patron s'appelle... Panzani ! Prix tout à fait corrects pour la Vieille Ville. Assiettes copieuses et bons petits plats du jour. Pas de menu, mais grand choix à la carte.

✕ *Stella d'Oro :* 7, rue Doria, Haute Ville. ☎ 95-73-03-63. Ouvert tous les jours d'avril à fin novembre. Des salles très agréables, un service souriant et en fond sonore une musique très cool. Pas de menu, mais beaucoup de choix à la carte parmi les viandes (70 à 100 F), pâtes et pizzas. Plats autour de 50 F. Goûter à la spécialité maison : les délicieuses aubergines farcies à la bonifacienne. Viandes exquises. Bref, une adresse comme on les aime.

✕ *La Main à la Pâte :* 1, place Bonaparte, Haute Ville. Également une adresse au fond du port, face à la petite église. ☎ 95-73-04-50. Ouvert de Pâques à fin septembre. Comme son nom l'indique, on y sert des pâtes faites maison, considérées comme les meilleures de la ville. En tout cas, c'est copieux. Mais certains prix frisent l'exagération (pourtant, les pâtes, ça ne coûte pas grand-chose à fabriquer). En dehors de juillet-août, heureusement, de petits menus à moins de 100 F.

✕ *La Rascasse :* quai Comparetti, sur le port. ☎ 95-73-01-26. Cadre banal. On le cite surtout pour sa politique commerciale intelligente, même si la cuisine n'a rien de vraiment transcendant. Menus copieux à 70 et 95 F, avec apéro offert. Bon poisson. Service sympa, quoique assez lent. Beaucoup de monde, ce qui se comprend vu les prix proposés par rapport à la concurrence.

Où boire un verre ? Où écouter de la musique ?

– *A Cantina :* 16, rue Saint-Dominique, Haute Ville. ☎ 95-73-05-71. Bien cachée dans une ruelle qui monte de la place Bonaparte, une cave à vin typiquement corse. On peut aussi y goûter quelques spécialités locales, en contemplant le golfe par les meurtrières aménagées dans les vieux murs.
– *Fa Dièse :* 1, rue Bobbia, Haute Ville. ☎ 95-73-17-89. Ouvert le soir seulement le week-end. Sorte de piano-bar. Un des seuls lieux nocturnes de Bonifacio. Bonne ambiance certains soirs. Différents styles de musique et de temps en temps des chants corses.

Où déguster de bons petits pains ?

– *Boulangerie-pâtisserie Faby :* 4, rue Saint-Jean-Baptiste, Haute Ville. On y trouve les spécialités de Bonifacio : le *pain des Morts,* aux noix et aux raisins, et le *fugazzi*, délicieuse brioche faite avec de l'eau-de-vie et du vin blanc, et parfumée au citron, à la fleur d'oranger et à l'anis. Bonnes tartes au brocciu, pas chères.

A voir

Il serait dommage de ne pas prendre le temps de découvrir la ville. Pour éviter de se retrouver noyé par les flots de touristes, partez à sa découverte tôt le matin. Pas mal non plus en fin de journée, car tous ne logent pas ici ; de plus vous profiterez du coucher de soleil, généralement somptueux. Et n'oubliez pas les promenades en bateau : touristiques, évidemment, mais c'est encore le seul moyen de découvrir les falaises. Vous comprendrez mieux, ainsi, ce qui fait toute l'originalité du site...

LA MARINE

Le port occupe presque toute la ville basse de Bonifacio. Au fond du goulet, les bateaux de plaisance. On se croirait aussi bien à Saint-Trop' ou ailleurs : restos, terrasses de cafés, boutiques vendant de tout (et n'importe quoi), glaciers, palmiers, etc. Pourtant, après avoir dépassé le premier quai, on parvient au petit port de pêche, bien plus charmant avec ses barques colorées et ses filets entassés. Belle vue sur les remparts de la Haute Ville. Au bout du quai, de temps en temps, un superbe yacht de croisière.

▶ **L'aquarium de Bonifacio** : 71, quai Comparetti. Ouvert de Pâques à fin octobre, tous les jours de 10 h à minuit (20 h hors saison). Entrée payante. Dans une petite grotte creusée à même la falaise, une dizaine d'aquariums colorés présentant la faune sous-marine locale : mérou, sar, homard, langouste, étoiles de mer, gorgone, monstrueuse murène... Mais aussi d'étonnants crabes volants (!), oranges de mer, spirographes, plumes de mer, castagnoles, cigales et girelles.

LA HAUTE VILLE

Tout est beau dans la vieille ville. Les maisons hautes et étroites laissent à peine filtrer la lumière. Souvent on pourrait se toucher d'un balcon à l'autre. Par moments on se demande si on ne va pas croiser Charles Quint ou Napoléon. Ils se reposèrent dans deux maisons à 250 m d'intervalle, dans la rue des Deux-Empereurs. Un je-ne-sais-quoi d'oriental rôde dans l'air et hante la haute ville : la voûte d'une fenêtre à arcades, le dessin de la loggia de l'église Sainte-Marie-Majeure (XIII° siècle), les passages obscurs imbriqués les uns dans les autres, le côté caché de la vie derrière les persiennes... Bien entendu, il faut flâner au petit matin, pour prendre le rythme de la cité. Monter au *belvédère* qui permet de voir la côte découpée par la mer, les énormes falaises crayeuses, rongées par les siècles, et, les jours de grand vent, la Sardaigne si proche qu'on pourrait la toucher...

▶ **Le col Saint-Roch** : accès par la montée Rastello, du port. Ce belvédère est à gauche de la montée Saint-Roch, qui mène à l'une des portes de la Haute Ville. Panorama grandiose sur les falaises d'un côté, les remparts de l'autre. En contrebas, la mer turquoise et une petite crique, à laquelle mène un sentier. Remarquez les maisons construites juste au bord de la falaise. La plus à gauche (avec un balcon à colonnade) appartient à l'actrice Marie-José Nat, une enfant du pays !

▶ **La porte de Gênes** : prendre la montée Saint-Roch. Porche imposant et pont-levis du XVI° siècle.

▶ **Le bastion de l'étendard** : à droite en sortant du passage. Fortification construite à la fin du XV° siècle pour protéger la porte de Gênes (alors seul accès à la Haute Ville). Visite possible en saison (payante). Le billet donne ensuite accès au Mémorial, à l'escalier du Roi d'Aragon et au jardin des Vestiges.

▶ **Le Mémorial du Bastion** : dans le bastion. Entrée payante. Reconstitution de scènes historiques dans les vieilles salles : corps de garde génois au XVII°, visite de Charles Quint en 1541, échec du mini-coup d'État de Napoléon Bonaparte et naufrage de *La Sémillante* au XIXe siècle.

▶ *Le jardin des Vestiges :* du bastion, repasser devant la porte de Gênes et prendre la rue du Portone. Visite payante. Ruines médiévales (remparts du XIIIe) dans un joli cadre fleuri.

▶ *La place du Marché :* au bout de la rue du Portone. Superbe belvédère donnant sur les falaises et la mer. Remarquez ce curieux îlot rocheux, surnommé « grain de sable ». On peut monter dans une petite tour (dite de la Lombarde) : vue plongeante sur la crique de rêve de Sotta-Rocca, aux eaux limpides. Sur la place, quand les touristes sont partis, les habitués reprennent leur partie de boules...

▶ *L'église Sainte-Marie-Majeure :* place du Chanoine. Fléchée de la rue Piazza Doria. On la remarque à son superbe clocher de pierre blanche, du XIVe siècle. D'un côté du clocher, noter les fenêtres aux chapiteaux sculptés. Encore plus typique : les arcs-boutants des murs de l'église, appuyés aux maisons voisines ! Le bâtiment est considéré comme l'un des plus vieux de Bonifacio : sa construction remonte au XIIe siècle, par les Pisans. Mais l'ensemble fut plusieurs fois remanié, jusqu'à sa restauration (réussie) il y a une dizaine d'années. Très beau parvis, de type halle, appelé Loggia : c'est ici que les « anciens » se réunissaient. Intérieur à la décoration riche : nombreuses représentations de la Vierge, peintures (abîmées) au plafond et curieux autel. Étonnante voûte en demi-cercle au-dessus du chœur, représentant le ciel... Également un beau tabernacle de la Renaissance italienne.

▶ *La maison des Podestats :* en face de l'église. Bien belle façade de pierre blanche, décorée de frises et de blasons sculptés. Les podestats, sortes de maires de l'époque, représentaient le pouvoir génois et détenaient les clefs de la ville.

▶ *Le centre d'Art sacré :* dans l'ancienne mairie *(palazzo publico)*, à droite en sortant de l'église. Vieille façade et voûtes du XIIIe siècle. Visite en juillet, août et septembre uniquement. On peut y voir le Trésor des églises de la ville.

▶ *L'église Saint-Jean-Baptiste :* rue Saint-Jean-Baptiste, un peu avant la place Bonaparte. Toute petite et mignonne comme tout. A l'intérieur, grande scène sculptée aux visages saisissants, portée sur son brancard lors des processions.

▶ *L'escalier du Roi d'Aragon :* accès par la rue des Pachas. Ouvert en principe en juillet et août seulement (se renseigner, ça peut changer). Payant. Cet escalier taillé dans la falaise jusqu'à la mer est l'une des grandes curiosités de la ville. La légende veut qu'il ait été construit en une seule nuit ! Les hommes du roi d'Aragon auraient ainsi essayé de pénétrer dans la Haute Ville, lors du siège de 1420... Mérimée, à qui on ne la fait pas, aurait révélé son sentiment dans ses mémoires : en fait, cet escalier serait bien plus ancien et permettait d'atteindre un puits. Ça nous paraît effectivement plus plausible... Bref, les courageux peuvent tenter la descente des quelque 187 marches. Autre accès par la plage de Sotta-Rocca (au pied du col Saint-Roch), en longeant le pied de la falaise ; mais il faut ensuite monter les marches, ce qui est bien sûr plus fatigant... Autre possibilité : continuer à longer la falaise jusqu'à une petite plage, en contrebas. Dans une grotte, sur la droite, un autre escalier ! Il traverse également la falaise et conduit, après 250 marches, à une tour de la Haute Ville. Mais on ne peut pas en sortir ! Il faut alors rebrousser chemin et se retaper soit les escaliers du Roi, soit le col Saint-Roch... Bon courage ! Pour les feignants, une méthode bien plus efficace pour voir l'escalier du Roi d'Aragon de la mer : les promenades en bateau.

▶ *L'église Saint-Dominique :* toujours sur la falaise, mais à l'écart de la vieille ville, derrière l'office du tourisme. L'une des rares églises de style gothique de l'île, construite au XIIIe siècle. Beau campanile. A l'intérieur, mobilier particulièrement riche comprenant un maître-autel en marbre et des icônes du XVIIIe, de nombreux tableaux anciens et de superbes groupes sculptés, portés lors des cérémonies de la semaine sainte.

▶ *Le cimetière marin :* situé à l'extrémité ouest de la falaise, sur un petit plateau dénudé appelé le Bosco. Pour y aller, on passe devant la caserne de la Légion étrangère, aujourd'hui désaffectée. Puis c'est l'entrée du cimetière, petite ville de l'au-delà entourée d'une enceinte et peuplée de tombeaux blancs qui regardent le soleil couchant. Les Corses ont dans la vie comme dans la mort, qu'ils craignent mais narguent, une vision plutôt familiale des choses. Les nombreuses chapelles funéraires, aux noms des familles du pays, le démontrent assez bien. Alors, soyez comme les chats dans ce lieu entre terre et ciel : discrets !

A voir aux environs

▶ *Le phare de Pertusato :* à 5 km au sud-est de Bonifacio, l'extrême pointe de la Corse. On peut s'y rendre à pied du col Saint-Roch. Attention aux falaises qui ne sont pas protégées par des rambardes. *E pericoloso sporgersi !* Du phare, une vue sensationnelle sur Bonifacio. Au pied du phare, une petite plage où la mer est très forte et dangereuse quand le vent souffle.

▶ *Calalonga Plage :* une plage de sable fin et la mer qui reste très peu profonde pendant des kilomètres. Dans certaines conditions de vent, on peut pratiquer la planche à voile.

▶ *La plage des Grand et Petit Sperone :* pas facile d'y accéder. Mais elle est belle et idéale pour se baigner. Allez d'abord jusqu'à la *cale de Piantarella*, à 6 km à l'est de Bonifacio. Laissez votre voiture au débarcadère et longez à pied tout le rivage à droite jusqu'à la pointe. La plage est de l'autre côté. En route, on passe même devant des ruines romaines. Prévoir de quoi manger.

▶ *Les îles Cavallo* (il faut être invité pour pouvoir y débarquer) et *Lavezzi* offrent le spectacle déprimant de la crise qui frappe de plein fouet l'Occident. Peu de bateaux dépassent les 20 m de long, peu de villas abritent plus d'un milliardaire et les longues filles blondes et peu vêtues sont placées là par l'Assistance publique. Quelle misère ! On y voit, paraît-il, fréquemment Stéphanie (la princesse).
C'est l'île Lavezzi qui a vu l'horrible catastrophe du naufrage de *La Sémillante*, en 1855, raconté par A. Daudet dans une des *Lettres de mon moulin*, 750 noyés. Il est désormais interdit d'y plonger : trop de plongeurs rapportaient en souvenir... des têtes de mort.

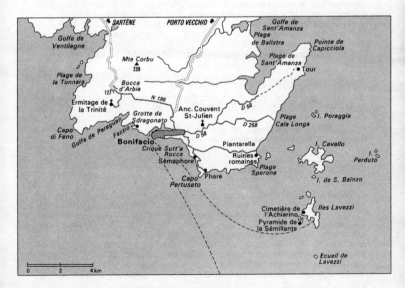

LES ENVIRONS ET LES PLAGES DE BONIFACIO

A faire

– *Les falaises et les grottes marines en bateau :* la grande attraction de Bonifacio. Renseignements sur le port. En principe, les bateaux sont tous au même tarif, mais certains en profitent, quand il y a beaucoup de monde, pour augmenter les prix. Voyez plusieurs stands avant de vous décider et ne vous laissez pas baratiner par les revendeurs racoleurs et parfois un peu lourds. L'excursion dure environ 1 h. Visite de la grotte du dragon *(Sdragonato)*, connue pour l'ouverture de son plafond qui ressemble à la carte de Corse ! Belles couleurs arc-en-ciel des fonds marins. Il est d'ailleurs recommandé de faire la promenade par temps calme, sinon l'eau est troublée et vous ne pourrez pas admirer les rochers multicolores. Ensuite, la calanche de Facio, aux eaux turquoise. Demi-tour et cap sur le « bunker » et la grotte Saint-Antoine (dont la silhouette rappelle, bien sûr... le chapeau de Napoléon !), le puits Saint-Barthélemy et l'escalier du Roi d'Aragon. Bel aperçu de la vieille ville, avec ses maisons accrochées au bord de la falaise. A noter : les falaises de Bonifacio sont les seules de Corse (avec celles de Saint-Laurent) à être en calcaire. On y a tourné plusieurs films, dont les fameux *Canons de Navarone* et même un porno, avec Brigitte Lahaie et... la Cicciolina !

– *Plongée sous-marine :* avec le *club Barakouda*, à l'entrée de la ville en venant d'Ajaccio (à droite de la route, dans le grand virage). ☎ 95-73-13-02. De vrais pros, fiers d'avoir travaillé pour l'émission Ushuaïa. 160 F la plongée. Propose des excursions aux îles Lavezzi pour observer les mérous.

Quitter Bonifacio

En bus

Deux bus par jour pour *Porto-Vecchio,* trois pour *Propriano, Sartène* et *Ajaccio.* Avec *Eurocorse Voyage.* ☎ 95-70-13-83.

En bateau pour la Sardaigne

Compter 1 h de traversée entre Bonifacio (départ du port) et Santa Teresa di Gallura. Entre le 1er juillet et le 4 septembre, sept traversées par jour à bord des navires de la *Moby Lines* (☎ 95-73-00-29) ou de la *Saremar* (☎ 95-73-00-96). Du 18 mai au 30 juin et du 5 septembre au 1er octobre, quatre liaisons quotidiennes.

– *Agence Gazano :* port de Bonifacio. ☎ 95-73-02-47. Renseignements et billets.

LE GOLFE DE SANTA-MANZA

A 6 km à l'est de Bonifacio, par la D 58. Deux jolies plages, Maora et Santa-Manza, bien abritées. Propice pour les fanas de planche à voile.

Où dormir ? Où manger ?

🛏 *Hôtel du Golfe :* dans le golfe de Santa-Manza. ☎ 95-73-05-91. Fax : 95-73-17-18. Ouvert du 15 février au 15 novembre. A 50 m de la plage. Parking. 12 chambres seulement dans ce délicieux petit hôtel très bien tenu. La réservation est donc souhaitable en saison. Chambres doubles à 366 F. Demi-pension obligatoire : 690 F pour deux en juillet-août, 480 F en septembre.

🛏 *Camping Pian del Fosse :* route de Santa-Manza, à 1,5 km de la plage de Maora. Ouvert de Pâques à fin octobre. ☎ 95-73-16-34. Camping en pleine nature, sur une petite butte plantée d'oliviers avec beaucoup d'espace entre les muretins de pierre. Sanitaires propres. Bar et petite épicerie. Équitation juste à côté.

🛏 *Bungalows Maora :* à 400 m de la plage de Maora. ☎ 95-73-13-99. Ça s'appelle à tort un village-hôtel. Heureusement, il ne s'agit pas d'un complexe horrible, mais de simples pavillons nichés sous les oliviers. Location possible à la nuit, pour une à quatre personnes (à partir de 250 F hors saison) ; à la semaine, uniquement en juin, juillet et août. Possibilité de faire la cuisine. Accueil sympa. Pour les familles, c'est l'idéal. Ping-pong. Il y a même un resto sur la plage où la demi-pension est possible si l'on réside dans l'un des pavillons. Calme. La route traverse un champ de roseaux pour y arriver.

LE GOLFE DE RONDINARA

A 14 km au nord de Bonifacio, un petit golfe en forme de coquillage avec deux pointes qui se touchent presque, comme pour en faire un lagon bleu du Pacifique. Un coin de rêve, perdu entre Bonifacio et Porto-Vecchio. Dommage qu'en saison les plaisanciers ne soient pas plus respectueux de l'environnement. De Bonifacio, emprunter la RN 198 direction Porto-Vecchio, puis tourner à droite dans la D 158.

Où dormir ?

☞ *Camping Rondinara :* indiqué de la route. ☎ 95-70-43-15. Grand, récent, bien équipé, mais sans la moindre parcelle d'ombre. Épicerie, bar, resto, plats à emporter, téléphone. Réception aimable. Un petit sentier dans le maquis descend à la plage à 300 m. Des vaches débonnaires parmi les Allemandes en monokini. En mai-juin, l'endroit n'est pas trop envahi, profitez-en !

PORTO-VECCHIO (20137)

L'aéroport de Figari à 20 km et les nouvelles lignes maritimes avec l'Italie soutiennent l'explosion touristique de la région de Porto-Vecchio. Ce dynamisme est sans conteste à la base de quelques réussites. Seulement nous déplorons tous les inconvénients d'une croissance rapide : à peine un restaurateur sur cinq est un professionnel, les prix sont élevés, les réalisations et les constructions témoignent d'un goût moyen. Restent une baie splendide, une capacité d'accueil imposante et une volonté de s'ouvrir et de sourire qui n'est pas toujours présente ailleurs. Sans oublier le charme infini du vieux village : qu'il est doux le soir de s'affaler à une terrasse, sur la jolie place de l'église... De plus, l'arrière-pays de Porto-Vecchio compte parmi les plus beaux de Corse, profitez-en !
En été, Porto-Vecchio vit à l'heure italienne : il se vend ici plus de journaux romains que de magazines parisiens et les commerces restent ouverts jusqu'à 1 h.
Un mot sur les moustiques : quoique présents, ils ne sont plus porteurs de malaria, depuis qu'en 1945 les Américains ont bombardé la région au D.D.T.

Adresses utiles

– *Syndicat d'initiative :* place de l'Hôtel-de-Ville ; dans le vieux centre. ☎ 95-70-09-58. Fax : 95-70-03-72. Ouvert tous les jours en été, de 9 h à 13 h et de 16 h à 20 h ; le dimanche, de 10 h à 12 h et de 17 h à 19 h. Hors saison, de 9 h à 12 h et de 15 h à 18 h, sauf le week-end. Des hôtesses efficaces et souriantes délivrent des plans de ville, la liste des hôtels et des restos, et celle des loueurs particuliers (utile parfois). Si vous n'êtes pas content, il y a même un cahier de doléances sur le comptoir.
– *Maison d'information du parc régional :* rue du Colonel-Quenza ; à 200 m du syndicat d'initiative. ☎ 95-70-50-78. Ouverte de mi-juin à mi-septembre en semaine.
– *Société Figari Aviation-Transports :* route du Port. ☎ 95-70-03-40 ou 95-70-12-98. Circuits touristiques en hélicoptère allant de 220 F par personne (9 mn sur le golfe de Porto-Vecchio) à 730 F (jusqu'à Bonifacio, en 30 mn).

– *Location de voitures :* Hertz, sur le port. ☎ 95-70-32-05. *Europcar,* la
Poretta, sur la route de Bastia. ☎ 95-70-14-50.
– *S.N.C.M. :* port de commerce de la Marine. ☎ 95-70-06-03.
– *Location de motos et de vélos :* Cycle Serra, route du port, à 100 m de la
mairie. ☎ 95-70-36-50. *Garage Legrand,* route de Bonifacio. ☎ 95-70-15-84.
– *Antenne médicale SAMU :* ☎ 95-70-00-05.
– *Taxis :* ☎ 95-70-08-49.
– *Distributeurs d'argent :* ils sont peu nombreux, faites attention ! Le plus
pratique : celui de la poste, dans la vieille ville. Au rond-point des Quatre-
Chemins en sortant de la ville vers Bastia, on trouve un distributeur de la
Société Générale, et plus loin, à gauche, un distributeur du Crédit Agricole.

Où dormir ?

Comme à Bonifacio, tout est cher. surtout en été. Encore faut-il trouver de la
place...

🛏 *Hôtel Panorama :* 12, rue Jean-Nicoli. ☎ 95-70-07-96. Ouvert toute l'année. Un petit hôtel légèrement plus haut que la vieille ville, accessible par une
rue qui monte. Parking à côté. Chambres simples avec lavabo-douche (w.-c. sur
le palier). L'adresse la moins chère de Porto-Vecchio. Entre 280 et 300 F en
saison.
🛏 *Hôtel Le Mistral :* 5, rue Toussaint-Culioli. ☎ 95-70-08-53. Fax : 95-70-
51-60. Dans le haut de la ville. Un 2 étoiles mignon et confortable. L'avantage
d'être à la fois dans la ville et loin du bruit. Excellent accueil. Entre 400 et 500 F
pour deux avec douche en juillet-août, de 200 à 350 F hors saison. Loue aussi
des studios.
🛏 *Hôtel Moderne :* 10, cours Napoléon. ☎ 95-70-06-36. Une grande maison
au centre du vieux village, sur la place de l'Église. Chambres avec douche (w.-c.
sur le palier). Les n°s 20 et 21 bénéficient d'une belle vue, mais sont plus
chères. De 250 à 400 F selon la saison. Place très animée le soir.
🛏 *Hôtel Le Goéland :* sur le golfe de Porto-Vecchio, entre le port et la plage.
☎ 95-70-14-15. Fermé de fin novembre à fin mars. Très bien situé. Calme. Bon
rapport qualité-prix. Chambres de 350 à 510 F, petit déjeuner inclus. Ambiance
familiale. Télévision dans la salle du bar. Parking ombragé. Très beau couchant
sur le golfe de Porto-Vecchio où, il y a quelques années, on chercha le fameux
trésor de Rommel... Les propriétaires sont de purs Porto-Vecchiais.

Plus chic

🛏 *Hôtel La Rivière :* route de Muratello, au lieu dit Bala. A environ 8 km à
l'ouest de Porto-Vecchio ; du centre, prendre la direction Bastia puis à gauche
au grand carrefour. ☎ 95-70-10-21. Fax : 95-70-56-13. Au calme, dans un joli
parc traversé, bien sûr, par une rivière. Un havre de paix bucolique, donc, et
agréablement équipé : piscine chauffée, tennis, sauna, billard. Chambres avec
balcon, bien tenues. Pour une double, compter de 450 F (hors saison) à 580 F
(en juillet et août).
🛏 *Hôtel Cala-Verde :* la Poretta, route de Marina di Fiori. ☎ 95-70-11-55.
Fax : 95-70-34-60. Ouvert de mai à septembre. Un très bel hôtel de classe,
dans un parc, à deux pas de la mer. D'ailleurs, il y a une plage privée. Pas de restaurant. Chambres avec balcon à 820 F la double en saison et à partir de 480 F
hors saison. Accueil souriant.

Campings

🛏 *Camping Mulinacciu :* à Lecci de Porto-Vecchio, à 7 km au nord. ☎ 95-71-
47-48. En bordure d'un torrent. Très sympa, bien ombragé, belles douches (et
chaudes, ce qui est plus important). Location de tentes et caravanes. Soirées
musicales.
🛏 *Camping Pitrera :* route de Bastia, à La Trinité, à 3 km de Porto-Vecchio.
☎ 95-70-20-10. Ambiance très sympa. Restaurant, pizzeria. Location de caravanes et de bungalows. Piscine agréable et tennis récent. A 3 km de la plage,
hélas. Néanmoins le camping est chouette comme tout, dans la végétation :
palmiers, chênes-lièges, fleurs...
🛏 *Camping naturiste U Furu :* à 8 km de Porto-Vecchio, direction L'Ospédale, sur la route de Nota. ☎ 95-70-10-83. Ouvert de juin à octobre. Des bun-

galows au bord d'une rivière qui cascade dans les rochers. Assez loin de la mer mais piscine et végétation. Anecdote authentique : le domaine, en 2 siècles, a vu se succéder une usine à pipes (!), un moulin à blé, un grand verger et un espace pour naturistes...

Où manger ?

Nombreuses pizzerias en ville, interchangeables dans l'honnête médiocrité. Dommage, les bonnes adresses ne sont pas vraiment bon marché... Amateurs d'authentique cuisine corse, rendez-vous dans l'arrière-pays, entre autres à L'Ospédale.

✗ *La Marine :* quai Paoli, sur le port. ☎ 95-70-08-33 ou 35-24. Fermé le lundi hors saison et en décembre-janvier. Un excellent resto de poisson. Normal, le patron connaît tous les pêcheurs du coin. Deux menus, à 95 et 210 F, qui valent le coup. Parmi les spécialités : queue de langouste et seiche à l'armoricaine. La bouillabaisse (à commander la veille) risque de vous laisser un bon souvenir : on la prépare devant vous ! Compter 380 F à deux.

✗ *Le Baladin :* 13, rue du Général-Leclerc. ☎ 95-70-08-62. Ouvert le soir uniquement. Cadre assez luxueux. Pas donné, mais c'est vraiment bon ! Premier menu à 150 F, alléchant, avec chariot de fromages et pâtisseries maison. A la carte, d'agréables surprises.

✗ *U Borgu :* 33, rue Borgo. ☎ 95-70-07-27. Belle vue sur le golfe et bon menu à 95 F. Gibier en hiver.

✗ *Le Nautile :* rue Bonaparte. Conseillé par des lecteurs pour son petit menu à 85 F, vin et café compris.

Où manger aux environs ?

✗ *Auberge du Maquis :* route de L'Ospédale, à 5 km du grand carrefour (sortie de Porto-Vecchio vers Bastia). ☎ 95-70-20-39. En saison seulement. Dans un cadre champêtre, un vrai resto corse à la salle à manger rustique. Assez cher tout de même, mais le menu (170 F) est particulièrement copieux. A la carte, toutes les bonnes spécialités du pays : soupe corse, aubergines farcies, omelettes, cannelloni au brocciu, charcuterie, raviolis, rôti de veau et truite de torrent (le tout de 40 à 100 F). Le repaire des connaisseurs.

✗ *Chez Poli :* une super adresse à L'Ospédale (voir plus loin).

✗ *Auberge U Fuconu :* à l'entrée de Figari-Village en venant de Porto-Vecchio (20 km). ☎ 95-71-04-27. Ouvert toute l'année. Spécialités corses, particulièrement intéressantes hors saison : boudin maison, *figatelli*, polenta, sanglier *Piechi Morti*, porcelet, *fiadonu*, beignets aux pommes, etc. C'est la mamma, Jacqueline Mercellesi, qui est aux fourneaux. Menu à 80 F et, croyez-nous, on vous donne à manger ! Vaut le coup de s'y arrêter.

Où acheter de bons produits corses ?

– *L'Orriu :* cours Napoléon. Dans la vieille ville, à 50 m de la place de l'Église. ☎ 95-70-26-21. Fermé deux mois en automne. Une magnifique boutique spécialisée dans les produits corses en tout genre. Murs couverts de pots et de bouteilles, plafond squatté par les jambons, arrière-boutique croulant sous les saucissons, étalage hallucinant de fromages... Un vrai musée. Un peu cher mais des cadeaux originaux à rapporter : confitures et épices du maquis, vins et liqueurs, nougat, pains et succulentes charcuteries. On vous conseille avec le sourire, en vous expliquant la provenance de chaque produit.

Où manger une bonne glace ? Où boire un verre ?

– *Glacier du Port :* sur le port de plaisance. ☎ 95-70-19-16. Fermé en hiver. Grande terrasse. Des glaces exquises dans des coupes de géant. Noisette, pistache, chocolat... tout est bon. Prix élevés, en rapport avec la qualité. En août, évitez les heures de pointe car on vous fait avaler la glace en dix minutes...

– *La Taverne du Roi :* 43, rue de la Porte-Génoise (à l'entrée de la vieille ville en venant du port). ☎ 95-70-41-31. Un endroit exceptionnel pour son cadre. Vraiment agréable d'y boire un verre. Trois musiciens guitaristes, pianistes, chanteurs alternent les vieux chants corses avec des chansons plus connues. Si l'envie vous prend de danser, les musiciens seront ravis.
– *Objectif Lune :* rue du Général-de-Gaulle ; tout de suite à gauche, en contre-bas, en sortant de la vieille ville, quand on vient du cours Napoléon. Un endroit jeune et sympa, à la déco rigolote qui enchantera les tintinophiles. Bière, cock-tails spéciaux et bonne musique.
– *Le Glacier :* place de la République, face à l'église. Un lieu stratégique, sous les platanes. Très agréable le soir. Plus de 70 bières du monde entier et grand choix d'alcools. Zakouskis offerts. Attention aux pigeons, qui ont tendance à prendre vos vêtements pour cibles !

A voir. A faire

▶ *La vieille ville :* les Génois édifièrent une citadelle sur le promontoire rocheux (en porphyre rose). Il en reste de belles fortifications, dont quelques bastions et l'imposante porte (dite génoise) d'où l'on a une jolie vue sur le golfe et les salines. Sur la place principale, très animée en été, une adorable petite église en pierre, au clocher décoré de trèfles.

– *Promenade en hélicoptère :* départ de Porto-Vecchio ou de Figari, et découverte de la région. Assez cher mais génial. Voir « Adresses utiles ».

– *Promenade en mer :* avec la *Cie des promenades en mer,* sur le port de plai-sance. ☎ 95-70-69-00. Visite du golfe et des îles Cerbicale. Propose aussi Bonifacio.

Aux environs

– *La plage de Palombaggia :* à 9 km au sud, un petit paradis au pied de dunes ombragées. Très belle route le long de la côte. Liaison en bus de Porto-Vecchio. Dommage (mais logique), l'endroit est envahi en été. Les environs brûlèrent en 1990. Yves Duteil, qui a une maison ici, créa une association de reboisement, l'*Apres*.

– *La baie de San Ciprianu :* à 12 km au nord, belle et longue plage de sable fin, avec quelques cabanons en ruine, suite à un plastiquage du F.L.N.C. en 1989.

– *Le golfe de Santa-Giulia :* à 6 km au sud de Porto-Vecchio. Site superbe et jolie petit village. La route menant au village, entre la mer et une lagune, vaut le coup d'œil. Dommage que le coin ait été transformé en dépotoir !

– *Le col de L'Ospedale :* on vous l'a déjà dit, c'est une superbe route, notam-ment en soirée quand on monte de Porto-Vecchio pour prendre un peu d'air frais en altitude (Voir « La Corse intérieure, entre Porto-Vecchio et Sartène »).

▶ *Le castellu d'Aragio* (ou d'*Araghju*) : à 8 km au nord de Porto-Vecchio, par la route de L'Ospedale puis la D 559 à droite. Fléché. Une fois dans le village d'Aragio, 15 bonnes minutes de montée (raide) à travers le maquis et la cail-lasse. Du sommet, panorama sur les golfes de Porto-Vecchio et Pinarellu. Le site, qui date de 2000 avant J.-C., est une étrange forteresse de granit, bâtie par les Torréens sur un promontoire rocheux. Porche d'entrée titanesque, niches et remparts bien conservés. Assez impressionnant et ça change des menhirs...

▶ *Torre :* à quelques kilomètres à l'est d'Aragio. De la D 559, rejoindre la N 198 (vers Bastia), puis prendre tout de suite à droite la petite route. Comme son voi-sin, ce site préhistorique est l'un des plus importants témoignages laissés par la civilisation torréenne (âge du bronze), d'où le nom du village. Mais il s'agit spé-cifiquement, ici, d'un lieu de culte, et non d'une forteresse.

Quitter Porto-Vecchio

En bus

– *Pour Bastia :* deux bus par jour, par la compagnie *Les Rapides Bleus-Corsicatours,* 7, rue Jean-Jaurès. ☎ 95-70-10-36. Avec arrêts à La Trinité, Sainte-Lucie, Tarco-Favone...
– *Pour Bonifacio et Ajaccio :* deux bus par jour, par la compagnie *Eurocorse.* ☎ 95-70-13-83.

Randonnée pédestre « Mare a Mare Sud »

– *Traversée de Porto-Vecchio à Propriano :* ☎ 95-70-50-78 (l'été). Un itinéraire très varié, qui traverse la partie la plus ancienne de Corse, dont la fameuse région montagneuse de l'Alta Rocca. Parmi les curiosités et les richesses naturelles rencontrées au détour du sentier, la forêt de L'Ospédale, l'église de Corbini, le castello de Cucuruzzu, les villages aux maisons de granit de Levie, Quenza et Santa-Luccia-di-Tallano, le plateau de Cuscionu... Cette randonnée de moyenne montagne est accessible à tous, même aux marcheurs peu expérimentés. Sentier fréquentable toute l'année : peu enneigé l'hiver et suffisamment ombragé en été. Compter une trentaine d'heures de marche pour arriver à Propriano. Le topoguide du parc régional prévoit 6 étapes de 5 h, mais les bons marcheurs peuvent effectuer ce parcours en 4 jours.
Pour rejoindre le sentier, fléché et balisé en orange, qui démarre à 7 km de Porto-Vecchio, prendre la D159 en direction de Muratellu, puis suivre la direction Nota. Continuer la route jusqu'au pont qui enjambe la rivière de Bola. Prendre le premier chemin à droite après le pont. On arrive à *Burgo,* à 7 km de Propriano que l'on rejoint en suivant le CD 557. Emporter de l'eau et quelques provisions, mais ne vous encombrez pas de trop de nourriture, vous en trouverez facilement.
De Propriano, 2 bus par jour pour Porto-Vecchio. Trajet en 1 h 45 environ. Le G.R. 20 part de *Conca* à une vingtaine de kilomètres de Porto-Vecchio. On peut le rejoindre à partir de Sainte-Lucie-de-Porto-Vecchio.

Où dormir ? Où manger ?

☛ Ceux qui ne campent pas logeront dans des *gîtes d'étape* accessibles aux randonneurs évidemment, mais aussi aux cyclotouristes et aux cavaliers. A *Cartalavonu,* ☎ 95-70-00-39 ; à l'*auberge de Bavella,* près de Zonza, ☎ 95-57-43-87 ; à *Santa-Luccia-di-Tallano,* ☎ 95-78-80-82 (Mme Leandri) ; à *Fozzano* (Burgo), ☎ 95-76-15-05 ; à *Levie,* ☎ 95-78-41-62 ; et à *Serra-di-Scopamène ,* ☎ 95-78-60-13. Demi-pension assurée dans tous.

LE GOLFE DE PINARELLU (20144)

A une vingtaine de kilomètres de Porto-Vecchio. Avec celui de Rondinara, c'est l'un de nos golfes préférés au sud de la Corse. Pinarellu n'a pas encore vendu son âme au diable. C'est ce qui fait son charme. L'eau est claire, les plages sont agréables, le port est mignon. Une tour génoise veille sur le tout.

Adresses utiles

– Pas de poste, mais une boîte aux lettres. Pour trouver un bureau de *poste,* il faut aller à Sainte-Lucie-de-Porto-Vecchio.
– A Ruscana : *cinéma* de plein air, sur la route de Pinarellu, à Sainte-Lucie. En été seulement, le soir vers 21 h 30.

Où dormir ?

🛏 *Hôtel du Golfe :* au village de Pinarellu, face à la mer. ☎ 95-71-40-70. Fax : 95-71-45-30. 14 studios impeccables, arrangés avec goût. Petite cuisine, double vitrage, deux lits superposés pour les enfants, et surtout, chose rare dans l'île, la climatisation. Location à la nuit (300 F en septembre) ou à la semaine. Fait aussi resto. Premier menu à 100 F. Accueil moyen.

🛏 *Camping California :* à 2 km au sud de Pinarellu, sur la route de Capu di Fora. ☎ 95-71-49-24 ou 95-71-61-29 (hors saison). Ouvert de mi-mai à mi-octobre. Ce ne sont pas les Californiens qui hantent les lieux mais plutôt les Romains et les Germains... Une pinède bien équipée, au bord de l'eau. Tennis et pizzeria. La plage est superbe et les naturistes du camp de Villata tentent de cohabiter avec les traditionnels maillots de bain.

🛏 *Camping U Pinarellu :* ☎ 95-71-43-98. Fermé de mi-octobre à mai. Un peu moins cher que le précédent. Bois de chênes-lièges et de pins, piscine, snack (bonne cuisine), location de vélos, tennis, dépôt de gaz et de pain. Mais les sanitaires ne sont pas terribles et la plage est un peu loin (500 m). Épicerie au village de Pinarellu.

Quitter Pinarellu

– Navette toutes les 30 mn entre le village et *Sainte-Lucie-de-Porto-Vecchio.*
– *Pour Bastia :* départ à Sainte-Lucie-de-Porto-Vecchio. 2 bus par jour, 1 seul le dimanche, par les *Rapides Bleus-Corsicatours.*
– *Pour Porto-Vecchio :* 2 bus par jour, par la même compagnie.

– LA CORSE INTÉRIEURE
(ENTRE PORTO-VECCHIO ET SARTÈNE) –

Nous voici dans l'Alta Rocca et une partie du Sartenais, au cœur de la Corse du Sud. Ce circuit, parmi les plus fabuleux de Corse, peut se faire de multiples manières selon votre point de départ (Propriano, Sartène, Porto-Vecchio, Solenzara) et l'endroit où vous comptez vous rendre ensuite, bien sûr (on prend les mêmes et on recommence) :
– *Grande boucle :* Porto-Vecchio, L'Ospédale, Zonza, Quenza, Aullène, Sainte-Lucie, Lévie, re-Zonza, col de Bavella et retour sur Solenzara. Sans doute la meilleure solution. C'est l'itinéraire que nous indiquons plus bas.
– *Petite boucle :* Sartène, Sainte-Lucie, Levie et Cucuruzzu, Zonza, Quenza, Aullène et retour par la D 69 sur Sartène.
– *Variantes :* d'Aullène, rejoindre Zicavo (26 km au nord) ou Petreto-Bicchisano (via le très beau col de Saint-Eustache) pour filer ensuite sur Ajaccio.
– *Pour ceux qui ont du temps :* séjourner dans le secteur (plein d'auberges très sympa) pour visiter les villages à sa guise et faire quelques randonnées.
– Le parc naturel régional propose des *itinéraires de promenades* (« sentiers de pays » dans l'Alta Rocca. 5 propositions de balades en boucles, de 3 à 6 h, à travers les villages de cette microrégion. Dépliant disponible au bureau du parc.

L'OSPÉDALE (20137)

A 19 km à l'ouest de Porto-Vecchio. Gentil village d'altitude d'où l'on jouit d'un vaste panorama sur le golfe. Mignon tout plein avec ses petites maisons de pierre, certaines pleines de couleurs. Belle forêt à proximité, traversée par plusieurs sentiers de randonnée.

Où dormir ? Où manger ?

🛏 *Le Refuge :* au lieu dit Cartalavonu, dans la forêt de L'Ospédale (fléché de la route). ☎ 95-70-00-39. Un endroit qui porte bien son nom, au milieu des pins géants et des blocs de granit. Ouvert toute l'année, ce gîte d'étape accueille les randonneurs des sentiers « Mare a Mare » et « Alta Rocca ». 60 F la nuit en dortoir. Même si vous n'y dormez pas, le resto vaut une petite halte pour sa chaleureuse salle à manger rustique et la bonne cuisine traditionnelle. A la carte : sanglier, tripettes, cannelloni, porc sauvage au grilladin, anguille, truite de rivière, etc. Compter 120 F pour un repas.

✕ *Chez Poli (Auberge de L'Ospédale) :* dans le village. ☎ 95-70-04-96. Ouvert de Pâques à fin septembre (voire plus). Une véritable auberge de charme : terrasse adorable sous un orme gigantesque, murs de pierre, escalier de bois... Le moindre détail est soigné : tables faites avec d'anciennes machines à coudre, bouquets de fleurs dans de vieilles cruches d'émail. On comprend pourquoi Yves Duteil le cite parmi ses adresses préférées en Corse. Menu à 120 F le midi. Le soir, à la carte seulement. Un peu cher mais la cuisine est vraiment excellente. Toutes les spécialités sont alléchantes : salade au boudin, aubergine farcie au brocciu, jambon à la broche (et à la cannelle), *figatelli* grillé à la polenta de châtaigne (65 F), porcelet grillé et fabuleux cabri (130 F). Gâteaux tellement bons que les mésanges viennent régulièrement les picorer sur la table ! Pour ne rien gâcher, service assuré par des jeunes gens tout ce qu'il y a de plus cool.

A voir

▸ *La route jusqu'à Zonza :* on longe d'abord un étrange désert d'arbres morts, de souches et de pierraille. Plus loin, un lac ravissant, niché au creux d'une montagne, dans un décor lunaire. S'arrêter pour profiter du belvédère, sur la droite de la route. On découvre brutalement un paysage de forêts et de montagnes digne de la Suisse ! Plus loin, à droite, la cascade de Piscia di Gallo. En poursuivant la route, on aperçoit ces fameux rochers suspendus, en équilibre sur de petites collines, prêts à rouler au moindre souffle. La route poursuit dans un chaos de roches jusqu'à la forêt de Zonza, paraît-il la plus grande forêt communale d'Europe.

ZONZA (20124)

C'est simple : quelle que soit la route – il y en a quatre – par laquelle on arrive à Zonza, c'est superbe ! A 784 m d'altitude, ce village-carrefour, niché au-dessus des bois de chênes et des forêts de pins laricio, n'a rien à envier aux villages de la côte. Figurez-vous que cette commune, énorme par sa superficie, descend jusqu'à la mer. Résultat : *Pinarellu* et son superbe golfe, à plus de 50 km d'ici en voiture, font partie de Zonza. Heureux donc le maire qui peut, dans la même journée, faire du ski de fond et du ski nautique sans sortir de son territoire ! Grâce à son infrastructure hôtelière, Zonza est devenu en quelque sorte la capitale touristique de l'Alta Rocca. Vous n'y serez donc pas seul en saison. Mais cette clientèle n'a pas grand-chose à voir avec celle des plagistes : on est ici entre amoureux de la montagne et les promenades dans les environs sont suffisamment riches pour que tout le monde ait de la place. Une anecdote historique : c'est à Zonza, très exactement à l'*hôtel du Mouflon d'Or,* que furent mis en résidence surveillée, dans les années 50, le roi du Maroc, Mohammed V et son fils, futur Hassan II ! Mais ces seigneuries en exil, se plaignant du froid, furent ensuite envoyées sur la côte... avant de retrouver leur royaume.

Comment y aller ?

Bus tous les jours sauf dimanche et jours fériés, d'Ajaccio et de Propriano, dans l'après-midi. Renseignements : *Autocars Ricci,* ☎ 95-51-08-19.

Adresse utile

– *Maison d'information du parc naturel de Corse :* à la sortie du village, vers le col de Bavella. ☎ 95-78-66-58. Ouvert de juin à fin septembre.

Où dormir ? Où manger ?

Plusieurs excellentes adresses. Pour ne rien gâcher, l'accueil est souvent très chaleureux. Si tout est complet, rendez-vous à Quenza, Aullène, Levie ou Bavella, tout proches.

☛ *Camping municipal :* à 2 km du village, sur la D 368 vers Porto-Vecchio. ☎ 95-78-62-74 ou 68-17. En pleine forêt, un site calme sous les pins. Confort minimum, mais l'eau chaude est tout de même produite par des capteurs solaires ! En juillet-août, navette gratuite pour le village, plusieurs fois par jour.

☛ *Hôtel du Tourisme :* rue principale, en allant vers Quenza, à gauche. ☎ 95-78-67-72. Sous ce nom banal se cache une bonne adresse. C'est un ancien relais de diligence de 1895, aux volets rouges et aux pierres lourdes. Chambres très simples mais propres, avec petits balcons sur la vallée (w.-c. sur le palier). Prix vraiment intéressants pour deux ou pour trois personnes. On vous conseille le restaurant et la cuisine de Jacky Hamel, né à Dieppe, mais corse d'adoption. Son premier menu, à moins de 100 F, ne peut pas décevoir. C'est bon et copieux. On reviendra à Zonza pour sa *stuffata :* porc, veau, bœuf mélangés et servis en sauce, une vieille recette oubliée, réinventée par Jacky.

☛ *L'Aiglon :* rue principale ; en plein centre. ☎ 95-78-67-79. Fax : 95-78-67-79. Un jeune homme sympa comme tout tient cet adorable petit hôtel, joliment décoré. Chambres impeccables, où le moindre détail est soigné. Nicolas Hulot (qui adore la région) y a séjourné lors de son voyage de noces ! 250 F avec douche, 280 F avec bains. Demi-pension demandée en août. Le resto propose une bien bonne cuisine régionale réinventée avec, parmi les spécialités, gigot de cochon à la crème de figue, artichauts farcis au brocciu, gratin d'épinards aux noisettes et de très bons gâteaux de châtaignes. Menus à 85 et 98 F. Très belle carte.

☛ *Hôtel L'Incudine :* rue principale ; à l'entrée du village en venant de L'Ospédale. ☎ 95-78-67-71. Logis de France classique, au charme désuet. Patron adorable et bon rapport qualité-prix des chambres : à partir de 200 F avec salle de bains et téléphone. Fait aussi resto.

✗ *Auberge du Sanglier :* sur la place centrale (le croisement des quatre routes qui aboutissent à Zonza). ☎ 95-78-67-18. Ouvert tous les jours. Des stores jaunes et une petite terrasse triangulaire qui regarde le monument aux morts. Ça pourrait être un mauvais resto pour touristes, mais non, c'est une bonne adresse. Accueil attentionné et jeune, excellent rapport qualité-prix du menu à 84 F. A la carte de délicieuses spécialités corses comme l'omelette au brocciu, les crêpes à la farine de châtaigne, du sanglier, le coquelet aux herbes et des desserts maison.

A voir. A faire

Les environs de Zonza sont magnifiques. On peut sillonner les petites routes de montagne (col de Bavella, forêt de L'Ospédale, environs de Levie et Aullène) ou prendre le temps de marcher dans les coins que vous indiqueront les hôteliers.

QUENZA (20122)

A 7 km de Zonza, mais sur le versant nord de la vallée du Rizzanese, cet agréable village de montagne constitue le point de départ de belles randonnées à pied, à cheval, à ski, sur le *Coscione,* vaste plateau pastoral où deux rivières importantes, le *Taravo* et le *Rizzanese,* prennent leur source. Un coin très chouette, plus retiré encore.

— *I Muntagnoli Corsi :* une association qui organise des randonnées en groupe en moyenne montagne. ☎ 95-78-64-05. (Voir « Où dormir ? ».)

Où dormir ? Où manger ?

☛ *Camping de l'Alta Rocca :* à Serra-di-Scopamène, à 7 km de Quenza sur la route d'Aullène. ☎ 95-78-62-01. Ombragé par des châtaigniers. Tennis et centre équestre. Confort d'un 2 étoiles.

☞ *Gîte d'étape I Muntagnoli Corsi* (voir plus haut) : à Quenza. ☎ 95-78-64-05. Fax : 95-78-61-91. Chambres doubles avec lavabo pour 120 F. Et une excellente cuisine corse et... tahitienne ! Menu à 85 F. Demi-pension à 160 F par personne.

☞ *Gîte d'étape de Serra-di-Scopamène :* ☎ (à la mairie) 95-78-60-13.

☞ *Gîte d'étape, table d'hôte et centre équestre :* chez Pierrot Milanini, hameau de Jalicu, à 5 km de Quenza. ☎ 95-78-63-21 ou 61-09. Ouvert toute l'année. Refuge de montagne, sur le beau plateau de Coscione. On dort dans des dortoirs. Également table d'hôte (120 F). Demi-pension à 160 F par personne. Pierrot est un passionné de chevaux, très gentil. Il organise des randonnées à cheval en montagne, pour 500 F par jour en pension complète.

Plus chic

☞ *Auberge Sole e Monti :* dans le village. ☎ 95-78-62-53. Fax : 95-78-63-88. Ouvert toute l'année. Une bien chaleureuse adresse, gérée depuis 25 ans par un bon vivant, Félicien Balesi, qui a l'art de recevoir ses hôtes en amis. En été, son grand jardin, conçu come une oasis, fait le bonheur de la clientèle. Quand le climat se fait moins clément, c'est dans le salon aménagé en demi-cercle intimiste autour de la cheminée que les habitués se retrouvent. De douces soirées en perspective, surtout après les excellents repas préparés par le jeune chef. Chaque jour, un nouveau menu à base de produits frais, inspiré par les bonnes vieilles recettes du terroir corse. 150 F pour les non-pensionnaires. Chambres agréables, toutes avec douche, w.-c., T.V. et téléphone. Demi-pension de 300 à 400 F par personne, selon la saison. L'endroit idéal pour ceux qui désirent séjourner dans la montagne corse.

A voir. A faire

▸ *La chapelle Santa-Maria :* dans le village, en contrebas de la route principale. Construite au X° ou au XI° siècle par les Pisans, c'est la plus ancienne de la région. A l'intérieur, jolies statues en bois peint.

▸ *L'église Saint-Georges :* demander les clés à M. ou Mme Balesi, place de l'Église. Voir la vieille chaire sculptée et les peintures du XVIe siècle.

– *Randonnées :* nombreuses. Se renseigner auprès de l'association *I Muntagnoli Corsi* (voir plus haut).

– *Équitation :* randonnées avec Pierrot (voir « Où dormir ? »).

– *Ski de fond :* en hiver, sur le plateau du Coscione.

– *Pêche en montagne :* Jeannot, le patron de l'*hôtel de la Poste* à Aullène, vous donnera des renseignements si vous allez boire un verre chez lui. Il connaît la région comme sa poche.

AULLÈNE (20116)

A 13 km à l'ouest de Quenza et à 850 m d'altitude, un charmant village de pierre, encore préservé du tourisme. L'air y est pur et on y vit très vieux. L'un de nos chouchous dans le coin, ne serait-ce que pour l'atmosphère particulière qui se dégage de la rue principale. Prenez un verre à la terrasse fleurie du vieil *hôtel de la Poste,* endroit stratégique pour apprécier le panorama. En fin de journée, le cirque des montagnes voisines se découpe sur le ciel, dans une lumière souvent pleine de magie.

Où dormir ? Où manger ?

☞ *Hôtel de la Poste :* rue principale. ☎ 95-78-61-21. Fermé d'octobre à fin avril. Ancien relais de diligence, construit en 1880, c'est l'un des plus vieux hôtels de Corse. Confort assez rudimentaire, mais on aime bien cette adresse pour sa situation (panorama superbe) et aussi pour son patron, Jeannot Bene-

detti, personnage chaleureux et grand amoureux de la région. Il a d'ailleurs
confectionné un petit guide de la Corse du Sud, très précis (et seul vrai
concurrent du *G.D.R.* !) qu'il prête à tous ses clients : vous y trouverez toutes
les excursions à faire, les sites et les villages à visiter et des anecdotes historiques. Chambres à 190 F (lavabo) ou 215 F (douche) ; w.-c. sur le palier. Au
resto, cuisine très inégale malheureusement, mais il faut goûter les excellentes
charcuteries Benedetti, confectionnées dans la ferme familiale. On les retrouve
dans le menu à 90 F, à côté de la truite et du cochon de lait.

A voir

▶ *L'église du village :* réputée pour sa chaire sculptée (du XVII° siècle), sup-
portée par de curieux monstres. Remarquez, sous les queues de ces espèces
de dragons, la tête de Maure. Également de superbes boiseries. L'église est
souvent fermée : demandez la clé à la maison située en face (à gauche en sortant), reconnaissable à son escalier.

▶ *Le col Saint-Eustache et la vallée du Coscione :* à 7 km à l'ouest par la
D 420, route sublime ponctuée de points de vue, de chaos rocheux et
d'incroyables aiguilles de porphyre.

SAINTE-LUCIE-DE-TALLANO (20112)

Un beau village corse, perché au-dessus de la vallée du Rizzanese, à 19 km de
Sartène. De hautes maisons de granit, une place ombragée, une fontaine d'eau
potable, et tout autour les montagnes de l'*Alta Rocca*. Le village est célèbre
dans le monde des minéralogistes pour son filon de diorite orbiculaire, une
pierre gris-vert avec des ronds plus clairs. Rare et recherchée, elle a servi à la
construction de la chapelle des Médicis à Florence.

Où dormir ? Où manger ?

🛏 *Hôtel-restaurant et gîte d'étape Léandri :* à droite avant la sortie du village, en venant de Levie. ☎ 95-78-80-82. Une vieille maison corse. Ici, le
temps s'est arrêté dans les années 20, ou même avant... On entre dans la salle
du café : vieux comptoir, billard avec un échantillon de diorite, tables patinées.
L'accueillante Mme Léandri tient le plus vieil hôtel du coin. Seulement 3
chambres, pas toujours très propres, il faut l'avouer. De vieux portraits de
famille aux murs, des meubles anciens, des bibelots qui racontent toute une histoire, des lits d'une autre époque. 200 F la chambre avec douche. Gîte d'étape
pour 75 F par personne. Elle concocte aussi quelques petits plats familiaux à
prix très raisonnables. Premier menu à 80 F.

A voir

▶ *L'église paroissiale :* édifice baroque du XVII° siècle.

▶ *Le retable de la Crucifixion :* à la mairie, attribué au Maître de Castelsardo,
c'est un primitif du XVI° siècle.

▶ *Le couvent Saint-François :* à la sortie du village, en direction de Levie.
Fondé en 1492. Belle église conventuelle.

▶ *La diorite orbiculaire :* la fameuse pierre, unique au monde, paraît-il, provient
d'une carrière fermée au public. Quelques échantillons sont en vente *chez
Mme Renucci*, un peu avant l'hôtel *Léandri*, à l'entrée du village. Monter au
1° étage, porte à droite. Les pierres sont exposées dans l'escalier et on peut
discuter les prix. Pour 100 F, vous pouvez en acquérir deux de taille moyenne.

▶ *Les sources de Caldane :* à quelques kilomètres au sud de Sainte-Lucie par
la route de Sartène, puis à gauche par la petite route D 148. Accès tous les

jours de 8 h à minuit. Entrée : 10 F. Un bassin d'eau sulfureuse, pas très propre mais connu pour ses effets relaxants.

LEVIE (20170)

A 9 km à l'est de Sainte-Lucie et à 10 km au sud de Zonza, sur la D 268. Nous avons apprécié ce gros bourg montagnard, à 600 m d'altitude, loin du tohu-bohu de la côte, et situé en plein cœur de l'Alta Rocca. A en croire les archéologues, et à voir l'importance du site de *Cucuruzzu*, la région est habitée depuis des millénaires par des hommes qui tiraient leur subsistance du maquis.

– **Syndicat d'initiative de l'Alta Rocca :** à l'entrée du village en venant de Zonza. ☎ 95-78-41-95.

Où dormir ? Où manger ?

☛ **Gîtes ruraux :** s'adresser à la mairie de Levie. ☎ 95-78-00-00.
☛ **Chambres à louer :** chez Annie de Peretti, au restaurant *Les Gourmets*, à l'entrée du village. ☎ 95-78-41-61. Chambres simples, à 200 F en juillet-août et 150 F hors saison. Également des studios avec kitchenette pour 250 F. Menu à 85 F au resto.
✗ **Restaurant La Pergola :** rue Sorba ; face au musée de Levie. ☎ 95-78-41-62. Fermé en octobre. On remarque sa petite terrasse ombragée. Bonne cuisine familiale et accueil excellent. Menu à 80 F avec des spécialités corses. Jean-Paul Maestrati confectionne aussi de copieux sandwiches à la coppa.

Plus chic

✗ **A Pignata :** route du Pianu. ☎ 95-78-41-90. Ouvert toute l'année, sur réservation uniquement. Pas évident à trouver. De Levie, route de Sainte-Lucie sur 3 km, tourner à droite vers le site de Cucuruzzu puis, 2 km plus loin, dans un chemin sur la gauche. Après une petite montée, prendre le deuxième portail à gauche. Une ferme-auberge terriblement discrète : aucune enseigne, aucun panneau indicateur, rien ! Bref, c'est réservé aux connaisseurs... et à ceux qui réussissent à dénicher cette incroyable adresse ! En revanche, une fois franchie la porte de cette maison d'aspect banal, l'hospitalité règne. On sert ici d'authentiques spécialités corses, considérées par les habitués comme les meilleures de toute la région : cannelloni au brocciu, aubergine farcie, daube de sanglier, etc. Pas de carte mais un menu fixe à 150 F, excellent et copieux. Une formidable adresse, fréquentée notamment par le gratin politique : Pasqua, Tapie, etc. Mais eux viennent... en hélico !

A voir

▸ **Musée départemental de Levie :** sous la mairie, dans la rue principale. ☎ 95-78-46-34. Ouvert tous les jours de juillet à fin septembre, de 9 h 30 à 18 h 30 ; le reste de l'année, de 10 h à 12 h et de 14 h à 17 h 30 (16 h 30 en hiver), sauf le dimanche (et le samedi d'octobre à mai). Entrée payante. Toutes les découvertes effectuées sur les sites archéologiques du Pianu de Levie (Cucuruzzu, mais aussi Caleca, Capula, Curacchiaghju, etc.). Une excellente introduction à l'histoire très ancienne de la Corse, depuis l'apparition des premières tribus, au VII° millénaire avant notre ère ! Outils, poteries, armes et ustensiles de cuisine retracent les aventures des premiers habitants de l'île, ainsi que celle de la faune (amusant squelette d'un lapin-rat, aujourd'hui disparu !). Pièce maîtresse du musée, le squelette de la célèbre Dame de Bonifacio, vieux de plus de 8 000 ans. C'est le vestige humain le plus ancien de Corse. L'état déplorable de la mâchoire de cette jeune fille (environ 30 ans à l'époque) prouve qu'il ne devait pas être évident de trouver un dentiste en ce temps-là. Autre trésor des lieux, même si ça n'a rien à voir avec l'archéologie : un magnifique christ en ivoire, du XVI° siècle, sculpté avec une très grande finesse. Il fut offert à l'église de Levie.

▸ **Le castellu de Cucuruzzu et le site archéologique de Capula :** route du Pianu, 4 km à droite en allant de Levie à Sainte-Lucie. Bien fléché. Accès de mai à fin septembre (voire mi-octobre), tous les jours de 10 h à 18 h (9 h à 20 h en juillet-août). Visite payante. Avec Filitosa, sans doute le site préhistorique le plus intéressant de Corse. A l'entrée, on vous remet un itinéraire ainsi qu'un baladeur avec cassette explicative très bien faite (sur fond de polyphonies corses !). Compter 1 h 30 environ de visite à pied par un beau sentier aménagé. Ça vaut le coup d'y aller car les vestiges de cette forteresse de l'âge du bronze, gros blocs de rochers assemblés à des muretins *(castellu)*, ont quelque chose d'énigmatique, au milieu de cette immense mer d'arbres et de maquis qui moutonne à l'infini dans la vallée du Rizzanese. Après le castellu, la visite se poursuit avec le site de Capula, occupé de l'âge du bronze jusqu'au Moyen Age. Ruines dans un paysage, là aussi, fabuleux.

LE COL ET LES AIGUILLES DE BAVELLA

A 9 km au nord de Zonza, en direction de Solenzara. La grande attraction de l'Alta Rocca, et, à notre avis, la route la plus étonnante de la Corse du Sud (et Dieu sait s'il y a de belles routes en Corse !)... Malgré l'incendie qui ravagea la forêt en 1960 (on a reboisé depuis), le coin a gardé tout son magnétisme. Les fameuses aiguilles y sont pour quelque chose, évidemment. Imaginez de mystérieuses silhouettes effilées dressées dans le ciel : orgues de porphyre mauve, cheminées de fées, arêtes rouges et dents aiguisées... A savourer comme il se doit aux aurores ou au crépuscule. Autour, la forêt de Bavella, peuplée de pins, de cèdres, de sapins et de châtaigniers. La route, au détour des virages, offre de somptueux points de vue sur de multiples curiosités naturelles. Mais c'est du col, à 1 218 m d'altitude, que le panorama est le plus saisissant. Très fréquenté l'été, on s'en doute. A cette période, la route peut paraître infernale car, sur un long tronçon, elle est si étroite qu'on peut à peine se croiser... Certains ont trouvé la parade : attendre que le flot de visiteurs s'estompe en faisant trempette dans les piscines naturelles du torrent !

Comment y aller ?

Si vous n'avez pas de véhicule, les *autobus Balesi* et *Ricci* ont pensé à vous puisqu'ils effectuent des correspondances pour Bavella à partir de Zonza. En juillet-août seulement.

Où dormir ? Où manger ?

🛏 *Auberge du Col :* col de Bavella. ☎ 95-57-43-87. Fermé de janvier à fin mars. Le repaire des randonneurs, dans une salle à manger chaleureuse. Bon accueil. Excellente cuisine, notamment les charcuteries. Premier menu à 70 F. Dans le menu à 100 F : salade, saucisson, pâté de tête, puis viande et dessert. Pour 130 F, assiette de charcuterie, tripes à la mode corse (ou deux autres plats), fromage et dessert. Fait aussi gîte d'étape, en dortoirs de 6 lits, pour 60 F la nuit. Demi-pension à 170 F.
✗ *Le Refuge :* col de Bavella, à côté de l'*Auberge du Col*. ☎ 95-57-40-26. Cadre banal mais tarifs avantageux. Menu à 65 F ou sandwiches à la coppa pour 25 F. Spécialités : ragoût de sanglier, agnelet et tartes maison.

A voir

▶ *Le col de Bavella :* amusant tertre décoré d'une statue de la Vierge et d'ex-voto posés sur des cailloux. 200 m plus loin, les deux auberges et une petite épicerie où les randonneurs se procureront des produits corses et des recharges de gaz. Remarquez, à flanc de montagne, ces espèces de bidonvilles (cabanes en pierre et en tôle ondulée) qui ne sont autre que des bergeries. Il paraît que chaque enfant né dans le canton de Conca se voit attribuer une bergerie pour 99 ans ! En contrebas, dans le grand virage, ne pas rater le belvédère, observatoire de choix pour les aiguilles.

▶ *La route de Bavella à Solenzara :* après le col, on longe de hautes murailles de pierre, véritables forteresses naturelles, puis des arêtes longilignes, des blocs polis et des arbres isolés. Plus loin, remarquez cette aiguille creusée. En poursuivant, on aperçoit des sentinelles de pierre rouge qui ne sont pas sans rappeler certains parcs de l'Ouest américain. La route devient ensuite plus étroite. Après le troisième pont (si l'on a bien compté), on voit des piscines naturelles aux eaux turquoise (même par ciel gris !), au bord de la route. A *Boccarona*, on passe entre des parois rocheuses dignes d'un canyon et le chemin se resserre encore plus ! On roule carrément sur des tapis d'aiguilles de pins. On peut ensuite admirer, en contrebas, le fleuve *Solenzara*, vert et gris, qui tente de se frayer un cours parmi les blocs de pierre charriés par d'anciens torrents. Baignade possible à certains endroits.

LA CORSE INTÉRIEURE

CALACUCCIA (20224) ET LE NIOLO

« Le Niolo, la patrie de la liberté corse, la citadelle inaccessible d'où jamais les envahisseurs n'ont pu chasser les montagnards. Ce trou sauvage est d'une inimaginable beauté. Pas une herbe, pas une plante : du granit, rien que du granit », voilà ce qu'en disait Maupassant dans *Un bandit corse*, écrit en 1882. Pas une herbe, pas une plante... il exagère un peu quand même, sauf pour la Scala di Santa Regina, lugubre défilé, où il n'y a, pour le coup, quasiment que du granit. Quelle que soit la route choisie pour y arriver (la Scala ou le col de Vergio), c'est un choc ! Voici donc le cœur de la Corse, son noyau dur, quelque chose comme son « âme intouchable ». Un monde clos et haut perché, entouré des plus hauts sommets de l'île : le *monte Cinto* (point culminant avec ses 2 710 m), le *Paglia Orba* (2 525 m), le *Capu Verdattu* (2 586 m), etc. Des merveilles ! Dans cette enclave longtemps coupée du monde, on rencontre beaucoup de Corses blonds aux yeux bleus et au teint clair, sans doute les derniers descendants des premiers habitants de l'île, ceux qui, réfugiés dans leurs montagnes, ne se mélangèrent jamais avec les envahisseurs venus de la mer. Depuis toujours le Niolo est une terre de bergers et de traditions. Il faut goûter aux fromages niolins : ils ont une pâte molle mais, pour être vraiment bons, la pâte doit être un peu ferme, onctueuse, sans trou, et être affinée dans toute son épaisseur.
N'oubliez pas non plus la charcuterie niolaine qui est la meilleure de l'île parce que conservée dans la fraîcheur des maisons de montagne.
La première chose à faire pour un routard, c'est d'abandonner sa voiture un ou deux jours (ou plus !) pour découvrir les environs de Calacuccia à pied. Il y a plein de balades superbes à faire. On vous en signale quelques-unes parmi les plus significatives. Le Niolo, c'est le royaume de la randonnée.

Adresses utiles

– *Syndicat d'initiative du Niolo (Niolu)* : à 200 m après la sortie de Calacuccia, sur la route de Corte, dans le bâtiment mitoyen avec la caserne des pompiers. ☎ 95-48-05-22. Infos sur les nombreuses randonnées pédestres, sur les sites d'escalades de Cuccia et de Calasima, ainsi que sur les activités sportives (kayak, canyoning, ski de fond en hiver). Pour les randonnées accompagnées en montagne (monte Cinto, lac de Nino...), demander Paul-André Acquaviva, guide chevronné qui organise notamment une ascension du monte Cinto avec visite de la bergerie de Cesta (excellent commentaire sur le milieu naturel). Prix intéressant si l'on se regroupe. Pour 8 personnes, forfait autour de 1 000 F (plus si l'on dort au refuge).
– *Taxi Gérard Doublet* : à Corsica. ☎ 95-48-02-12.

– **Autocars Mordiconi :** à Calacuccia. ☎ 95-48-00-04. Assure la liaison entre Calacuccia et Corte du 1er juillet au 15 septembre, tous les jours sauf dimanche et fêtes. Leur téléphoner pour avoir les horaires exacts (ça change).
– **Médecin :** Nonce Géronimi (non, ce n'est pas Géronimo), à Calacuccia. ☎ 95-48-02-86. Ça peut servir aux randonneurs du G.R. 20. On est tellement loin de tout !

Où dormir ?

⚲ **Gîte d'étape :** chez Toussaint Mordiconi, à Calacuccia. ☎ 95-48-00-04.
⚲ **Gîte d'étape :** couvent Saint-François-di-Niolu. ☎ 95-48-00-11. A 2 km environ à l'ouest de Calacuccia, sur la droite de la route d'Albertacce (D 84). Près d'un petit musée, dans un joli site à flanc de montagne.
⚲ **Gîte d'étape :** chez José Albertini, à Albertacce, à 3,5 km à l'ouest de Calacuccia. ☎ 95-48-05-60.
⚲ **Hôtel des Touristes :** ☎ 95-48-00-04. A l'entrée du village de Calacuccia, en venant de Porto et du col du Vergio, une grande baraque grise à l'air désolé mais dont l'intérieur a été remis à neuf (heureusement). Une bonne étape pour les randonneurs avant ou après le grand air des montagnes du Niolo. Chambres doubles avec lavabo à 200 F, 300 F avec douche et w.-c. Fait aussi resto : 100 F le premier menu. Cuisine corse classique.
⚲ **Hôtel L'Acqua Viva :** à 400 m de Calacuccia, au bord de la route D 84, en allant vers Porto et le col du Vergio. ☎ 95-48-06-90. Ouvert toute l'année. A côté d'une station-service, une maison récente, bien arrangée intérieurement avec 12 chambres calmes, confortables, dotées d'un petit balcon donnant sur la montagne pour celles de l'arrière. Très propre, pas cafardeux pour deux sous, une bonne adresse pour ceux qui veulent un peu plus de confort après avoir crapahuté sur le monte Cinto ! Compter autour de 280-300 F la double avec bains et w.-c. Ne fait pas resto.

Campings

⚲ **Aire naturelle de camping :** chez les frères Géronimi, à Casamaccioli. ☎ 95-48-03-12. A 5 km au sud-ouest de Calacuccia, dans un coin agréable non loin du lac.
⚲ **Camping U Monte Cintu :** à Lozzi (20224). ☎ 95-48-01-83 ou 95-48-04-45. Ouvert de juin à septembre. Un camping très chouette, sous les châtaigniers, dans un site haut perché, au-dessus du village de Lozzi (à 5 km de Calacuccia), sur la route menant au sentier du monte Cinto. Idéal pour les marcheurs. Sanitaires simples mais corrects. Bar-tabac-pizzeria au village, 1 km plus bas.
⚲ **Camping et chambres d'hôte L'Arimone :** chez Lucien Flori. route du Monte Cintu, 20224 Lozzi. ☎ 95-48-00-58. A côté du *camping U Monte Cintu.* Bonne petite adresse, toute simple, mais suffisamment agréable de par sa situation exceptionnelle sur un plateau à flanc de montagne. Pour randonneurs évidemment, mais aussi pour routards, chevaliers errants et vagabonds célestes. Prix raisonnables, même en été.

Où manger ?

✗ **Restaurant Le Corsica :** ☎ 95-48-01-31. Fermé le soir en hiver. Situé à 200 m de l'hôtel *Acqua Viva,* pas très loin du couvent Saint-François, au bord de la route D 84. En venant de Calacuccia, sur la gauche. Des murs blancs, des tuiles sur le toit, des tables dehors quand il fait beau, un petit resto qui sert une cuisine corse simple et correcte, à prix sages. Cannelloni au brocciu, beignets au brocciu, haricots aux lardons. Menu à 85 F, plus la carte.
✗ **Auberge du Lac :** au hameau de Sidossi, à 2 km à l'ouest de Calacuccia par une très chouette petite route qui longe la rive nord du lac. ☎ 95-48-02-73. On croise quelques ânes sur le chemin. Ce voilà la vraie cuisine du Niolo : grillade de *manzu,* veau corse d'élevage traditionnel, *stuffatu,* fromage niolin : c'est bon, copieux et les prix restent raisonnables (ce n'est pas comme sur la côte !). Compter entre 67 et 120 F pour un repas. Après ça, vous pouvez flâner le long du lac et causer avec nos amis les ânes...

A voir

▶ *Calacuccia :* petite capitale du Niolo, à 830 m d'altitude, environnée de montagnes. Quelques maisons à escaliers extérieurs dans le village qui s'étire en longueur. Point de chute et de ravitaillement pour routards et randonneurs. Profitez-en pour acheter de la charcuterie : c'est en haute montagne, dans le Niolo notamment, qu'elle est la meilleure car elle a besoin de fraîcheur pour être conservée. Une bonne adresse : chez *Jean Acquaviva,* ☎ 95-48-04-85.
A la sortie du village, sur la route de Porto, remarquer la belle église blanche Saints-Pierre-et-Paul (christ en bois d'une expression émouvante).

▶ *Le Musée ethnographique du couvent Saint-François :* à 1 km à l'ouest de Calacuccia, sur la route de Porto et du col de Vergio. Ouvert sur demande, se renseigner sur place. Il s'agit d'un vieux couvent de 1600, environné de châtaigniers, à flanc de montagne (jolie vue), abritant un petit musée des arts et traditions populaires du Niolo.

▶ *Le musée archéologique Licninoi :* dans le bourg d'Albertacce, au bord de la route, à 3,5 km à l'ouest de Calacuccia. Licninoi était le nom que donnaient les Grecs de l'Antiquité aux habitants de la vallée du Niolu. Récemment ouvert, ce musée présente tous les vestiges archéologiques de la haute montagne corse : on compte une trentaine de sites uniquement dans la région du Niolu (menhirs, statues-menhirs, dolmen, coffre mégalithique, gravures rupestres et abris sous roche).

▶ *Casamaccioli :* à 5 km au sud-ouest de Calacuccia, sur la rive sud du lac artificiel, au milieu des châtaigniers, un village tranquille qui s'anime chaque année, les 8, 9 et 10 septembre, à l'occasion de la foire régionale du Niolo et de la *fête de la Santa.* Deux mots sur cet étonnant pèlerinage considéré comme le plus important, le plus vieux et le plus vivant de toute la Corse ! Pour les Niolins, c'est le grand moment de l'année. Les hommes, tous vêtus de blanc, portent une statue de la Santa sur leurs épaules, et défilent ainsi dans le village, décrivant autour d'une croix un mouvement en spirale que l'on appelle la *Granitola.* Ce rite très ancien s'accomplit au milieu d'une foule enthousiaste. Autrefois, à l'occasion de la fête de la Santa, les jeux d'argent étaient libres trois jours et cinq nuits. On jouait, on achetait et on vendait toutes sortes de marchandises, on s'amusait, on se moquait des riches et des puissants au cours de joutes oratoires improvisées sur la place publique. Même si ça n'est plus vraiment ça aujourd'hui, il faut quand même participer à cette fête très animée.
Ah, on avait oublié l'essentiel : l'origine de la Santa. Voici son histoire. Au Ve siècle de notre ère, le capitaine d'un navire en perdition au large de Galéria implora le secours de l'étoile de la Mer. Une étoile apparut alors dans le ciel en direction du couvent de Selva. Et la tempête se calma. En signe de reconnaissance, le capitaine offrit au couvent une statue qui prit le nom de Santa Maria della Stella : sainte Marie de l'Étoile. Plus tard, des pirates ravagèrent la région et les moines durent s'enfuir en emportant la fameuse statue arrimée au dos d'une mule. Après une longue errance, le brave animal s'arrêta à Casamaccioli à l'emplacement de la chapelle actuelle. Quelle aventure ! Depuis lors, tous les 8 septembre on célèbre la Santa du Niolu.

A faire

– *Randonnées pédestres dans le Niolo :* 5 sentiers de pays fléchés et balisés en orange, accessibles à tous, ont été ouverts par le parc régional. Une très bonne idée ! Une brochure spéciale « Niolu » présente les différents itinéraires (boucles à la journée), la demander au syndicat d'initiative ou dans un bureau du parc. Quelques très belles balades y sont proposées : le sentier génois (boucle de 6 h au départ d'Albertacce), la vallée des Bergers (boucle de 4 h autour de Corscia) et le sentier panoramique du Niolu (boucle de 6 h 30 au départ de Casamaccioli). Une autre boucle de 3 h 30 au départ de Calacuccia monte à Lozzi et revient au point de départ par Albertacce (très bien aussi).

– *Le tour des Cinque Frati :* une superbe randonnée pédestre, réservée à des marcheurs plus expérimentés. Le sentier balisé en orange forme une boucle de 7 h au départ de Calasima (et retour à Calasima), l'un des villages les plus haut perchés de Corse. Il culmine à 1 100 m !

– *De Calacuccia à la Bocca a l'Arinella :* belle randonnée pas trop difficile qui emprunte un morceau du sentier « Mare a Mare Nord » (balisé en orange). La Bocca a l'Arinella est une montagne qui culmine à 1 592 m au sud de Calacuccia. La randonnée emprunte le même sentier à la montée (3 h 10 de marche) et à la descente (1 h).

– *Le monte Cinto* (Cintu) : le plus haut sommet de la Corse, il culmine à 2 710 m. On peut en faire l'ascension, à condition d'avoir de bonnes chaussures de marche car le parcours se fait essentiellement dans des roches et des éboulis rocailleux. Une magnifique randonnée à faire entre le mois d'avril et la fin d'octobre (les premières neiges arrivant en novembre). De Calacuccia, monter par la route jusqu'à Lozzi, à 5,5 km au nord. Au-dessus du village, à 1 km environ, on peut camper dans l'un des deux campings cités dans notre rubrique « Où dormir ? ». Puis prendre une piste carrossable qui débute dans un virage en épingle à cheveux et qui mène en 7 km jusqu'à un petit parking. De là, compter 35 mn de marche jusqu'au *refuge de l'Ercu* (1 600 m). Ce refuge est ouvert toute l'année ; entre le 1er juillet et le 15 septembre, il est gardé et payant (on y trouve de l'eau, du gaz, des matelas). De Lozzi à l'Ercu à pied, compter 3 h. La véritable ascension du Monte Cinto commence au refuge de l'Ercu et dure environ 4 h (montée seulement). En été, on conseille de partir dès l'aurore pour profiter du lever du soleil. Au mois d'août, de violents orages éclatent souvent en début d'après-midi, d'où l'intérêt d'être redescendu à l'Ercu avant la pluie. Du sommet, on a une vue sublime sur le centre de la Corse et, par temps clair, on aperçoit parfois la Côte d'Azur !
Pour randonneurs un peu expérimentés (mais aucune escalade à faire, et pas de névés à traverser). Pour la descente, le trajet le plus sympa est celui qui passe par le lac (plus long). A partir de 3 personnes, il devient intéressant de faire la balade avec un guide. Infos au syndicat d'initiative du Niolo à Calacuccia.

Aux environs

▸ *Le défilé de la Scala di Santa Regina :* la deuxième voie d'accès au Niolo est cet interminable ravin désolé (« l'un des plus désolés du monde », selon l'écrivain René Bazin), sorte d'étrange corridor de roches, de granit rouge, de rocaille et de caillasse. Un monde hostile, sauvage, digne d'un désert du Moyen-Orient. On se croirait loin, très loin. Son nom vient des escaliers *(scala)* taillés dans le roc de la rive gauche du Golo, que les Niolins empruntaient autrefois pour accéder à Calacuccia. Aujourd'hui, une route traverse les gorges : elle mène à Corte.
Pour les randonneurs, un sentier balisé en orange au départ de Corscia (4 km à l'est de Calacuccia) permet de découvrir la Scala di Santa Regina par d'anciens chemins de transhumance. Compter 5 h (aller-retour) pour effectuer cette sauvage randonnée !

▸ *La forêt de Valdo-Niello :* l'une des grandes forêts d'altitude de la Corse, peuplée essentiellement de pins laricio et de hêtres. Le G.R. 20 la traverse ainsi que la D 84 de Calacuccia à Porto. Magnifique !

▸ *Le col de Vergio :* le col routier le plus élevé de la Corse (1 464 m), ligne de partage des eaux entre la côte ouest et la côte orientale. En redescendant vers la mer, on traverse la grande forêt d'Aïtone, peuplée de pins laricio (plus beaux encore que dans celle de Valdo-Niello). Des échappées prodigieusement belles !
🛏 *Dortoir du Castel Vergio :* au lieu dit Castellu di Vergio, à 2 km du col de Vergio, sur la route de Calacuccia. ☎ 95-48-00-01. N'y dormir qu'en extrême urgence car c'est moche, c'est triste et c'est trop cher pour ce que c'est : 250 F la demi-pension par personne à l'hôtel. Mêmes remarques pour le dortoir destiné aux marcheurs.

– *Randonnée pédestre jusqu'au lac de Nino :* une formidable promenade à faire par beau temps, en été, sans entraînement particulier. Cette randonnée peut se faire en une journée (aller-retour) à condition de partir tôt le matin de la D 84 et de suivre le G.R. 20 (balises blanche et rouge) jusqu'au lac. Durée : 2 h 25 de la D 84 au col de Saint-Pierre (Bocca San Pedru), puis 2 h encore du col jusqu'au lac de Nino (1 743 m). Se munir de bonnes chaussures et du topo-guide du G.R. 20. Peuplées de truites, les eaux du lac sont gelées 6 mois de l'année.

CORTE (20250)

Une citadelle juchée au sommet d'un piton rocheux. A ses pieds, l'entrelacs des ruelles de la ville haute, de vieilles et hautes demeures ; encore plus bas, la ville basse, plus récente, moins authentique et pourtant très animée. Partout autour une couronne de montagnes, coupées par des gorges sauvages avec des torrents aux eaux limpides et transparentes : voilà le cœur géographique de la Corse, le symbole de son histoire mouvementée. Ville de cœur de Pascal Paoli qui y établit pendant 14 ans le siège du gouvernement de la Corse et lui donna une université, Corte, avec seulement 5 600 habitants, condense tous les souvenirs de combats et les rêves d'émancipation des Corses. Ici, on a la Corse à fleur de peau et on ne badine ni avec l'identité ni avec la mémoire insulaire.
Étape incontournable du tour de Corse, point de chute sur la route Ajaccio-Bastia, Corte est surtout un point de départ idéal pour des randonnées en montagne. Ceux qui découvrent l'île à pied par le G.R. 20 peuvent n'en faire qu'une partie et choisir de le prendre en route, à Vizzavona notamment.

Adresses utiles

– *Syndicat d'initiative :* à la citadelle, dans la ville haute. ☎ 95-46-24-20. Mieux organisé et plus efficace qu'avant.
– *Maison d'information du parc régional :* citadelle. ☎ 95-46-27-44. En été.
– *Location de voitures : Europcar,* cours Paoli. ☎ 95-46-02-79.
– *Taxis :* ☎ 95-46-04-88, 95-46-07-90, 95-61-01-41.
– *Centre équestre L'Albadu :* ancienne route d'Ajaccio. ☎ 95-46-24-55.

Où dormir ?

Bon marché

🏠 *Hôtel de la Poste :* 2, place du Duc-de-Padoue, dans la ville basse. ☎ 95-46-01-37. Sur une place ombragée, un vieil hôtel, le moins cher de Corte. Chambres simples mais correctes, ouvrant sur la place ou sur l'arrière, donc calmes. De 145 à 185 F la double avec douche, 210 F avec douche et w.-c.
🏠 *Hôtel du Nord et de l'Europe :* 22, cours Paoli. ☎ 95-46-00-68. Fermé du 1er octobre au 31 mai. Le plus vieil hôtel de Corte dans une haute maison aux murs larges, aux chambres immenses (30 m²), le tout doté d'un certain caractère. C'est suffisamment rare en Corse pour qu'on le signale. Cela dit, les chambres sont toutes simples. 175 F la double avec lavabo et douche, 225 F avec douche et w.-c. ; un peu plus cher en été (10 % de hausse). Pour les enfants de moins de 12 ans, petit déjeuner gratuit.
🏠 *Hôtel Chez Colonna :* 3, av. Xavier-Luciani. ☎ 95-46-01-09 et 26-21. Ouvert toute l'année. Dans un virage, moche extérieurement mais propre à l'intérieur. Chambres plus calmes sur l'arrière. Pour la réception, s'adresser au *Bar Colonna,* 50 m plus loin en allant vers le centre ville. Chambres petites et rudimentaires, avec douche et w.-c. à 180 ou 200 F ; avec bains et w.-c., 250 F.

Prix moyens

🏠 *Hôtel HR :* 6, allée du 9-Septembre. ☎ 95-45-11-11. Fax : 95-61-02-85. Ouvert toute l'année. A 200 m de la gare, dans l'ancienne gendarmerie, un hôtel propre avec des chambres ouvrant sur un jardin agréable à l'arrière du bâtiment. Doubles de 145 F (lavabo) à 230 F (douche et w.-c.). Fait aussi resto : premier menu à 65 F. Cuisine classique sans prétention. Une adresse pratique pour ceux qui aiment le confort dit standard.

Plus cher

🏠 *Hôtel Sampiero Corso :* av. du Président-Pierucci. ☎ 95-46-09-76. Fax : 95-46-00-08. Dans la ville basse, central. Une grande bâtisse quelconque extérieurement, abritant de bonnes chambres bien agréables avec bains et w.-c. De 230 à 280 F la double, sans petit déjeuner. Pour les motoroutards (les routards à moto, quoi !), il y a un garage fermé et gratuit. A 2 mn à pied de l'hôtel se trouve l'arrêt de bus Bastia-Ajaccio.

Campings

🏕 *Camping U Sognu :* route de la Restonica, à 10 mn à pied du centre de Corte. ☎ 95-46-09-07. Ouvert de mars à mi-octobre. Sous les peupliers, avec une belle vue sur la citadelle. Un camping simple et correct. Depuis peu, un restaurant a ouvert dans les bâtiments d'une ancienne ferme (70 F le menu).

🏕 *Camping Santa Barbara :* à 2 km sur la N 200, en direction d'Aléria. ☎ 95-46-20-22. Ouvert de début mai à fin septembre. Un petit camping (30 emplacements) bien ombragé, qui a le mérite de posséder une piscine où l'on peut piquer une tête aux heures chaudes de l'été. Agréable vraiment. De plus, ils acceptent les cartes de crédit. Bon accueil.

Où manger ?

DANS LA VILLE BASSE

✗ *Restaurant A Rusta :* 19, cours Paoli. ☎ 95-46-28-56. Au début du cours, c'est-à-dire sur la gauche en tournant le dos à la ville, en direction de la sortie de Corte. Un peu excentré, mais bon rapport qualité-prix. Ne fait pas dans le genre arnaque à touristes. D'ailleurs, il est fréquenté par des habitués. Accueil chaleureux de Jacqueline. Bonne cuisine corse. Menu autour de 70 F.

✗ *Restaurant U Spuntinu :* rue des Deux-Villas. ☎ 95-46-17-04. Ouvert le soir seulement, à partir de 20 h. Fermé le dimanche. De la place Paoli, au pied de la vieille ville, descendre jusqu'à l'avenue de la République. Après la rampe Pozza, prendre à gauche la rampe Conca (qui descend) puis tourner à droite ; c'est juste après l'angle (discothèque *L'An 2000*). Une cuisine corse traditionnelle et généreuse avec des plats du jour autour de 60-65 F. Pour un repas complet, compter 120 F. Décor assez typique et pas désagréable.

DANS LA VILLE HAUTE

✗ *Restaurant U Palazzinu :* juste en face du Palais National. ☎ 95-46-03-87. Ses fenêtres donnent sur la place Gaffori (cœur de la ville haute). Des plats qui sortent un peu de l'ordinaire, un accueil plutôt sympa, et une addition toujours légère : que demander de plus, surtout dans ce quartier historique où les prix grimpent vite ? Menus très corrects entre 64 et 85 F.

✗ *Restaurant Cantina :* dans la ville haute. ☎ 95-61-06-20. De la place Gaffori, se diriger vers le belvédère de la citadelle par la rue du Vieux-Marché. A 30 m à droite, une ancienne cave voûtée en pierre abrite un minuscule resto, ouvert en été seulement, où l'on ne mange que des produits authentiques et locaux (et froids). Pour 60 à 70 F : charcuterie et fromage corses, le tout arrosé d'un vin du pays (compris dans le menu). Bien s'il n'y a pas trop de monde... car l'espace est compté.

Où dormir ? Où manger aux environs ?

🏠 Voir toutes nos bonnes adresses situées dans les gorges de la Restonica, de l'Asco (plus loin), ainsi qu'au sud de Corte, à Venaco et Vivario.

🏠 *Chambres d'hôte chez Mme Valentini :* Kyrn Flor, U San Gavinu, sur la RN 193, 20250 Corte. ☎ 95-61-02-88. fax : 95-46-27-18. A 3 km au sud de Corte, sur la gauche de la route d'Ajaccio, une belle maison récente mais en pierre du pays, tenue par une famille qui s'est lancée dans la fabrication de savons biologiques aux huiles et au miel ! Ceux qui ne se lavent jamais en profiteront pour se ravitailler. 5 jolies chambres avec vue sur le maquis, calmes et très propres. 200 F pour 2 personnes, petit déjeuner en plus servi sur place. Repas corse possible sur demande.

✗ *Restaurant Chez Jacqueline :* au pont de Castirla, 20236 Omessa. ☎ 95-47-42-04. Ouvert toute l'année ; le soir, sur réservation. Il s'agit d'un resto-bistrot à 14 km au nord de Corte, à l'entrée du défilé de la Scala di Santa Regina. L'un des bons restos du Cortenais. Cuisine régionale avec de la charcuterie du Niolo (délicieuse), des lasagnes, du veau du pays et un dessert original, le brocciu à l'eau-de-vie... Compter 110-120 F. Cadre insolite dans le style caserne...

Plus chic, plus cher

🛏 **Paesotel E Caselle :** ☎ 95-47-02-01. Fax : 95-47-00-66. Plusieurs maisonnettes en pierre, en pleine nature, au-dessus du torrent du Tavignano. Voir à
Venaco, dans le chapitre « Entre Corte et Vizzavona ».

Où boire un verre ?

– **Café-restaurant Le Bip's :** à deux pas de la place Paoli, sur le cours Paoli
(n° 14). ☎ 95-46-06-26. Très central. En hiver, on y rencontre les étudiants de
l'université.

A voir

La ville haute et la citadelle se visitent à pied (d'ailleurs, les voitures n'y ont pas
accès). Y monter tôt le matin ou en fin d'après-midi, à cause de la chaleur
(pénible en été) et de la lumière (plus belle à cette heure-là).

▶ **La place Paoli :** tout à fait au bout du cours Paoli, trait d'union entre la ville
basse et la ville haute, point de départ de la balade. Remarquer, au centre de la
place, la statue en bronze de Paoli, le « héros » de la nation corse.
Prendre la rue Scoliscia bordée de hautes et vieilles maisons agrippées à la
pente.

▶ **La place Gaffori :** au cœur de la ville haute avec une statue en bronze de
Gaffori, *Le Patriote,* en son centre. Sur les côtés de la place se dresse l'église de
l'Annonciation (1450) coiffée d'un campanile. C'est le plus vieux monument de
Corte (avec une partie de la citadelle). Faisant face à l'église, de l'autre côté de
la place, la maison Gaffori porte encore sur ses murs les impacts des balles
tirées par la garnison génoise en septembre 1745.

▶ **Le Palais National :** grande bâtisse située derrière la place Gaffori, en allant
vers la place du Poilu (entrée de la citadelle). D'abord occupé par les Génois, le
bâtiment abrita le premier gouvernement de Corse institué par Pascal Paoli
entre 1755 et 1769. Le « généralissime » de la nation corse y installa la première université de Corte (300 étudiants), qui fut fermée après 14 ans de fonc-
tionnement. Paoli lui-même en fit sa résidence. Sa chambre était à l'est du premier étage de la façade sud, son bureau et sa bibliothèque au centre, et la
chapelle à l'ouest. Aujourd'hui restauré, le Palais National, haut lieu de l'histoire
corse, abrite le Centre de recherches corse de l'université de Corte (un juste
retour de l'histoire !)
Le rez-de-chaussée, ouvert au public, accueille des expositions à différentes
époques de l'année.

▶ **La place du Poilu :** toute petite place marquant l'entrée de la citadelle. Au
n° 1, remarquer la maison natale du général Arrighi de Casanova (1778), plus
connu comme duc de Padoue et apparenté à Napoléon par sa mère qui était la
cousine germaine de Letizia Ramolino. Avec de pareils liens familiaux, il ne pouvait qu'avoir une brillante carrière militaire (campagne d'Égypte, prise de Jaffa,
Austerlitz, Wagram...). Napo n'oubliait jamais les siens ! C'est le cas de Joseph
Bonaparte, son frère aîné, qui vit le jour dans cette humble demeure en 1768 et
que Napoléon, bon petit frère, nomma roi de Naples puis d'Espagne (si,
señor !). Morale de l'histoire : pour gagner les meilleures places à l'époque, pas
besoin de c.v., suffisait de s'appeler Ramolino ou Bonaparte !

▶ **La citadelle :** ouverte du 2 mai à fin octobre, de 9 h à 12 h et de 14 h à 17 h
(de 10 h à 20 h entre le 1ᵉʳ juillet et le 15 septembre). Visites guidées ; durée :
45 mn. Perchée sur un piton rocheux au-dessus de Corte, elle domine toute la
région et offre de très beaux points de vue sur les gorges du Tavignano et les
montagnes du Cortenais. Drôle de destin que celui de cette citadelle construite
à la fin du XVᵉ siècle, remaniée à diverses époques, occupée par la légion étrangère jusqu'en 1983 et transformée aujourd'hui en espace artistique et culturel.
Elle abrite le FRAC (Fonds régional d'art contemporain) et le musée de la Corse.
Un endroit à ne pas manquer !

▶ **Le musée de la Corse :** on l'attend tous avec impatience. Depuis le temps
qu'on en parle ! N'ouvrira qu'en 1995. Mais la phonothèque rassemblant le
patrimoine musical traditionnel est déjà ouverte au public. ☎ 95-61-00-61.

▶ *Le point de vue du Belvédère :* par une rampe qui longe la citadelle vers l'ouest, on arrive au bord du piton rocheux qui surplombe les vallées de la Restonica et du Tavignano. Superbe.

▶ *La rampe Sainte-Croix :* entre la rue du Colonel-Feracci et le cours Paoli. Un coin très chouette et authentique. Une fontaine, des maisons altières et patinées, et de belles marches montant vers la chapelle Sainte-Croix (XVIIᵉ siècle) dont l'intérieur cache des orgues à l'italienne et un beau retable baroque. C'est d'ici que part, chaque jeudi saint (au soir), la fameuse et très ancienne procession de la Granitola (avec des pénitents).

Randonnées pédestres

– Corte est situé dans une région fantastique pour la randonnée. Une traversée *« Mare a Mare » de Moriani-Plage à Cargèse* passant par Corte est enfin opérationnelle (9 jours). Le topoguide « Corse, entre mer et montagne » est vraiment indispensable. En vente dans les librairies ou dans les bureaux du parc régional.
Départ à Moriani-Plage (se reporter à cette ville), puis une étape à San Nicolao (2 h), Pied'Alesani (5 h 10), Pianello (4 h 40) ou l'on trouve un *gîte* communal (☎ 95-39-62-66 ou 95-39-61-59) et enfin Sermano (4 h 50) à travers les montagnes (vraiment belles) de la Castagniccia.
☙ A Sermano, *gîte* très agréable. Joli, sympa et on y mange bien. M. Mariani est prêt à venir vous chercher à Corte pour vous montrer son coin. ☎ 95-48-67-97.
☙ A Corte, l'hébergement est facile. *Gîte d'étape* chez M. Gambini U Tavignanu. ☎ 95-46-16-85.
☙ L'étape suivante est le refuge *A Sega*, le long du Tavignano. Téléphoner à la *maison du Parc* à Corte (☎ 95-46-27-44) pour savoir si c'est ouvert. Un refuge plus grand est en construction de l'autre côté de la rivière.
☙ Ensuite *Albertacce*, un autre gîte. ☎ 95-48-05-60.
On passe par *Sidossi* après 3 h 30 de marche.
✗ A Sidossi, on peut déjeuner à l'*Auberge du Lac* (voir chapitre « Calacuccia et le Niolo »).
Ensuite, c'est le *col de Vergio* (en 4 h), où l'on croise le G.R. 20, et où l'on a le choix entre continuer par *Evisa* (en 6 h 30) sur *Cargèse*, ou partir sur *Calenzana* et de là arriver à *Calvi* (on rejoint l'itinéraire « Mare e Monti », voir à « Calvi »).

LES GORGES DE LA RESTONICA

Une vallée tellement belle et si fragile qu'elle a été classée grand site national en 1985. En plein cœur de la Corse, la Restonica naît à 1 711 m d'altitude dans le massif du Rotondo. Puis, devenue un fougueux torrent de montagne, elle caracole joyeusement au pied des forêts sur une quinzaine de kilomètres jusqu'à Corte, zigzaguant entre de gros rochers chauffés par le soleil, formant une ribambelle de piscines naturelles où l'on peut se baigner en été (un grand moment de volupté aquatique !). Bref, l'une des 7 merveilles de l'île de Beauté !

– *Conseil pratique :* en été, il y a beaucoup de monde dans les gorges et l'on peut même tomber sur des embouteillages de voitures. C'est déprimant ! La solution consiste à y passer une nuit ou deux (téléphoner à l'avance car les adresses sont souvent complètes) puis partir à la découverte du torrent et des montagnes à pied, tôt le matin. Époque idéale : juin et septembre.
– *De Corte à la bergerie de Grotelle* (le terminus) : 15 km par une route magnifique mais étroite. Attention aux vaches et aux cochons sauvages qui errent sur la chaussée.

Où dormir ? Où manger ?

☙ *Camping U Tuani :* à 5 km l'ouest de Corte, à gauche sur la route de la Restonica. ☎ 95-46-19-62. On plante sa tente sous de hauts pins laricio, près du torrent, entre les gros rochers. Puis on va faire trempette dans les eaux fraîches et vivifiantes de la Restonica. Un camping idéalement situé, ombragé, équipé de douches chaudes. Hélas, sanitaires pas terribles et accueil un peu froid. Pourrait être très bien. On s'en contentera faute de mieux, en oubliant ces inconvénients. On y trouve aussi un resto-pizzeria.

🛏 *Hôtel-restaurant Le Refuge :* dans les gorges de la Restonica, à 2 km de Corte, sur la gauche de la route. ☎ 95-46-09-13. Un très sympathique petit hôtel de campagne avec des chambres ouvrant directement sur une pelouse et sur le torrent (calme en été). A côté il y a une terrasse ensoleillée pour prendre le petit déjeuner et les repas. C'est simple, propre, et accueillant. 10 chambres seulement, dont 7 côté torrent. En août : doubles de 240 à 260 F ; sinon, compter 200-220 F. Au resto, menu copieux à 80 F (il change tous les jours). Ne pas hésiter à prendre la demi-pension. Un seul inconvénient : pour avoir de la place, il faut réserver longtemps à l'avance, surtout entre le 15 juillet et la fin d'août.

🛏 *L'Auberge de la Restonica :* à 1,5 km de Corte, sur la route des gorges de la Restonica. ☎ 95-46-09-58. Fax : 95-61-03-91. Fermée le lundi hors saison. Près d'un beau torrent de montagne. Son patron, Dominique Colonna, ancien joueur de foot, est l'un des premiers à avoir gagné au Loto sportif. Quelques chambres entre 250 et 350 F en basse saison et de 280 à 400 F en saison. L'été, demi-pension obligatoire. A noter qu'une annexe moderne de 28 chambres supplémentaires a été ouverte à proximité de l'auberge. Le propriétaire est le même, mais les prix sont plus élevés, la double à partir de 350 F en haute saison (compter 50 F de moins hors saison). Jardin agréable avec piscine et bon restaurant avec un menu à partir de 88 F : charcuterie, tripettes à la cortenaise, omelette au brocciu. Un inconvénient : ça sent un peu trop le chien et le chat !

✕ *Restaurant Relais du Lac :* au pont de Tragone, dans les gorges de la Restonica, 20250 Corte. ☎ 95-46-14-50. A 10 km à l'ouest de Corte. Dans un site superbe, entouré de forêts, une maison genre chalet où il est très agréable de déjeuner en été à l'ombre des pins tandis que le torrent gronde à quelques mètres des tables. Intérieur rustique et chaleureux, plutôt pour les jours d'orage. Cuisine copieuse à base de grillades au feu de bois. Prix moyens.

Randonnées pédestres

— *Le lac de Melo :* une randonnée à faire au départ du parking près de la bergerie de Grotelle (terminus de la route carrossable). Durée : 2 h aller-retour. Facile et accessible à tous. La Restonica prend sa source dans le lac de Melo (1 711 m), l'un des 7 lacs du monte Rotondo, réputé pour ses truites et ses saumons. Un site naturel encore sauvage mais, hélas, un peu trop fréquenté en été (justement à cause de sa facilité d'accès).

— *Le lac de Capitello :* l'une des perles de la montagne corse ! A 1 930 m d'altitude, le lac est entouré par un cirque rocheux où les sommets culminent à plus de 2 000 m. Pour y aller à pied, compter 1 h aller-retour du lac de Melo, par un chemin balisé. Même en été il reste parfois de la neige !

— *Le lac d'Oriente :* encore une très belle randonnée, moins connue que les autres et pourtant très chouette. Compter 3 h (aller seulement, un peu moins pour le retour). Départ après le pont de Tragone, à 11,8 km de Corte. Un chemin monte (en 1 h 30) jusqu'à la bergerie de Timozzu (abri possible). Antoine Mariani, le berger, peut vous faire déguster ses fromages (de 40 à 50 F pièce). En suivant le torrent de Timozzu, on arrive en 1 h 30 au lac d'Oriente (2 061 m). Très vaste panorama.

LA VALLÉE DE L'ASCO

La vallée corse la plus enclavée, la plus retirée de toute l'île. Splendeur sauvage oui, mais gare aux incendies dévastateurs ! Traversée par un torrent impétueux, elle est encadrée au nord par les montagnes de la haute Balagne et au sud par celles du Niolo. Autant dire que ce coin plaira d'emblée aux promeneurs solitaires, aux poètes bucoliques et aux assoiffés de randonnée. Un énorme avantage par rapport aux gorges de la Restonica, c'est qu'à beauté égale il y a beaucoup moins de monde en été sur la route ou dans les eaux du torrent. Cela dit, il n'y a pas autre chose à faire que randonner ou musarder en silence sur les rochers chauffés par le soleil... C'est déjà bien !

Où dormir ? Où manger ?

🛏 *Camping Cabanella :* route de l'Asco, 20271 Moltifao. Le premier camping situé sur la droite de la route des gorges en venant de Ponte-Leccia. Dans un site ombragé en bordure du torrent, accueillant et très spacieux. Bon marché. On peut acheter du vin fait maison par le patron. Resto à côté du camping.
🛏 *Camping A Tizarella :* 20218 Moltifao. A 7 km à l'ouest de la N 197. ☎ 95-47-83-92. Ouvert d'avril à octobre. Ombragé. Niveau 2 étoiles.
🛏 *Hôtel Le Chalet :* 20276 Asco. ☎ 95-47-81-08. Fax : 95-30-25-59. Ouvert de fin mai au 30 septembre. Situé tout à fait au fin fond de la vallée de l'Asco, dans un coin qui s'appelle Haut-Asco, à 35 km à l'ouest de Ponte-Leccia. Un bout du monde ! Un merveilleux cul-de-sac, cerné par de hautes et majestueuses montagnes ! Certaines chambres ont une vue sublime, mais le dortoir du garage est à fuir. Délicieuse cuisine corse avec un premier menu à 95 F (spécialités locales). Doubles avec douche et w.-c. entre 200 et 220 F. Demi-pension intéressante : entre 200 et 250 F par personne. Ravitaillement pour le G.R. 20 assez cher.

A voir. A faire

▶ *Les gorges de l'Asco :* ne représentent qu'une partie de la vallée entre Moltifao et Asco. La route traverse ce défilé sauvage surplombé par des crêtes rocheuses dépassant 900 m. Moins longues et plus larges que la Scala di Santa Regina, ces gorges creusées dans le granit sont réputées pour la qualité du miel qui est récolté dans des ruches accrochées aux pentes. Pourtant il n'y a pas beaucoup de fleurs à butiner dans ce coin aride...

▶ *Asco :* ce village d'une austère beauté, à 22 km à l'ouest de Ponte-Leccia, a vécu pendant des siècles coupé du reste du monde. Il n'est sorti de son isolement qu'en 1937, année de la construction de la route. Quelques belles randonnées aux environs.

▶ *La haute vallée de l'Asco :* il s'agit des 13 derniers kilomètres après le village d'Asco. Un monde d'une extrême sauvagerie, planté de pins laricio. Tombé des montagnes, le torrent aux eaux vertes et limpides forme des piscines naturelles où il est possible, comme dans la Restonica, de se baigner en été. Même en plein mois d'août il y a peu de monde et l'on trouve des coins déserts. La route mène à Haut-Asco, une sation de ski en cul-de-sac (1 450 m d'altitude), point de départ de randonnées extraordinaires.

Randonnées pédestres

– *Ascension du monte Cinto :* au départ de Haut-Asco. Compter 6 h à la montée et 4 h à la descente. Quelques passages difficiles. Se renseigner avant sur l'itinéraire exact. L'ascension au départ de Calacuccia (versant sud) est moins épuisante.
– *Sentier G.R. 20 :* il passe par Haut-Asco puis grimpe la barrière montagneuse au sud jusqu'à la *Bocca Minuta* (2 218 m). Ce tronçon peut faire l'objet d'une randonnée en soi : compter 4 h 15 à la montée entre Haut-Asco et ce col d'altitude (3 h 45 à la descente), mais il vaut mieux prévoir une bonne journée de balade en partant très tôt de la station de ski. Le G.R. 20 est balisé en rouge et blanc.

ENTRE CORTE ET VIZZAVONA

Au sud de Corte, les montagnes s'élancent vers le ciel. La route N 193, qui traverse la Corse en oblique (de Bastia à Ajaccio), passe par quelques beaux vil-

lages perchés (Venaco et Vivario), pénètre dans la forêt de Vizzavona, et l'on monte ainsi sous les pins laricio jusqu'au col de Vizzavona (1 163 m), sorte de charnière naturelle, mais aussi culturelle, entre les deux départements de la Corse. Là-haut, les sommets culminent à plus de 2 000 m et portent pour certains des noms d'aventure latino-américaine comme le *monte d'Oro* (2 389 m) ou le *monte Renoso* (2 352 m). Bien sûr, les randonneurs s'en donneront à cœur joie, tant la région se prête merveilleusement aux aventures pédestres. Comme ce fameux G.R. 20 (encore lui !), un sentier qui emprunte la ligne des crêtes, qui est également la ligne de partage des eaux. S'il fait beau, pas de problèmes. S'il pleut des cordes, abritez-vous d'abord (les orages peuvent y être très, très violents...) et observez ensuite les filets d'eau ; les un dégoulinent vers la côte ouest, les autres vers la côte orientale, preuve qu'il s'agit bien là d'une sorte de limite naturelle entre la Haute-Corse et la Corse du Sud.
Enfin n'oubliez pas de boire l'eau des fontaines, geste tellement simple... (quasiment partout potable).

▶ *VENACO* (20231)

Au pied du monte Cardu (2 453 m), les maisons de Venaco s'accrochent à la montagne, dominant le vaste paysage de la vallée du Tavignano où coule un torrent impétueux. Pays de bergers et de chasseurs, le Venacais est réputé pour ses truites et ses fromages de brebis, pensez-y à table ! Observez le nombre de terrasses, d'aires à blé *(aghje)*, de paillers *(pagliaghji)*, d'anciens moulins à châtaigne et à huile pour comprendre de quoi vivaient les gens d'ici autrefois.
– *Comment y aller ?* De Bastia, d'Ajaccio ou de Calvi, prendre le petit train. Il y en a 2 par jour et ils s'arrêtent à la gare de Venaco (l'aventure commence !) : ☎ 95-47-40-48.
– *Randonnées pédestres dans le Venacais :* le parc régional a balisé en orange 5 sentiers de pays formant des boucles à la journée autour de Venaco. La plus sportive de ces balades part de Venaco, monte sur l'Uboli (vue sublime) et redescend à Venaco. Durée : 5 h. D'autres balades plus faciles vont de Venaco au pont de Noceta (aller-retour : 4 h) avec possibilité de se baigner dans le Tavignano (très chouette, mais eau fraîche !). Demander la brochure « Balades en Corse, sentiers de Pays venacais » auprès de la maison d'information du parc naturel de la Corse, dans la citadelle de Corte. ☎ 95-46-27-44.

Où dormir ? Où manger ?

Prix modérés

☛ *Hôtel-restaurant Le Torrent :* à Santo-Pietro-di-Venaco, petit village situé à 2 km au-dessus de Venaco. ☎ 95-44-00-18. Ouvert de fin juin à début décembre. Petit hôtel de campagne à la décoration vieillotte, bien situé, avec une terrasse ombragée, et des chambres dotées d'une belle vue sur le Venacais. Doubles à 220 F (douche et w.-c.) et 250 F (bains et w.-c.). Au resto, premier menu à 50 F. Cuisine corse classique et bonne : truite de torrent, beignets au brocciu, ficelles san pierroise (spécialité).
☛ *Camping et ferme-auberge de Peridundellu :* ☎ 95-47-04-64. Uniquement sur réservation pour l'auberge. De Venaco, prendre la D 43 vers la vallée du Tavignano, c'est 4 km plus bas sur la droite. Maison neuve sans charme mais jolie vue sur la région. Vraie cuisine campagnarde : charcuterie de la ferme, feuilleté au fromage de chèvre, lapin aux herbes, agneau aux olives, et le *fiadone* en dessert. Bon et copieux. Menus entre 80 et 100 F. Camping sous les sapins avec douche chaude. Torrent à côté.
✗ *Restaurant U Frascone :* à la sortie sud de Venaco, au bord de la route d'Ajaccio, dans un virage. ☎ 95-47-00-85. Une bonne table vraiment, à prix sages, dans un cadre plutôt sympa. Étonnant menu à 69 F, qui en vaudrait le double sur la côte ! Avec des plats fins et copieux comme la tarte aux herbes, l'agneau rôti au vin blanc, les cannelloni au brocciu et les *fritelli* faites maison. Terrasse agréable les soirs de canicule. 6 chambres en chantier.
✗ *Restaurant de la Place :* place du pont, au centre de Venaco. ☎ 95-47-01-30. Fax : 95-47-06-21. Fermé de la mi-novembre à la fin février. Bonne petite cuisine familiale corse, préparée par la patronne : agneau à la mode

corse, tarte aux herbes et *storzapretti* (littéralement « étouffe-chrétien », spécialité bastiaise à l'origine). Menu à 75 F, servi aussi le week-end.

Beaucoup plus chic

🛏 *Paesotel E Caselle :* ☎ 95-47-02-01. Fax : 95-47-00-66. Pour routards
fortunés. En pleine nature, à 5 km à l'est de Venaco par la D 143, un hôtel
composé d'une ribambelle de pavillons en grosse pierre, tous inspirés des
caselle (bergeries) de haute montagne et construits en surplomb d'un torrent (le
Vecchio) qui se jette dans le Tavignano tout proche. Compter 320 F la nuit pour
1 personne, le double pour 2 (petit déjeuner compris). Les repas se prennent
dans une salle à manger chaleureusement décorée. Très agréable piscine. Vue
superbe sur le maquis et la montagne. On dort au calme, bercé par le torrent
(paisible en été). Tous les pavillons sont équipés de bains et w.-c. et d'une
petite terrasse ensoleillée. Enfin, sachez que cet hôtel, original dans sa conception, a été bâti dans les années 70 par son actuel propriétaire, le jovial Jean
Pagni, « berger de cœur » du Venacais.

▶ *VIVARIO* (20218)

Les Alpes mais en plus élancé, avec le grand ciel bleu au-dessus des pins. A
22 km au sud de Corte, à 12 km du col de Vizzavona, on découvre des torrents,
des pics rocheux, des forêts à perte de vue (celle de Rospa-Sorba). Nombreuses randonnées à faire, l'une des plus faciles consistant à suivre les gorges
du Manganellu (voir plus loin). Pour toutes ces raisons, Vivario, tout comme
Vizzavona et Venaco, reste un point de chute formidable pour les randonneurs.
Pour ceux qui suivent le G.R. 20 mais aussi pour ceux qui veulent faire des
boucles à la journée, rentrer au camping ou à l'hôtel le soir, puis repartir à
l'aventure le lendemain, et ainsi de suite...

– *Gare de Vivario :* ☎ 95-47-20-13.

Où dormir ? Où manger ?

🛏 *Auberge Machje Monti :* bourg de Vivario, au bord de la N 193. ☎ 95-47-
22-00. Ouvert d'avril à octobre. Petite auberge de campagne, toute simple,
avec 6 chambres au confort sommaire mais qui peuvent dépanner des randonneurs habitués à vivre à la dure ! Il y a une petite terrasse agréable, ombragée,
pour prendre ses repas. Menus entre 80 et 160 F. Seulement si les autres
hôtels du secteur affichent complet.
🛏 *Hôtel-restaurant U Sambuccu :* 20242 Vezzani. ☎ 95-44-03-38. A
11,5 km à l'est de Vivario. Une grosse maison en pierre entourée de sapins, de
maquis et de silence. Exactement à 2,5 km au sud de Vezzani sur la route de
Pietroso, en pleine nature. A 800 m d'altitude, en été, l'air est plus frais que sur
le littoral. Et les prix sont doux : 220 F la double avec douche (vue très chouette
sur la montagne). Au restaurant, menus de 75 à 120 F. Cuisine simple et
copieuse avec des tripettes, de la charcuterie et du sanglier en automne.
Accueil jovial. Ouvert toute l'année. Randonnées possibles dans l'immense
forêt de Rospa-Sorba.

VIZZAVONA (20219)

Quelques maisons et une petite gare surréaliste, le tout perdu dans un vallon
écrasé par des montagnes de plus de 2 000 m et enrobé d'une fabuleuse forêt
de pins lariccio où l'on peut vagabonder des journées entières sous les arbres !
Voilà Vizzavona. Moins de 50 habitants, mais un nom sur la carte de la Corse
connu de tous les abonnés du G.R. 20 qui y font étape et autres mordus de randonnée pédestre. Autant vous dire que la façon la plus sympathique de débarquer ici, c'est le train. D'Ajaccio, compter 1 h 10 environ. De Bastia (plus loin,
donc plus long, environ 2 h 30). Après le train, il faut continuer à pied, le seul
moyen de transport un peu sérieux dans cette nature farouchement belle.

Adresse utile

– **Gare de Vizzavona :** ☎ 95-47-21-02. Moins de 40 F le billet aller Ajaccio-Vizzavona.

Où dormir ? Où manger ?

☛ **Abri et camping de Savaggio :** à Tattone, sur la N 193, à 4 km au nord de Vizzavona (route de Vivario). ☎ 95-47-22-14. Ouvert de mai à septembre. 30 emplacements ombragés pour camper et des petits bungalows très simples.

☛ **Chambres d'hôte Casa Alta :** chez Pauline Costa-Jourdan, Casa Alta, Vizzavona. ☎ 95-47-21-09. En venant de Corte, prendre un petit chemin à gauche de la N 193, entre Vizzavona et le col du même nom. 5 chambres aménagées dans une maison très calme située en pleine forêt. 250 F pour 2 personnes. Petit déjeuner copieux.

☛ **Resto-refuge-bar de la Gare :** juste en face de la gare de Vizzavona. ☎ 95-47-21-19. Ravitaillement et infos pour les randonneurs du G.R. 20. Simple et pas cher.

☛ **Hôtel Beauséjour :** en face de la gare de Vizzavona. Petit hôtel très simple aussi, idéal pour marcheurs disposant d'un maigre budget un jour d'orage (histoire de ne pas dormir sous la tente pour une fois !).

☛ **Hôtel-restaurant du Monte d'Oro :** au col de Vizzavona. ☎ 95-47-21-06. Ouvert du 1er mai à fin septembre. A 1160 m d'altitude, à l'orée d'une forêt d'arbres centenaires, voici une bonne grosse maison du siècle dernier enfouie dans la verdure. De gros volets en bois, des chambres rétro mais propres et calmes donnant sur la forêt, une ambiance un peu désuète et anachronique, un accueil jovial, et des prix raisonnables, autant d'atouts pour cette bonne petite adresse pour amoureux de la nature. Demi-pension intéressante : 250 F par personne pour une chambre avec lavabo, 310 F avec douche et w.-c. Dans le parc de l'hôtel, on peut louer un petit chalet (bien pour une famille) et même assister à la messe dans la chapelle Notre-Dame-des-Neiges qui jouxte l'hôtel (s'il neige ce jour-là, priez pour le retour de la chaleur !).

Randonnées pédestres

– **La Madonnuccia :** compter 2 h aller et retour au départ de La Foce (tout près de l'hôtel *Monte d'Oro*). Superbe vue sur les montagnes et la vallée de la Gravona.

– **La cascade des Anglais :** 1 h aller et retour de La Foce (N 193). Prendre un chemin carrossable qui descend dans les gorges de l'Agnone (au nord-ouest de Vizzavona) et rejoint en bas le G.R. 20. Le suivre jusqu'à cette belle cascade située dans un coin sauvage.

– **Ascension du monte d'Oro :** « Le monte d'Oro est la mère des eaux, la source des rivières et des torrents de cette région », selon Michel Fabrikant, qui fut l'un des meilleurs connaisseurs de la montagne corse. Une randonnée magnifique mais pas facile. Compter, au départ de Vizzavona, 5 h à la montée, 3 h 30 à la descente. Pour randonneurs très expérimentés. Sentier non balisé. Du sommet (2 389 m), on voit Ajaccio au loin, le monte Cinto et la côte italienne ! Se renseigner auprès du parc régional pour avoir l'itinéraire exact de cette randonnée.

– **Les gorges du Manganellu :** une randonnée facilement réalisable et accessible à tous. De Vizzavona, aller jusqu'au hameau de Tattone qui se trouve sur la route de Vivario (N 193). De là, descendre par une route carrossable jusqu'au hameau de Canaglia, environ 4 km plus loin. Un chemin forestier remonte (en le surplombant) le torrent du Manganellu pendant 4 km avant de rejoindre le G.R. 20 (balises rouge et blanche). On peut pousser jusqu'à la bergerie de Tolla (abri possible). Les plus sportifs suivront le G.R. 20 jusqu'aux bergeries de Gialgo, d'où l'on est alors à pied d'œuvre pour accéder au grand lac du monte Rotondo (2 321 m d'altitude, à 1 h 45 des bergeries).

Attention : la partie facile du Manganellu se situe tout à fait au départ du chemin, entre Canaglia et la bergerie de Tolla. Après, ça monte sec ! (2 h 30 aller-retour).

SUR LA ROUTE D'AJACCIO

▶ **Bocognano** (20136) : un village en corniche, à 9 km au sud du col de Vizzavona, entouré de belles châtaigneraies et réputé pour la pureté de son air. Plus proche d'Ajaccio que de Corte, chef-lieu de la vallée de la Gravona, c'est un lieu de passage ancestral entre le nord et le sud de l'île. Hélas, on y passe un peu vite aujourd'hui, oubliant d'y faire une escale. A tort, car on y mange bien et pour pas cher, et les environs recèlent quelques chouettes petites balades.
A voir : la *clue de la Richiusa,* une curiosité naturelle située au-dessus de la Gravona, sur la pente sud de la Punta Migliarellu. Il s'agit d'un torrent qui tombe entre deux parois de 60 m de haut sur une magnifique vasque d'eau verte. A l'extrême opposé, à 4 km environ au sud de Bocognano, la *cascade du Voile de la Mariée* est accessible d'abord par un chemin carrossable au bout duquel il faut marcher 15 mn environ sous les arbres pour atteindre ce site bucolique méconnu.

Où manger ?

✗ **Ferme-auberge A Tanedda :** à droite en contrebas de la route (en venant de Corte), à la hautur du monument aux morts. ☎ 95-27-42-44. Ouverte tous les jours sauf lundi. Un menu unique à 90 F avec des plats naturels faits à partir des produits de la ferme. Cuisine de saison. Très bon accueil. Cadre pas désagréable. Mieux vaut réserver à l'avance.
✗ **Restaurant L'Ustaria :** au village. ☎ 95-27-41-10. Bonne petite adresse à prix doux.

LA CÔTE ORIENTALE

La côte orientale n'est pas la plus belle de Corse. Nulle échancrure, peu de relief, un brin de monotonie dans le paysage. Néanmoins, elle dispose d'un atout non négligeable : une centaine de kilomètres d'une plage de sable fin. Et vous y serez plus tranquille qu'ailleurs.

SOLENZARA (20145)

Solenzara est un petit village dont l'intérêt n'est que stratégique. Base militaire importante, elle abrite quelques escadrilles françaises et belges, ainsi que des nageurs de combat (mondialement connus, leur renommée s'étend même jusqu'en Nouvelle-Zélande). En tout cas, le port est mignon.
Une bonne nouvelle : de Solenzara à Aléria, les prix sont parmi les plus bas de Corse.

Adresses utiles

– **Syndicat d'initiative :** dans la rue principale. ☎ 95-57-43-75. Hors saison, le mardi et le vendredi seulement.
– **Club de plongée de la Côte des Nacres :** sur le port. ☎ 95-57-44-19.

Où dormir ?

🛏 *Hôtel-restaurant Orsoni :* rue principale ; dans le centre. ☎ 95-57-40-06. Ouvert toute l'année. Tout simple, style hôtel de famille. Patronne aimable. Chambres de 180 à 200 F avec douche et de 240 à 260 F avec douche et w.-c., selon la saison. En demander une sur cour, c'est plus calme. Resto banal mais bon marché.

🛏 *Tourisme-Hôtel :* rue principale ; en face du précédent. ☎ 95-57-40-44 ou 40-20. Ouvert toute l'année. Décoration *cosy* et une allure modeste mais les chambres, toutes à 220 F, sont équipées de salle de bains avec baignoire, ce qui est rare pour ce prix. Plein d'infos sur la région. Bar au rez-de-chaussée.

🛏 *Hôtel Mare e Festa :* en bord de mer. ☎ 95-57-42-91. Fax : 95-57-43-23. C'est l'un des tout premiers hôtels de ce style en Corse : composé d'une série de bungalows (en dur) éparpillés dans un parc ombragé, surplombant une petite plage et la mer Tyrrhénienne. Le restaurant et le bar se trouvent dans le bâtiment de la réception où plusieurs vedettes de la chanson se donnaient rendez-vous dans les années 60. Nostalgie! Enrico Macias à ses débuts y chanta *Solenzara*. Entre 180 F (en juin et en septembre) et 395 F (en août) le bungalow pour 1 nuit. 10 à 15 % de réduction sur présentation du *Guide du Routard*.

🛏 *Camping de la Côte des Nacres :* à 500 m de Solenzara, à droite en allant vers Bastia. ☎ 95-57-40-09 et 40-65. On dort sous les eucalyptus au bord de la plage et d'une jolie rivière. Confort d'un 3 étoiles et prix très honnêtes. Mini-marché (de 7 h 30 à 20 h), resto, snack-bar et nombreux sports : tennis, volley, etc.

Plus chic

🛏 *Hôtel La Solenzara :* rue principale ; à la sortie du village (vers Bastia). ☎ 95-57-42-18. Fax : 95-57-46-84. Ouvert toute l'année. Voici enfin un véritable hôtel de charme. Il s'agit tout simplement de l'ancienne demeure du Maître de Solenzara, construite il y a 200 ans. Pièces immenses et hautes de plafond, décorées à l'ancienne. Chambres fraîches en été, toutes avec salle de bains neuve, TV et téléphone. Grand jardin orné de palmiers, où trône une magnifique piscine. Prix raisonnables pour une adresse de caractère : à partir de 410 F en été et autour de 300 F hors saison.

Où manger ?

✗ *A Mandria de Sebastien :* pont de Solenzara, à Solero, sur la route de Bastia ; à 1 km du centre. ☎ 95-57-41-95. Une ancienne bergerie joliment restaurée. Sébastien de Rocca-Serra, le maître des lieux, a décoré la salle à manger avec soin, allant jusqu'à faire imprimer sur les napperons le fameux poème de Kipling *Tu seras un homme, mon fils.* Il prépare une copieuse cuisine régionale, notamment des tripettes. Menus à 100 et 120 F. Agréable terrasse.

Aux environs

✗ *A Mezza Rena :* à Favone, à 12 km au sud de Solenzara. ☎ 95-73-20-45. Ouvert de mai à fin septembre. Le nom du resto signifie « Au Milieu du Sable »... Quoi de plus logique puisque cette adresse est située directement sur la plage. Autre particularité : la fille des proprios, Sandrine Rossi, est une star régionale : elle fut élue Miss Europe il y a quelques années ! Mais peu de chance de dîner ici à ses côtés, elle vit désormais à Paris. Cela dit, la table a un peu perdu en qualité. On y sert toutefois du bon poisson, comme l'escalope de thon. Premier menu à 100 F. Également des pizzas à la carte.

✗ Toujours à Favone, des lecteurs nous conseillent *Le Jardin d'Été,* pour ses grosses pizzas et ses bonnes crêpes.

A faire

— Se baigner d'abord, il fait chaud ; puis monter au *col de Bavella,* à 30 km, par une route qui longe le torrent du Solenzara, envahi par de gros blocs rocheux.

GHISONACCIA (20240)

De la transhumance des bergers d'autrefois à la transhumance des troupeaux d'estivants en route vers le sud, la « capitale » de la plaine orientale n'a pas perdu sa vocation de carrefour (hélas, ce n'est que ça !). C'était la région du vin de table des années 50. La grande époque ! Beaucoup de rapatriés d'Afrique du Nord s'y étaient implantés, fabriquant un vin mélangé à du sucre qui était ensuite mêlé à d'autres crus pour faire un breuvage douteux qui laissait la langue râpeuse... L'âge d'or est fini. Il y a eu beaucoup de coups de fusil, de fuites en catastrophe, de haine et de rancœur. Bon, maintenant, la qualité du vin est meilleure, mais la production est faible. On est en paix. Alors on pense à d'autres cultures : kiwis, fruits, aquaculture sur les étangs. Cela dit, le village lui-même n'a aucun intérêt. La plage est moyenne, mais elle a le mérite d'exister.

Adresse utile

– **Syndicat d'initiative :** près de la place du Marché, en face de l'*hôtel de la Poste.* ☎ 95-56-01-21.

Où dormir ? Où manger ?

📍 **Hôtel de la Poste :** tout de suite à droite sur la route de Ghisoni, en face de la mairie. ☎ 95-56-00-41. Vraiment simple. Pour dépanner seulement. Quelques chambres ordinaires (240 F). Menu à 85 F.
📍 **Camping Arinella Bianca :** ☎ 95-56-04-78. A Ghisonaccia, prendre la route de la mer. A 500 m environ, avant la plage, tourner à droite. Un 3 étoiles qui les mérite vraiment. Un beau camping bien ombragé, avec un ordinateur à la réception. Beaucoup d'Allemands, Hollandais, Italiens. Très bien équipé : une vraie petite ville pour tentes et camping-cars.
✗ **L'Oasis :** à Ghisonaccia, prendre la route de la mer, c'est à 1 km sur la gauche. ☎ 95-56-21-03. Fermé le samedi midi. Table récente. Un menu à 80 F le midi, du lundi au vendredi. Très belle carte de 120 à 150 F. Spécialités de poisson. Terrasse sous la tonnelle l'été. Il y a des studios à louer à la nuit : 250 F pour 2 personnes (bien, et calme).
✗ **Restaurant les Deux Magots :** au bord de la plage, à 4,5 km de Ghisonaccia. ☎ 95-56-15-61. Bon, pas cher, et accueil cordial du patron (un Corse blond aux yeux bleus). Cuisine qui change souvent, mais qui est toujours fraîche. Vue sur la mer évidemment. Compter moins de 100 F pour un repas. Quelques plats maison comme les moules farcies à la viande, les brochettes de lotte. Mieux le soir qu'à midi car ils servent les spécialités uniquement au dîner.

Où manger aux environs ?

✗ **Ferme-auberge U Sampolu :** Sampolo, 20227 Ghisoni. ☎ 95-57-60-18. Ouverte d'avril à octobre, tous les jours sauf lundi et mardi soir. A 19 km au nord-ouest de Ghisonaccia, dans le défilé de l'Inzecca (route de Ghisoni), sur la gauche après le lac artificiel en venant de la plaine orientale. Bonne adresse dans le genre rustique et copieux. Des spécialités comme l'aubergine paysanne, l'agneau grillé, le veau et le bœuf (qui viennent de la ferme). Compter 80 ou 100 F pour un repas. Téléphoner impérativement pour réserver.

Randonnée pédestre « Mare a Mare Centre »

Traversée de Ghisonaccia à Ajaccio en 6 étapes. Se munir évidemment du topoguide en vente au bureau du parc régional à Ajaccio. L'itinéraire est balisé en orange jusqu'à Ajaccio. Le départ se trouve sur la N 198. Le premier *gîte d'étape* (à 3 h de marche) se trouve à *Serra-di-Fiumobo* (M. Guidicelli, ☎ 95-56-72-54). Puis 4 h de marche pour le *gîte d'étape* de *Castasghju*, avec resto (Mme Paoli, ☎ 95-56-70-14). Le gîte n'est pas génial, mais le site est superbe et il y a une piscine naturelle dans la rivière pour se baigner.

Le jour suivant, marche de 6 h jusqu'à *Cozzano*. **Gîte :** ☎ 95-24-41-59. Sympa, dortoir et quelques chambres familiales. Repas délicieux.

Compter 4 h jusqu'à *Guitera*. **Gîte d'étape** agréable qui fait table d'hôte. ☎ 95-24-44-40 (M. Lanfranchi). Puis 3 h 30 jusqu'à *Quasquara*. **Gîte d'étape :** ☎ 95-25-73-43. Abri sommaire (uniquement w.-c. et douches communes), pas de resto. Prévoir sa nourriture.

Enfin 6 h de marche jusqu'au *col Saint-Georges*. **Gîte-restaurant :** chez Mme Renucci. ☎ 95-25-70-06. Ils disent souvent que c'est complet, insistez vraiment pour avoir une chambre.

A voir aux environs de Ghisonaccia

▶ *Le Fiumorbo :* une région montagneuse et enclavée (réputée naguère pour son esprit d'indépendance et ses bandits) avec quelques villages en nid d'aigle comme *Prunelli-di-Fiumorbo* d'où l'on a une superbe vue sur la côte orientale (y monter en fin d'après-midi à cause de la lumière qui est plus belle). Autre curiosité de ce terroir : les *thermes de Pietrapola* qui sont situés au sous-sol de l'hôtel lui-même, au-dessus de la rivière Abatesco. Les baignoires ont un côté très rétro, amusant !

▶ *Les défilés des Strette et de l'Inzecca :* à une vingtaine de kilomètres au nord-ouest de Ghisonaccia, en direction de Ghisoni. Intéressant surtout pour la couleur de la serpentine verte, cette roche caractéristique par son aspect brillant, que l'on trouve surtout dans le défilé de l'Inzecca. De Ghisoni, village entouré de montagnes boisées, une route sinueuse et étroite rejoint Vivario et la route Ajaccio-Corte par le col de Sorba (1 311 m). Un coin perdu et très beau.

L'ÉTANG D'URBINO

Une petite mer intérieure reliée à la vraie mer par un étroit passage, un passage superbe, mi-marin, mi-terrien, des pinèdes secrètes (hélas noircies par les incendies) et une île de promeneur solitaire, un pénitencier agricole – le dernier de France – pour des crimes passionnels, un incroyable resto de fruits de mer sur un radeau en bois flottant, 500 000 alevins qui poussent dans 750 ha d'eau salée, des kyrielles d'huîtres et de moules, des histoires de Romains et de malaria, un ethnologue argentin devenu ostréiculteur, une dynastie d'aristocrates bastiais passionnés par l'aquaculture... Non, ce n'est pas un roman, mais un étang. 3 km sur 3, et une seule route qui mène à la ferme d'Urbino.

Comment y aller ?

De Ghisonaccia, prendre la route d'Aléria ; à 7 km, tourner à droite, avant un petit pont. Un panneau indique « Restaurant sur l'eau ». Suivre la route jusqu'au terminus, 2 km plus loin.

Où manger ?

✗ *Ferme-auberge d'Urbino :* 20240 Ghisonaccia. ☎ 95-57-30-89. Ouverte midi et soir en été ; uniquement le midi de mai à fin octobre. En été, réserver impérativement à l'avance ! Resto ou radeau ? Les deux à la fois. Ça flotte et on y mange vraiment très bien. Son propriétaire, Luc Bronzini de Caraffa, a onze enfants, et de bonnes idées. Quel bout du monde ! Près d'un hangar à coquillages, un petit ponton fleuri mène au resto flottant, carcasse de radeau à huîtres. Deux menus à 85 et 120 F : huîtres, moules, poisson grillé, vin blanc sec du pays de Ghisonaccia. Tout est pêché directement dans l'étang (qui est vierge de toute pollution), et servi par Rodolfo, ethnologue argentin, qui pourra vous parler de la Corse comme de son pays. Dans le genre non conventionnel, chaleureux, sympa et délicieux : la médaille d'or ! Si vous voyez un Canadair se poser sur l'étang, ne paniquez pas, c'est ici qu'ils viennent chercher l'eau pour lutter contre le feu.

ALÉRIA (20270)

Le village moderne est sympa, sans plus. Mais Aléria est surtout connue pour les ruines de la cité romaine. N'imaginez pas trouver Pompéi. Les édifices ont beaucoup souffert. Vaut néanmoins le détour pour la puissance d'évocation du site et le musée Jérôme Carcopino (parking à l'entrée, resto près du fort). D'Aléria part une route assez directe (48 km) pour Corte, le long du Tavignano.

Adresses utiles

– **Syndicat d'initiative :** à la mairie. ☎ 95-57-00-30.
– **Club de voile de Casabianda :** ☎ 95-57-06-91. A quelques kilomètres d'Aléria, dans un parc national au milieu des oiseaux de mer, des renards et des planches à voile.

Où dormir ?

☝ **Hôtel des Orangers :** à 50 m du carrefour de Cateraggio, à 3 km de la plage. ☎ 95-57-00-31. Ouvert toute l'année. Jean Giudicelli gère son hôtel avec bonhomie. Les chambres, petites mais coquettes, sont d'une propreté impeccable. Doubles de 180 F (lavabo) à 230 F (bains et w.-c.). Petite restauration le soir en été seulement.
☝ **Camping-bungalows Marina d'Aléria :** à 3 km du carrefour de Cateraggio, par la route N 200. ☎ 95-57-01-42. Fax : 95-57-04-29. Ouvert de Pâques au 30 octobre. Ferme le soir à 23 h. Certainement le plus beau camping de la côte orientale et le meilleur accueil ! Au bord d'une longue plage (1 km) de sable fin, et à proximité d'une petite rivière. Site ombragé sous les oliviers, les pins et les eucalyptus. Deux blocs sanitaires, eau chaude, machines à laver à jetons, caféteria, pizzeria, six tennis et une croissanterie. Également des bungalows « pied dans l'eau » à louer, pour quatre ou cinq personnes, en dur ou en bois. Intéressant de toute manière.

Où dormir ? Où manger entre Aléria et Corte ?

☝ **Ferme-auberge U Sortipiani :** chez Xavier Corazzini, pont de Piedicorte, RN 200, 20251 Piedicorti-di-Gaggiu. ☎ 95-48-81-67. A environ 24 km à l'ouest d'Aléria, sur la route de Corte. En pleine nature, une maison récente et isolée (quel calme !), où l'accueil est particulièrement chaleureux. Bonne cuisine faite uniquement avec les produits de la ferme (fraîcheur garantie). En outre, on y trouve des chambres d'hôte à prix raisonnables, quelques emplacements de camping (ombragé et douches chaudes). A côté du Tavignano où l'on peut se baigner en été. Bonne escale sur la route de l'intérieur. Mieux vaut téléphoner avant pour réserver.
☝ **Camping L'Ernella :** sur la RN 200, au lieu dit L'Ernella, à une vingtaine de kilomètres d'Aléria sur la route de Corte, avant le pont de Piedicorte. ☎ 95-48-83-59. Ouvert toute l'année. Une aire naturelle de camping, simple, ombragée, bien située, au bord du Tavignano sur lequel on peut faire du canoë-kayak. Petite restauration.

A voir. A faire

▸ **Le musée Jérôme Carcopino :** installé dans le fort de Matra, construit en 1572. Ouvert de 9 h à 12 h et de 14 h à 18 h. Fermé le dimanche. Ce n'est pas le fort lui-même qui vaut le déplacement mais les magnifiques vestiges retrouvés sur le site. Certains sont grecs mais la plupart romains. De très belles céramiques, quelques-unes d'un érotisme intéressant. Manque un plan du musée qui permettrait de s'y retrouver.

▸ **Les ruines romaines :** le site archéologique est situé au sommet d'une colline, au sud de Cateraggio, en direction de Porto-Vecchio. Se garer près d'un vieux village où une église très italienne fait face au fort de Matra (voir, ci-dessus, « Le musée Jérôme-Carcopino »). Par un sentier on accède aux ruines. Une partie seulement de la ville antique se visite : vestiges du forum, du temple, du capitole ainsi que le balneum. De nombreuses découvertes sont encore à faire. S'adresser d'abord au musée pour la visite. L'accueil est variable, mais ceux qui montrent un véritable enthousiasme seront bien reçus.

▶ *L'étang de Diane :* quel beau nom ! Quel bel étang ! Les Romains y élevaient déjà des huîtres il y a deux millénaires. Aujourd'hui la tradition continue grâce à une *ferme aquatique,* présente sur le site, où l'on peut acheter des huîtres (délicieuses), des moules (bonnes aussi) et d'autres bestioles sympathiques à écailles. Aucune pollution. Il y a un *resto* flottant, assez chouette, mais plus cher que la ferme d'Urbino. ☎ 95-57-04-55. Plateau de fruits de mer à 130 F.

– *Le village naturiste de Riva-Bella :* à une dizaine de kilomètres au nord d'Aléria, sur la droite de la N 198. ☎ 95-38-81-10. Pour jouer à Adam et Ève sur une belle plage bordée de petits bungalows. Le premier article du règlement intérieur stipule : « Nudité intégrale obligatoire sur la plage ». Tout le monde à poil ! A vos ordres, chef ! On vous prévient tout de suite, les voyeurs ne sont pas très aimés, et ils sont vite repérés par les nudistes (par les minettes surtout).

MORIANI-PLAGE (20230)

La dernière plage le long de la route avant Bastia. Une petite transversale s'enfonce dans la montagne vers la très belle corniche de la Castagniccia et Cervione. Les excursions dans l'arrière-pays sont d'ailleurs le seul charme de Moriani-Plage. A part la bronzette, bien sûr.

– *Syndicat d'Initiative .* dans le centre du village. ☎ 95-38-41-57.

Où dormir ? Où manger ?

⛺ *Camping Merendella :* ☎ 95-38-53-47. Ouvert de mi-avril à mi-octobre. Un 4 étoiles vraiment chouette et très propre, bien équipé, ombragé. Un peu cher, mais ça les vaut.
⛺ *Hôtel-restaurant A l'Abri des Flots :* route de la plage. ☎ 95-38-40-76. A 50 m de la plage, une terrasse de resto ombragée et des chambres, simples, propres, sans déco, mais calmes et pas chères. 160 F la double avec lavabo, w.-c. sur le palier. Menus à 85 F (le midi seulement) et 140 F. Accueil correct. Bien pour une étape d'une nuit.
⛺ *Hôtel-restaurant Le Lido :* sur la plage. ☎ 95-38-50-03. Ouvert d'avril à octobre. L'hôtel offre une dizaine de chambres avec douche à 180 et 200 F pour deux. Vue sur mer ou sur jardin (calme). Un menu touristique à 70 F avec soupe de poisson, rougets, fromage et dessert. Un autre à 130 F, très copieux, avec 5 entrées au choix. Belle carte. Une bonne halte, les pieds dans le sable. Bon accueil.
✗ *A Pota Marina :* sur la plage. ☎ 95-38-53-13. Ouvert d'avril à octobre. Un patron jovial et de bonne humeur qui connaît bien la région car il a répertorié, avec son fils Jean-David Sommovigo, toutes les églises et les trésors de la Castagniccia. Pizzas, crêpes, petite cuisine estivale entre 70 et 100 F (selon votre appétit). Bien pour le midi.
✗ *Bor di Mare :* sur la plage. ☎ 95-38-50-45. Ouvert d'avril à octobre. Papo Francesconi a quitté l'Alsace pour retrouver le pays. Il propose un menu à 80 F offrant crudités ou moules, filet de mérou ou entrecôte, tarte ou glaces. La carte est aussi intéressante, entre 100 et 120 F.
✗ *U Lampione :* sur la route de San-Nicolao. ☎ 95-38-56-64. Ouvert toute l'année. Benoîte Mariani propose un menu à 65 F avec crudités, une viande, un fromage et un dessert. Mais aussi une fameuse carte avec du saumon Lampione. Les viandes sont alléchantes, tout comme les desserts. Compter entre 150 et 200 F, mais ça le mérite. Bien pour le soir.

Où dormir ? Où manger aux environs ?

⛺ *Camping Calamar :* à Prunete, 20221 Cervione ; à 6,5 km au sud de Moriani-Plage. ☎ 95-38-00-08. Ouvert du 1ᵉʳ juillet au 25 septembre. A l'écart de la route (et du bruit), tout près de la plage, un très sympathique petit camping ombragé par des eucalyptus et des oliviers. Douches chaudes très propres. Petit snack. Bon accueil, un des meilleurs du coin. Et moins de monde sur les plages de ce côté-ci que vers Moriani.

⛺ *Hôtel Saint-Alexandre :* à Cervione ; à 12 km au sud-ouest de Moriani-Plage. ☎ 95-38-10-83. Une grande maison récente en haut du village. Chambres spacieuses ave vue sur les toits et la belle vallée. Un bon plan pour une nuit, sur la route de la Castagniccia. Prix moyens.

✗ *A Cinderella :* Santa Maria Poghju. A 2 km de Moriani en direction de Porto-Vecchio sur la gauche de la route. ☎ 95-38-57-52. Une vieille maison. Cadre unique. Excellente table aux chandelles. Fond sonore de chants corses. Un chef *pinzuto* (non corse) mais aussi des plats corses. Menus à 100 et 140 F. Vous serez servi comme un roi... Si vous voulez des pizzas et un bon dessert, vous vous en tirerez pour 100 F. Jean-Paul, le patron, saura vous conseiller.

✗ *Chez Mathieu :* à Folelli, à 10 km au nord de Moriani-Plage sur la D 506, en direction de Piedicroce et de la Castagniccia. ☎ 95-36-93-16. Fermé le samedi et en février. Très bonne maison avec terrasse sur le Fium'alto (rivière). Un bon menu ouvrier à 58 F, vin compris, et il y a de quoi manger ! Un menu plus étoffé à 85 F, avec civet de sanglier et lasagne. La spécialité est le poisson. Halte intéressante et une certaine convivialité.

✗ *Bar-restaurant Cava :* à San Giovanni di Moriani, 20230 San Nicolao. ☎ 95-38-51-14. A 11 km environ de la plage de Moriani, dans un village perché de l'arrière-pays, une adresse tout simplement étonnante par son accueil, sa cuisine et ses prix. Pour 100 F, on a droit à un repas des plus copieux avec des spécialités corses, charcuterie, beignets au fromage, *migliacci,* fromage de chèvre. Vue superbe de la terrasse.

Où se baigner ?

– Entre Aléria et Moriani-Plage, la côte orientale forme une interminable plage de sable, sans accrocs, sans criques, sans caps. Il faut s'éloigner des routes et des villages de vacances pour trouver de l'espace. Nous conseillons par exemple la plage (immense) qui se situe au bout d'une petite route que l'on prend à la hauteur du phare d'Alistro au bord de la N 198, à 14 km au sud de Moriani. C'est un coin relativement tranquille en été. En marchant, on peut faire des kilomètres le long de la plage, sans rencontrer trop de monde (plutôt vers le nord que vers le sud d'Alistro, où commencent les villages de vacances...).

Randonnée pédestre « Mare a Mare Nord »

Enfin ! il est ouvert. Quoi ? Mais le sentier « Mare a Mare Nord », voyons. Une petite merveille que cette balade permettant de relier à pied et en 7 jours (itinéraire principal) ou 10 jours (avec une variante) la côte orientale à la côte ouest. Soit Moriani-Sermano-Corte-Cargèse. Se munir évidemment du topoguide spécialement édité en collaboration avec le parc régional. Balisé en orange, l'itinéraire est jalonné de gîtes d'étape que nous signalons dans le chapitre « Corte » où nous donnons un résumé succinct de cette fabuleuse randonnée.
Il est conseillé de téléphoner auparavant pour réserver sa place (surtout au mois d'août). Cela dit, comme pour le G.R. 20, l'époque idéale pour faire cette grande traversée de mer à mer, eh bien, c'est juin et septembre.

LA CASTAGNICCIA

La « Castanitche », comme disent les Corses. Une sorte de vaste jungle de châtaigniers, verte et souvent humide (c'est la seule région de Corse qui ne brûle jamais), formant un monde à part entre Corte, Bastia et la plaine orientale. Collines et montagnes ondulent à l'infini jusqu'à une ligne de sommets qui culmine avec le mont San Petrone (1 767 m). Une belle et sombre forêt de châtaigniers (l'arbre à pain de la Castagniccia, dont on fait encore de la farine) que l'on découvre par un réseau de routes étroites et sinueuses, tunnels de verdure souvent occupés par des troupeaux de cochons sauvages et de chèvres. Ce promontoire, longtemps coupé du reste de l'île, connut au XVIIe siècle l'âge d'or de son histoire : c'était la région la plus peuplée de l'île. C'est à cette époque que la plupart des églises baroques et des campaniles (très latins) furent édifiés. On les remarque bien, se détachant au-dessus de l'océan des arbres, parmi la ribambelle de hameaux de schiste éparpillés dans la nature. Région dépeuplée mais accueillante, isolée mais chaleureuse et attachante, elle commence seulement à s'ouvrir au tourisme vert (mais pas de masse). Si vous terminez votre tour de Corse à Bastia, essayez de passer au moins une nuit là-haut sous les châtaigniers (ou plus, car la Castagniccia n'est pas faite pour les gens pressés...).

Adresse utile

– *Syndicat d'initiative de la Castagniccia :* pas encore de bureau, mais un point d'information à Folelli. Pour des infos sur les randos et le reste : ☎ 95-35-83-11 (demander Mme Emmanuelli). Ou se renseigner auprès de Jean-Jean à l'hôtel *Le Refuge* à Piedicroce.

Comment y aller ?

– *Par Ponte-Leccia,* sur la route Corte-Bastia, ou bien par *Cervione,* premier village au-dessus de la plaine orientale. Attention, routes étroites, sinueuses, donc dangereuses. Ne vous sentez pas diminué si vous ne roulez qu'à 30 km/h. C'est la meilleure façon de découvrir le pays.

▶ *PIEDICROCE* (20229)

Un village à flanc de montagne, sorte de balcon dominant une région préservée, couverte de châtaigniers, qui s'ouvre timidement aux randonnées pédestres et équestres. Superbe *église Saint-Pierre-et-Saint-Paul* avec une façade baroque datant du XVIIIe siècle et les plus belles orgues de Corse.
Sur la route de Campana, à droite, se dresse un grand couvent en ruine dans lequel Napoléon a rencontré le « père de la nation corse », Pascal Paoli. Mais, transformé en dépôt de munitions lors de la dernière guerre, les Allemands le firent sauter en 1944.

Où dormir ? Où manger ?

☞ *Hôtel-restaurant Le Refuge :* au bourg. ☎ 95-35-82-65. Fax : 95-35-82-43. Fermé de mi-octobre à fin novembre. L'auberge s'agrippe, comme les autres maisons du village, au versant sud d'une montagne de la Castagniccia, pays vert peuplé de châtaigniers. Les chambres côté vallée offrent une très belle vue sur les monts boisés et les hameaux perchés. On s'y sent bien. Tout se fait en famille. Mme Raffali veille sur les fourneaux tandis que son fils, « Jean-Jean », s'occupe du service. Il peut vous renseigner sur les randonnées à faire, car il connaît le pays comme sa poche. Repas à partir de 95 F (1 entrée, 1 plat, 1 fromage et 1 dessert). Tout est authentiquement corse, notamment la charcuterie faite avec les cochons de la maison. Chambres doubles de 220 F (lavabo-bidet) à 250 F (douche et w.-c.). Quand il n'y a plus de place, Jean-Jean loue (pour les familles) un studio aménagé dans une haute et belle maison du village (beaucoup de caractère).

Aux environs

▶ *Campo d'Onico :* au-dessus de Piedicroce, à peine un village, un hameau plutôt, haut perché et constitué de quelques vieilles maisons en grosse pierre de schiste. Pour y aller de Piedicroce, prendre la route D 71 vers Campana, après le couvent d'Orezza (en ruine au bord de la route), un chemin monte sur la gauche jusqu'à Campo d'Onico. Au pied du *monte San Petrone* (1 767 m), environné de montagnes, le village offre une vue étendue sur toute la Castagniccia. C'est aussi, pour les randonneurs, le point de départ d'un sentier qui monte jusqu'à la ligne de crête et au San Petrone (4 h aller-retour).

▶ *Les sources d'Orezza :* un bel et étrange endroit, au fond de la vallée. A 3 km de Piedicroce par une route ombragée. Rien de grandiose : il s'agit d'un ancien établissement thermal avec une source qui jaillit toujours sous les arbres. On peut la goûter : l'eau d'Orezza, légèrement pétillante comme la Badoit, est réputée guérir les anémies. Une petite entreprise la met en bouteilles sur le site même. La source est située au fond de la cour de l'usine. Dans les années 30, du beau monde venu d'Angleterre et même des colons d'Indochine, se pressaient dans le casino de Stazzona, aujourd'hui simple maison habitée. Allez boire l'orezza à la source !

▶ *Le hameau de Valle d'Orezza :* encore un bout du monde où l'histoire s'est arrêtée. Soyez discret en y allant : le hameau ne compte que 35 habitants ! C'est au bout de la route D 46, après Rapaggio. Des artisans y confectionnent de très belles pièces en bois d'olivier, aulne, bruyère. Demandez la maison de *M. Denis Moracchini,* frappez. Chez lui, des pipes en bruyère, des boîtes, des couverts, le tout bon marché. Chaque matin, il va chercher lui-même son bois dans la forêt. Il y a deux autres artisans dans ce hameau : *François Guidicelli* qui fabrique des pipes aussi et des boîtes, aidé de son fils Hector qui ramasse les châtaignes pour en faire de la farine. *Lucien Colombani* et son fils Paul (éleveur de porcs) demeurent juste à gauche, avant M. Moracchini, et vendent également des pipes. Décidément, tailler des pipes est l'activité la plus répandue à Valle d'Orezza !

▶ *Piazzole :* à 9 km au nord-est de Piedicroce, par la D 506 (route de Folelli), et par une route étroite qui part sur la droite en direction de Piazzole et de Monaccia d'Orezza. A Piazzole, village de 32 habitants, l'église possède une porte d'entrée superbement sculptée (par un gangster repenti, paraît-il !). Il y a un gîte communal à la mairie. Contacter Mme Emmanuelli, responsable du syndicat d'initiative de la Castagniccia, ☎ 95-35-83-11. Son beau-père est l'un des derniers vrais muletiers de la Castagniccia (toujours vêtu de la chemise rouge à carreaux et du boléro en velours noir) et il est passionnant à écouter ! Essayez de le rencontrer.

▶ *Parata :* un mini-village du bout du monde ! Situé au « terminus » de la route D 46, après Piazzole et Monaccia d'Orezza. Les quelques maisons s'accrochent au versant d'une montagne boisée, face à Valle d'Orezza. Jolie vue de l'église San Gavino (1500). Des gens accueillants habitent ce coin perdu, si isolé que, lors de la Seconde Guerre mondiale, les Allemands ne l'avaient pas trouvé. On imagine bien une scène de vendetta dans l'unique et sombre ruelle du village. D'ailleurs la dernière en date remonte à 1870 : toute une famille fut décimée !

Où manger dans le coin ?

✗ *Auberge Chez Nénette :* à Pruno (20264). ☎ 95-36-92-01. Fermé en octobre. Au bord de la D 506, environ 2 km avant le carrefour de la route qui monte à Pruno même. Petite auberge où Nénette, la mamie maison, sert un menu unique entre 90 et 120 F, vin, café et digestif compris. Ne vous attendez pas à un lieu chicos, mais sachez que la grand-mère de la patronne tenait déjà l'auberge, alors au moins c'est typique, convivial et à la bonne franquette. Les produits sont maison : charcuterie, beignets au fromage, cannelloni au bruccio et cabri en sauce (en saison).

▶ **CROCE** (20237)

En venant de Piedicroce, après Campana, prendre à droite la D 515. On arrive dans ce petit village, gros hameau en fait, par une rue en pente, bordée de maisons en schiste et ardoise.

Où dormir ? Où manger ?

🛏 *Camping municipal :* sous les châtaigniers. ☎ 95-39-21-43. Ouvert de juin à septembre. Également des bungalows à louer. S'adresser à la mairie ou chez Fanfan Mattei.

✗ *Bar A Zucca (La Gourde) :* 150 m après la mairie, en montant la ruelle. ☎ 95-39-21-33. Fermé le mercredi, ainsi qu'en septembre et octobre. Fanfan Mattei, solide barbu à la poignée franche, y propose quelques bonnes recettes du pays, des sandwiches au jambon corse, des boissons. Mais pour manger, téléphonez à l'avance. L'endroit est petit et familial. Menus à 75 F (vin compris) et 100 F.

A faire

– *Centre équestre :* à la sortie de Croce. Loge les cavaliers et organise de superbes balades, de village en village.

▶ LA PORTA

Noyé dans la verdure, sur les flancs du mont San Petrone, un somptueux *campanile* baroque de 45 m de haut émerge : on ne voit que lui, et sans conteste il est le plus élégant de Corse ! La petite place semble sortir d'un décor de théâtre. C'est propre, coquet, authentique. La Porta, comme Croce et Piedicroce, c'est la Corse qu'on aime. Et on y trouve une très bonne table.

Où manger ?

✗ *Restaurant de l'Ampugnani, Chez Élisabeth :* dans la rue principale du village. ☎ 95-39-22-00. En été, ouvert midi et soir ; en hiver, le midi seulement. Grande salle avec vue sur les jardins et les maisons de La Porta. Produits frais et cuisine copieuse de la Castagniccia. Charcuterie corse, poisson de rivière (les truites sont délicieuses), viande du maquis, fromage, dessert, café, vin blanc sec (notre préféré). Compter près de 130 F, boisson comprise.

A faire

– *Centre de tourisme équestre :* ☎ 95-39-22-56.

▶ MOROSAGLIA (20218)

Ne quittez pas cette belle région sans avoir vu le village natal de Pascal Paoli (1725-1804), « père de la patrie ». A l'entrée du village, à droite en venant de La Porta, on visite la maison où il a vu le jour. ☎ 95-61-04-97. Ouverte de 9 h à 12 h et de 14 h 30 à 19 h 30 (13 h-17 h en hiver). Fermée le mardi et en février. Une chapelle funéraire abrite ses cendres revenues de Londres en 1889.

Randonnée pédestre

– *Le monte San Petrone :* c'est le « patriarche » de la Castagniccia (1 767 m), que l'on peut atteindre à pied en 4 h (aller-retour) au départ du col de Prato (985 m). Se munir d'une carte d'état-major et d'une bonne gourde d'eau fraîche. Plus facile d'y monter du col de Prato que du village de Campo d'Onico (voir « Aux environs de Piedicroce »).

LA CASINCA

Un terroir corse (à 25 km au sud de Bastia), quasiment encastré dans le socle montagneux qui prolonge la Castagniccia au nord-est, mais distinct de celle-ci.

C'est l'un des plus beaux jardins de la Corse : des terrasses ensoleillées plantées de vignes, d'oliviers et de châtaigniers, des villages en balcon dominant la côte orientale du haut de leurs perchoirs rocheux. Un coin peu connu, qui mérite un petit détour, soit au départ de la côte est, soit au cours d'un tour de Corse. Sympathique d'y monter en fin d'après-midi, à cause de la belle lumière à cette heure-là, et des points de vue époustouflants sur la côte orientale.

▶ *VESCOVATO* (20215)

A flanc de montagne, regardant la côte orientale, le village est environné de forêts d'oliviers et de châtaigniers. Voir l'église baroque San Martino. Dans le bourg, trois autres églises éparpillées au hasard des ruelles et des escaliers du village. De nombreux chroniqueurs corses sont originaires d'ici.

▶ *VENZOLASCA* (20215)

A 5,5 km de la route N 198 (Bastia-Moriani), après Vescovato, le village est construit sur une crête au-dessus de deux vallons. Une unique rue bordée de hautes maisons de caractère. Superbe vue sur la plaine orientale.

Où manger ?

✗ **Ferme-auberge U Fragnu :** chez Ninou et François Garelli, hameau U Campu. ☎ 95-36-62-33. Ouverte uniquement sur réservation, le soir du mardi au samedi, et le dimanche midi. Superbe vue de la salle à manger (en pierre) où est conservé le pressoir à olives. Repas hyper copieux avec de la soupe de *bergus* (cubes de fromage frais et herbes du maquis), beignets de fromage et de poireaux, veau aux olives, flan à la farine de châtaigne... Compter environ 200 F par personne. Cher, mais de qualité. Bon accueil.

▶ *LORETO-DI-CASINCA* (20215)

Notre village préféré en Casinca. Une route étroite et sinueuse, au départ de Venzolasca, grimpe jusqu'à ce promontoire au pied du mont San Angelo (1 218 m). Vue évidemment extraordinaire sur la Casinca et, au loin, sur la plaine orientale et la mer (à gauche de l'église une rue conduit sur une terrasse où se dresse un campanile baroque ; c'est d'ici que l'on a la plus belle vue).

Où manger ?

✗ **Restaurant U Campanile :** ☎ 95-36-31-19. Une bonne table de la Casinca, où l'on sert une cuisine locale très copieuse. Excellente charcuterie. Compter autour de 100 F pour un repas. On y vient autant pour manger que pour admirer la vue (à couper le souffle !)
✗ **Restaurant U Rataghju :** ☎ 95-36-30-66. Ouvert toute l'année. Au fond du village U Rataghju (« le séchoir aux châtaignes »), la famille Albertini reçoit comme autrefois. Chez eux, il y a toujours une place pour le « passant ». Cuisine familiale succulente. Charcuterie, pâtes au sanglier, fromages locaux, pichet de vin. Prix raisonnables.

LA LETTRE DU ROUTARD

5, rue de l'Arrivée   92190 Meudon

Abonnez-vous à "La Lettre du Routard" le complément indispensable des "Guides du Routard"

Philippe Gloaguen

Bon nombre de renseignements sont trop fragiles ou éphémères pour être mentionnés dans nos guides, dont la périodicité est annuelle.

Quels sont les meilleures techniques, nos propres tuyaux, ceux que nous utilisons pour rédiger les GUIDES DU ROUTARD ? Comment découvrir des tarifs imbattables ? Quels sont les pays où il faut voyager cette année ? Quels sont les renseignements que seuls connaissent les professionnels du voyage ?

De nombreuses agences offrent à nos abonnés des réductions spéciales sur des vols, des séjours ou des locations.

Enfin, quels sont nos projets et nos nouvelles parutions ?

Tout ceci compose « LA LETTRE DU ROUTARD », qui paraît désormais tous les 2 mois. Cotisation : 90 F par an, payable par chèque à l'ordre de CLAD CONSEIL, 5, rue de l'Arrivée, 92190 MEUDON.

- -

BULLETIN D'INSCRIPTION A RETOURNER

à CLAD CONSEIL : 5, rue de l'Arrivée
92 190 Meudon.

Nom de l'abonné : _____

Adresse : _____

_____

(Joindre à ce bulletin un chèque bancaire ou postal de 90 F à l'ordre de CLAD CONSEIL.)

PHILIPPE GLOAGUEN
PATRICE TRAPIER

Parution avril 94

GÉNÉRATION ROUTARD

De Paris à Katmandou et de San Francisco à Bali,
en passant par les Iles Grecques, le Mexique
et le Pérou, Philippe Gloaguen et ses amis,
tous enfants de mai 68, ont inventé une nouvelle façon
de voyager.
Génération routard est le récit de leurs périples
aux quatre coins du monde, de leurs aventures insolites,
de leurs rencontres singulières ;
il constitue le grand roman d'une génération,
la saga d'un guide et de son succès.

36.15 L'ETUDIANT

■ **Des centaines d'offres de jobs en France et à l'étranger.**

■ **Des offres de logements partout en France.**

■ **Le guide des études en France et à l'étranger, le palmarès des BTS, des prépas...**

INDEX

NOUVEAUTÉS « FRANCE » 1994

NORMANDIE

Pour l'anniversaire du débarquement, le Routard a répondu présent. Une armée de cinq enquêteurs fouineurs a débarqué en force. Mais le Routard « Normandie », c'est d'abord un tour complet de cette double région, unique par son charme, qui met à quelques heures de Paris les planches de Deauville et Le Mont-Saint-Michel, des falaises de craie et des chaumières en fleurs, des abbayes hors d'âge et des calvados guère plus jeunes, sur un tapis de vert sans équivalent... Au menu : la noce d'Emma Bovary, la madeleine de Proust, l'aiguille Creuse, et tant d'autres Normandie méconnues exilées sur les collines du Perche ou dans le tréfonds du bocage... Son nom, la Normandie le trace à la pointe du couteau : camemberts, livarots, pont-l'évêque et mille autres requinquants en culotte de velours. On ira revoir notre Normandie avec grand plaisir.

HÔTELS ET RESTOS DE FRANCE (3e édition)

456 adresses nouvelles, 318 disparues... Un guide qui grossit... en s'affinant. C'est que chaque année certains restaurateurs créent du nouveau, tandis que d'autres, hélas, perdent le sourire. Les 30 routards enquêteurs ont donc repris leur loupe et leur bâton de pèlerin pour actualiser la carte de la bonne France. Celle des bistrots pur jus et du terroir en VO, du sourire sans prothèse et des additions à la coule, des petits hôtels où l'édredon en plumes est garanti. D'Abbeville à Zonza, de surprise en surprise... Le Routard a bu du vin d'Auvergne, goûté de la soupe aux orties, trinqué avec un copain de Coluche et dormi douillettement dans un hôtel ouvert depuis 1270. Tout ne va pas si mal en France ! En supplément, un nouveau chapitre vous renseigne sur vos droits, mais aussi sur vos devoirs. Vade-mecum utile pour ne plus gaspiller son argent et sa bonne humeur !

TABLES ET CHAMBRES A LA CAMPAGNE

Voici notre 1er guide qui a retrouvé le bon vieux terroir de la France rurale. Au total, 1 200 chambres d'hôte ou auberges à la ferme, en passant par le mas provençal ou le petit chalet montagnard. Les meilleurs plans pour déguster un bon petit repas accompagné d'un gouleyant cru du terroir ainsi que les bonnes recettes de nos grands-mères.

les **Routards** parlent aux **Routards**

Faites-nous part de vos expériences, de vos découvertes, de vos tuyaux pour que d'autres routards ne tombent pas dans les mêmes erreurs. Indiquez-nous les renseignements périmés. Aidez-nous à remettre l'ouvrage à jour. Faites profiter les autres de vos adresses nouvelles, combines géniales... On envoie un exemplaire gratuit de la prochaine édition à ceux dont on retient les suggestions. Quelques conseils cependant :
– N'oubliez pas de préciser sur votre lettre l'ouvrage que vous désirez recevoir. On n'est pas Madame Soleil !
– Vérifiez que vos remarques concernent l'édition en cours et notez les pages du guide concernées par vos observations.
– Quand vous indiquez des hôtels ou des restaurants, pensez à signaler leur adresse précise et, pour les grandes villes, les moyens de transport pour y aller. Si vous le pouvez, joindre la carte de visite de l'hôtel ou du resto décrit.
– N'écrire si possible que d'un côté de la feuille (et non recto verso).
– Bien sûr, on s'arrache moins les yeux sur les lettres dactylographiées ou correctement écrites !

Le Guide du Routard : 5, rue de l'Arrivée. 92190 Meudon

la **Lettre** du **Routard**

Bon nombre de renseignements sont trop fragiles ou éphémères pour être mentionnés dans nos guides, dont la périodicité est annuelle. Comment découvrir des tarifs imbattables ? Quels sont les renseignements que seuls connaissent les journalistes et les professionnels du voyage ? Quelles sont les agences qui offrent à nos adhérents des réductions spéciales sur des vols, des séjours ou des locations ? Tout ceci compose « La Lettre du Routard » qui paraît désormais tous les 2 mois. Cotisation : 90 F par an, payable par chèque à l'ordre de CLAD Conseil - 5, rue de l'Arrivée - 92190 Meudon.

(Bulletin d'inscription à l'intérieur de ce guide. Pas de mandat postal.)

36 15 *code* **Routard**

Les routards ont enfin leur banque de données sur minitel : 36-15 code ROUTARD. Vols superdiscount, réduction, nouveautés, fêtes dans le monde entier, dates de parution des G.D.R., rancards insolites et... petites annonces.
Et une nouveauté : le QUIZ du routard ! 30 questions rigolotes pour, éventuellement, tester vos connaissances et, surtout, gagner des cadeaux sympa : des billets d'avion et les indispensables G.D.R. Alors, faites mousser vos petites cellules grises !

Routard assistance

Après des mois d'études et de discussions serrées avec les meilleures sociétés, voici « Routard Assistance », un contrat d'assurance tous risques voyages sans aucune franchise ! Spécialement conçu pour nos lecteurs, les voyageurs indépendants.
Assistance complète avec rapatriement médical illimité. Dépenses de santé, frais d'hôpital, pris en charge directement sans franchise jusqu'à 500 000 F + caution pénale + défense juridique + responsabilité civile + tous risques bagages et photos + assurance personnelle accidents (300 000 F). Très complet ! Et une grande première : vous ne payez que le prix correspondant à la durée réelle de votre voyage. Tableau des garanties et bulletin d'inscription à l'intérieur de ce guide.

Imprimé en France par Hérissey n° 64038
Dépôt légal n° 9123-03-1994
Collection n° 15 – Édition n° 01
24/2062/8
I.S.B.N. 2.01.021337.8
I.S.S.N. 0768.2034